O Estado Brasileiro e seus Partidos Políticos
— DO BRASIL COLÔNIA À REDEMOCRATIZAÇÃO —

Conselho Editorial
André Luís Callegari
Carlos Alberto Alvaro de Oliveira
Carlos Alberto Molinaro
Daniel Francisco Mitidiero
Darci Guimarães Ribeiro
Draiton Gonzaga de Souza
Elaine Harzheim Macedo
Eugênio Facchini Neto
Giovani Agostini Saavedra
Ingo Wolfgang Sarlet
Jose Luis Bolzan de Morais
José Maria Rosa Tesheiner
Leandro Paulsen
Lenio Luiz Streck
Paulo Antônio Caliendo Velloso da Silveira

Z72e   Zimmer Júnior, Aloísio.
O Estado brasileiro e seus partidos políticos: do Brasil colônia à redemocratização / Aloísio Zimmer Júnior. – Porto Alegre: Livraria do Advogado Editora, 2014.
179 p.; 23 cm.
Inclui bibliografia.
ISBN 978-85-7348-891-3

1. Direito e política - Brasil. 2. Estado - Brasil. 3. Estado - Brasil - Origem. 4. Partidos políticos - Brasil. I. Título.

CDU 34:32(81)
CDD 340.115

Índice para catálogo sistemático:
1. Direito: Política: Brasil   34:32(81)

(Bibliotecária responsável: Sabrina Leal Araujo – CRB 10/1507)

Aloísio Zimmer Júnior

O Estado Brasileiro e seus Partidos Políticos

— DO BRASIL COLÔNIA À REDEMOCRATIZAÇÃO —

Porto Alegre, 2014

© Aloísio Zimmer Júnior, 2014

Capa, projeto gráfico e diagramação
Livraria do Advogado Editora

Revisão
Rosane Marques Borba

Direitos desta edição reservados por
Livraria do Advogado Editora Ltda.
Rua Riachuelo, 1300
90010-273 Porto Alegre RS
Fone/fax: 0800-51-7522
editora@livrariadoadvogado.com.br
www.doadvogado.com.br

Impresso no Brasil / Printed in Brazil

À memória de minha mãe, Oneida Nobre Zimmer, e
para a minha mulher, Carolina Mayer Spina Zimmer,
mãe dos filhos que ainda não tive.

Agradecimentos

Ao Estado brasileiro, tão imenso – e acolhedor –, que me propiciou os estudos do primeiro ao último grau – da alfabetização ao Doutorado. Aos fiéis amigos, eternos, essenciais, que me ajudaram muito nesses dias de sol e alguma chuva.

Ao meu pai, irmãos, parentes de sangue ou de coração, por tudo.

Prefácio

Há muito tempo que se discute a necessidade de uma reforma política, mas recentemente a questão tem dominado os debates sobre o futuro do Brasil, sendo considerada pela sociedade como primordial para que a nação siga rumo a um continuado desenvolvimento sustentado.

Muitos dos problemas de nosso sistema partidário se devem a sérias imperfeições do sistema eleitoral, já que as normas que regulam a existência e o funcionamento dos partidos são instáveis. A prática política tem tolerado em demasia a infidelidade partidária, o que evidencia, em diversas situações, uma inconsistência ideológica na relação entre partidos e mandatários.

Outrossim, observa-se que na ausência de mecanismos eficazes de responsabilização política, a coesão partidária propicia o exercício de mandatos políticos de caráter pessoal. A pouca representatividade dos partidos políticos, o desprestígio da função legislativa, a forte influência do chefe do Executivo, a desproporcionalidade da representação parlamentar e a falta de regras transparentes e claras, a partir dos limites da influência que o poder econômico pode exercer sobre o debate eleitoral, indicam a fragilidade do nosso sistema político e o imperativo de uma reforma que aprimore a relação entre o Estado e a Sociedade.

Por isso, nada mais oportuna e atual a edição do presente livro "O Estado Brasileiro e seus Partidos Políticos (do Brasil Colônia à Redemocratização)", de autoria do Professor Aloísio Zimmer Júnior, que apresenta profundo estudo sobre a evolução dos partidos políticos no Brasil, desde o período colonial até a recente conformação da Nova República, o qual tenho a honra de prefaciar.

A obra aborda desde a concepção do modelo português de Estado e a sua influência no processo de colonização do Brasil, decorrente de características como a pessoalidade das relações e o patrimonialismo que ainda contaminam e distorcem as relações políticas e de Estado.

Num segundo momento, o autor aborda os principais elementos que integraram a conformação dos partidos políticos, sejam dos notáveis, sejam dos eleitorais de grande representatividade ou de organização de massa. Com isso, fica demonstrado que a confusão gerada no binômio Estado-partidos políticos é responsável até nos dias atuais pelo processo de subordinação consentida. Depois percorre as evoluções e transformações do sistema eleitoral brasileiro.

Na terceira parte do qualificado estudo, somos brindados com a evolução histórica do sistema partidário brasileiro, passando pela fase colonial, em que destaca os importantes movimentos políticos da revolta de Beckman, da Inconfidência Mineira e da Conjuração Baiana. Na fase do Império, é destacado o confronto entre os liberais e conservadores, enquanto grupos políticos organizados, mas de frágil consistência ideológica. Já na última etapa deste título é abordada a baixa institucionalização e a inconsistência programática dos partidos no período republicano, passando pela Velha República, Estado Novo e Regime Militar, até o final dos anos oitenta.

Assim, tanto pela pesquisa histórica, sempre enriquecida de informações precisas e bem fundamentadas, nas categorias de Raymundo Faoro, o qualificado estudo deve servir de base para os atuais momentos de reflexão e busca de uma eficaz reforma política, mesmo que seja processada de forma pontual, a fim de corrigir rumos partidários e o processo eleitoral, voltados ao aperfeiçoamento das instituições públicas e do próprio Estado brasileiro.

A obra é fruto de grande pesquisa, reflexão e experiência do jovem, mas já consagrado Professor de Direito Constitucional, Administrativo, Tributário e Econômico, que, agora, se insere no plano da ciência política com essa distinta abordagem histórica do modelo político brasileiro, desde suas contaminações e influências lusitanas até as mais atuais debilidades das agremiações partidárias pela promíscua e confusa proximidade do poder estatal.

Dessa forma, além da distinção de apresentar este livro, cabe-me apenas agregar à reflexão dos leitores que a luta contra o abuso do poder estatal que gera desvios ao sistema político vai além da teoria da separação dos poderes que ensejou a concepção de *Estado Constitucional*, sustentado pela balança ou equilíbrio dos Poderes Legislativo, Executivo e Judiciário, independentes um do outro e em posição tal que podem controlar-se reciprocamente.

O problema fundamental do Estado constitucional moderno passa pelo aperfeiçoamento do sistema eleitoral e partidário, pautado no reforço dos partidos políticos como pilares da democracia. Mas se a contenção do poder por meios naturais ou por meio da distribuição para órgãos diferentes é insuficiente, somente será alcançada pela participação de todos os cidadãos, segundo a *teoria da soberania popular ou democracia* desenvolvida por Bobbio:

> Trata-se de uma verdadeira quebra do poder estatal, o qual, pertencendo a todos, disse Rosseau, é como se não pertencesse totalmente a ninguém. Veja-se que, nessa teoria, o remédio contra o abuso do poder não é tanto a limitação do poder, mas a mudança incondicional do seu titular.*

Por este breve comentário, estou certo da oportunidade e profundo valor que esta obra agregará ao meio acadêmico e político, servindo de base para as mudanças institucionais e políticas do País, mormente em tempos de indispensável necessidade de uma reforma política que valorize os desejos e a participação popular.

Rogerio Favreto
Desembargador do TRF da 4ª Região

---

* BOBBIO, Norberto. *Direito e Estado no Pensamento de Emanuel Kant* (Diritto e Stato nel Pensiero di Emanuele Kant). Brasília: Universidade de Brasília, 1984, c1969, p. 16.

Sumário

Introdução..15

**Primeira Parte – Os antecedentes do modelo de Estado brasileiro
(a partir das categorias de Raymundo Faoro)**.........................23

1. Origem do Estado português...23

   1.1. A guerra como elemento integrador e conformador do Estado português...23

   1.2. A supremacia do Príncipe: repercussões no modelo econômico português..25

2. Deformações do modelo português de Estado.......................28

   2.1. O conceito de patrimonialismo.....................................28

   2.2. O conceito de estamento burocrático..............................31

3. O processo de implantação do modelo português no Brasil...........34

   3.1. Brasil colonial...34

      3.1.1. O patrimonialismo (o extrativismo, a estrutura econômica e os
seus agentes sociais)...34

      3.1.2. O estamento burocrático (a pessoalidade das relações –
administração nas capitanias hereditárias – a estrutura
jurídico-política e os seus agentes sociais)...........................43

      3.1.3. A influência do pensamento do Marquês de Pombal.............46

   3.2. Império...50

      3.2.1. O patrimonialismo (o funcionário patrimonial e o patriarcado)........50

      3.2.2. O estamento burocrático (a pessoalidade das relações)...............52

**Segunda Parte – Elementos condicionantes para o desenvolvimento de uma
ideia de partido político no Brasil – bases para uma
compreensão desse processo histórico**...............................63

1. É possível identificar uma origem comum dos partidos políticos brasileiros
("O Estado como princípio, meio e fim dos partidos políticos")......................63

   1.1. O início da discussão: o partido dos notáveis, o partido eleitoral de massa,
o partido de organização de massa...................................63

   1.2. O binômio Estado-partidos políticos – flagrantes de um processo de
subordinação consentida..68

2. O desenvolvimento de uma teoria geral do sistema representativo no Brasil –
uma breve síntese-crítica do pensamento de Silvestre Pinheiro Ferreira............76

3. As transformações no sistema eleitoral brasileiro.......................84

Terceira Parte – A evolução do sistema partidário brasileiro...........................105

1. A fase colonial foi o berço dos primeiros movimentos...............................105

    1.1. A Revolta de Beckman (1684)...105

    1.2. A Inconfidência Mineira (1789)...108

    1.3. A Conjuração Baiana (1798)..111

2. O Império já demonstra a existência de grupos organizados, porém sem consistência ideológica – liberais x conservadores (os partidos no espelho).......112

3. Os partidos políticos no período republicano (baixa institucionalização e inconsistência programática)...122

    3.1. Os partidos de ocasião na República Velha (os estamentos regionais e a retomada dos paradigmas de intervenção na economia).........................122

    3.2. Os primeiros partidos ideológicos (ebulição política em um momento em que o capitalismo orientado se revela com grande força)...................127

    3.3. Os partidos do Chefe – o Estado Novo ("o Governo tudo sabe, administra e provê")...132

    3.4. A democracia e a crise do populismo (a estrutura partidária e econômica ainda depende das decisões de governo)...143

    3.5. O Estado Militar – o bipartidarismo consentido (os partidos possíveis em um contexto de forte intervenção estatal na economia).....................153

Conclusão...165

Referências..175

Introdução

A nova conformação adquirida pelo Estado Brasileiro, em decorrência de algumas escolhas políticas recentes – um processo que ainda permanece em construção – tem determinado a consolidação de um enfoque teórico interdisciplinar do Direito do Estado, notadamente aquele que não dispensa a utilização de categorias próprias da Economia, da Sociologia, da Ciência Política e do Direito Público, nas suas inúmeras possibilidades. Raymundo Faoro, Alberto Venâncio Filho e Simon Schwartzman são alguns exemplos de teóricos retrospectivos que tentaram apreender o Estado na sua dimensão econômica e as influências produzidas em alguns aspectos da vida política brasileira, antecipando, assim, o momento presente, ainda mais complexo.

Na verdade, ainda não é o momento para leituras aprofundadas de todas essas manifestações que, inevitavelmente, colocaram o ano de 2013 nos livros de História. Não se pode negar que as passeatas, e até mesmo os atos de vandalismo, ocorridos no primeiro semestre de 2013, nas ruas das principais cidades do País, não surgem sem explicação, como um espasmo, mas resultam de uma longa trajetória de desencantos, o que certamente exigirá, no âmbito da teoria e da prática política brasileira, uma verdadeira reconstrução. Menos do que produzir consensos, busca-se uma ruptura, que aponte para uma radicalização da democracia, para além da tradição representativa, e cada vez mais próxima dos mecanismos de participação direta.

É isso que, de início, se percebe, dos garranchos nos cartazes, das palavras de ordem, da pedra que encontra a vidraça, do vinagre no pano, do pano na cara.

Existe hoje uma latente imbricação entre os estudos econômicos e políticos, porque se afirma com relativa clareza que as sístoles e diástoles econômicas são as mesmas do Estado; trata-se, pois, do mesmo fenômeno, subsumido por uma realidade cambiante. A vida política e as instituições democráticas, por certo, também evoluem, obedecendo a esse ritmo, muito embora essa análise deva sempre ser norteada por uma visão pluralista. Divisando-se esses processos, com inúmeras relações de causa e efeito, escolheu-se diagnosticar a histórica debilidade dos partidos políticos brasileiros como uma das prováveis decorrências do modelo de Estado, um agente econômico relevante, que se consolidou no Brasil, porém nasceu em Portugal.

Sem dúvida, as manifestações recentes da população brasileira, ainda que sejam várias as bandeiras levantadas, sinalizam para esse desconforto, desacerto, ou distanciamento, da sociedade em relação aos Partidos Políticos existentes e, sob certo aspecto, também no que se refere ao marco regulatório da democracia representativa no país.

A preservação e, quiçá, o aprimoramento do sistema político brasileiro, a representação dos movimentos sociais – organizados e desorganizados –, a sinalização de um projeto de sociedade, fundado em um fio condutor cognoscível, que idealize o processo democrático como um caminho para a construção do consenso ou de vários consensos, são algumas das missões a eles – partidos políticos – atribuídas. Se são verossimilhantes, considerando-se o contexto, é o que se tentará revelar ao longo deste texto.

A história política nacional, em diferentes momentos, prescindiu da existência dos partidos políticos, demonstrando, deste modo, que havia um sentimento de desconfiança sobre a sua essencialidade. Por vezes, aliás, tornou-se uma dicotomia a manutenção da unidade territorial e o fortalecimento desses partidos, em um mesmo tempo histórico. Para sobreviver, logo descobrem canais de contato permanente com o Estado, enquanto, com relação à sociedade, o distanciamento somente é minimizado nos períodos de eleição. Este é, pois, o momento em que o partido necessita da aprovação popular para fortalecer as suas posições no Estado ou, o que é pior, amargar mais um período de incerteza sobre a sua viabilidade. De fato, mesmo que as suas teses nunca se esgotem, a força de sua militância é diretamente proporcional aos prêmios que poderá distribuir em decorrência de suas vitórias – infelizmente, essa é a regra geral. Existe aparentemente uma força centrípeta, direcionada para o Estado, que atua sobre o sistema partidário, uma força de cooptação que entusiasma, arrebata e atrofia, pois de lá poderá decorrer a sua coesão e a sua longevidade.[1]

---

[1] SOUZA, Maria do Carmo Campello de. *Estado e partidos políticos no Brasil* (1930 a 1964). 3. ed. São Paulo: Editora Alfa-Ômega, 1990, p. 39. Segundo a autora: "Nossa premissa geral é que a maior ou menor coesão de um partido, bem como sua efetividade como instituição política, dependem do grau e da forma de sua participação nas decisões do Estado".

Movimentos sociais que surgiram durante a História nacional poderiam ter sido a origem de partidos com base popular, capazes de propiciar o diálogo entre o governo, a burocracia e os desejos da população. Mas, se hoje existem alguns exemplos, é permanente o risco da cooptação, ou do desaparecimento.

A consequência imediata desses movimentos foi o aparelhamento de estruturas de proteção do Estado que teriam a responsabilidade de esmagar qualquer iniciativa que representasse um questionamento do *status quo*. A tentativa de participação e de natural articulação de pequenos organismos sociais, embriões de futuros partidos políticos, quando fora do Estado, encontrou por vezes a oposição contundente do braço armado dos governos. Neste sentido, os movimentos populares ficaram afastados do processo político nacional e sem ligação com os partidos. Um casamento que só ocorreu muito mais tarde.

Para completar, vítima do relativismo e do individualismo, a Modernidade vai assumir a discordância como um dos seus paradigmas. De acordo com MacIntyre, a partir do liberalismo político, surgem: "desacuerdos numerosos y fundamentales tanto en cuanto a la naturaleza del bien humano, como a si tal bien humano existe".[2] Não sabemos o que é bem comum e nem mesmo se ele existe. As antigas convicções tornam-se o resultado de diferentes projetos ou de escolhas individuais ou de pequenos grupos, que buscam a afirmação de suas teses, por exemplo, na legitimidade do voto. A disputa política nesse contexto inaugura uma nova etapa, visto que as discussões alimentadas entre as diversas facções ou partidos tendem a lançar dúvidas existenciais, que antecedem o mero pragmatismo administrativo. Discute-se a ideia original que norteará as escolhas mais fundamentais dos homens do Estado. Como viabilizar a construção do consenso: refundando uma tradição ou recriando-a, no momento presente, pleno de dissenso?

Os conceitos de *consenso* e *de comunidade ideal de fala*, na perspectiva habermasiana,[3] demonstram que somente a pré-compreensão dos temas em debate pode produzir um sentimento de inclusão, de viabilidade da participação ativa do cidadão na consolidação de um Estado com práticas democráticas. Deve-se conceber uma nova *paideia*, um pensamento social nacional que consiga reproduzir a nossa rica diversidade e que atente às nossas primeiras necessidades, diferentemente das prioridades artificiais de um modelo de Estado, *patrimonial-estamental* – aqui, a carga conceitual de Raymundo Faoro. As formas legais

---

[2] MACINTYRE, Alasdair. La privatización del bien. *The Review of Politics*, v. 52, n. 3, p. 217, 1990.

[3] HABERMAS, Jürgen. *Teoría de la acción comunicativa*. Tomo I-II. Versión castellana de Manuel Jiménez Redondo. Spain: Taurus, 1988.

de dominação, com o tempo, impuseram-se, mas é verdade também que, nos países em que a dominação tradicional com viés patrimonialista esteve mais sedimentada, o processo deu-se mais lentamente e, em alguns lugares, ainda não se completou. Vive-se sob o império da legalidade e da tradição – do Estado Burocrático e do Estado Patrimonial.

Raymundo Faoro, atento à importação de uma tradição com a chegada dos colonizadores portugueses ao Brasil, sinaliza e afirma, em todo o desenvolvimento histórico nacional, a presença de um legado, de uma cultura política. Sustentado por uma imensa estrutura burocrática, superestimada para as necessidades de um Estado, com vasto território e sem nenhum povo, a fim de preservar a racionalidade das decisões, o estamento mostrou-se importante, pelo menos, à consolidação do Estado Nacional. Se é verdade que o sistema representativo parece ser a melhor alternativa para viabilizar uma tranquila transição entre um modelo superado de Estado Patrimonial[4] e um Estado que, através da busca constante do consenso nas suas mais diversas instâncias, possa racionalmente construir uma integração com o espaço privado, também é verdade que as condições oferecidas pelo modelo anterior impuseram uma série de dificuldades, ainda hoje, intransponíveis.

O Poder Moderador, os esforços de centralização e a manipulação das eleições frustraram as aspirações democráticas desde o Império, propiciando, contudo, fases de perceptível desenvolvimento econômico. De qualquer modo, de Pombal até a Nova República, a estrutura estamental aperfeiçoou-se, confirmando a sua vocação para articular a sua permanência no poder e administrar os períodos de crise, respaldando, através da técnica e da política, a sobrevivência do Chefe do Estado e do Executivo. Para Raymundo Faoro:

> Nas suas relações com a sociedade, o estamento diretor provê acerca das oportunidades de ascensão política, ora dispensando prestígio, ora reprimindo transtornos sediciosos, que buscam romper o esquema de controle. No âmbito especificamente político, interno à estrutura, o quadro de comando se centraliza, aspirando, senão à coesão monolítica, ao menos à homogeneidade de consciência, identificando-se às forças de sustentação do sistema.[5]

---

[4] TORRES, Ricardo Lobo. *A idéia de liberdade no Estado Patrimonial e no Estado Fiscal*. Rio de Janeiro: Renovar, 1991, p. 13. Para o autor, que inclui o Brasil na vertente dos Estados Patrimoniais monopolistas e defensores de privilégios corporativos: "O Estado Patrimonial, que surge com a necessidade estatal de fazer a guerra, agasalha diferentes realidades sociais (...). Mas a sua dimensão principal – que lhe marca o próprio nome – consiste em se basear no *patrimonialismo financeiro*, ou seja, em viver fundamentalmente das *rendas patrimoniais* ou dominiais do príncipe, só secundariamente se apoiando na receita extrapatrimonial de tributos; mas a característica patrimonialista não decorre apenas dos aspectos quantitativos, posto que o fundamental é que o tributo ainda não ingressava plenamente na esfera da publicidade, sendo apropriado de forma privada (...)".

[5] FAORO, Raymundo. *Os donos do poder*: formação do patronato político brasileiro. 10. ed. v. 1-2. São Paulo: Globo, 1996, p. 739.

Por tudo isso, este trabalho analisa uma parte da História nacional para refletir a respeito de um problema específico: por que os partidos políticos brasileiros pouco corresponderam aos anseios da nossa sociedade? E, ao mesmo tempo em que se admite que a dúvida alimentada não apresenta uma única resposta correta, uma causa definitiva, escolheu-se aprofundar uma dentre tantas razões, apontada, entre outros, por Raymundo Faoro: o modelo de Estado experimentado pelo Brasil durante todos esses anos, por diferentes motivos, em várias ocasiões, relegou a atuação dos partidos políticos ao papel de mão de obra qualificada para o exercício dos cargos públicos, tratou os seus membros como conselheiros, a fim de que ocorresse a sua distribuição nos órgãos do Estado. Partido político, nesta pesquisa, é entendido como:

> Toda asociación voluntaria perdurable en el tiempo, dotada de un programa de gobierno de la sociedad en su conjunto, que canaliza determinados intereses sectoriales y que aspira a ejercer el poder político o a participar en él, mediante su presentación reiterada a los procesos electorales (...).[6]

É importante já destacar que os partidos políticos brasileiros não surgem com o ideal de representar os diferentes movimentos sociais. Prevaleceu sempre a tese da cooptação, ou seja, o sucesso de qualquer demanda é diretamente proporcional ao grau de inserção daquele grupo no aparelho do Estado. Então, o que se pretende investigar, aqui, é em que medida os partidos políticos poderiam constituir-se em uma alternativa segura para articular esta refundação do consenso, de uma nova *paideia* que vislumbre uma atuação política comprometida com os movimentos sociais, organizados ou não. Ser agente da mudança e produtor de uma reflexão dessa mudança pode ser algo difícil de ser alcançado. Por vezes, pode-se ter a impressão de que todos eles, partidos e movimentos, foram sendo absorvidos pelo estamento burocrático ou, o que é mais preocupante, nasceram dentro dele. Ao contrário do que muitos defendem, com certeza, ainda existe tempo para tudo isso.

O ponto central deste trabalho está justamente em revelar as categorias propostas por Raymundo Faoro (Estado Patrimonial, estamento burocrático) em sua obra, a sua aplicação na História do Estado Português e as suas repercussões no Estado Brasileiro no período colonial, avançando até os primeiros anos da redemocratização. E, sob certo aspecto, colaborar na construção de pressupostos para os anos seguintes, depois de 2013. Ao tentar circunscrever o objeto, e ao rejeitar outros significados que esses termos possam ter, porque polissêmicos, os conceitos sempre decorrerão das sínteses realizadas pelo autor destacado

---

[6] COTARELO, Ramón García. *Los partidos políticos*. Madrid: Editorial Sistema, 1996, p. 14. (Politeia).

em sua obra *Os donos do poder*, admitindo-se o risco de aplicá-los em períodos da História não tratados nos seus escritos, com força para servir, inclusive, como paradigma de um discurso atual.

Existe uma hipótese a ser testada para identificar uma das causas da frustração produzida pelos partidos políticos nacionais no período estudado, o que, lamentavelmente, induz a imaginar-se uma continuidade desse processo, indutor, algumas vezes, de uma prática de deserção social: o modelo de Estado, centralizado, estamental e patrimonial colaborou decisivamente para a debilidade de nosso sistema político, baseado em partidos políticos que dependem da proximidade do poder para a sua existência.

Decorrem, a seguir, algumas indagações a respeito das reflexões anteriores: a) Partidos inconsistentes, com baixo grau de institucionalização, colocam sob risco a consolidação da democracia? b) Já encontraram os partidos políticos uma zona de influência que independa da elevação aos cargos do Estado? c) São os partidos políticos o canal efetivo da intermediação entre os interesses da sociedade, organizada ou desorganizada? d) É esta necessidade de satelizar o Estado, que homogeneíza os programas e força alianças artificiais? e) Dessas forças em constante ebulição, é possível encontrar-se um ponto de equilíbrio a fim de que se possa pensar na construção de um consenso, ou, algo mais plausível, no esclarecimento das diferenças, quando existentes? São algumas questões que irão guiar esta pesquisa.

E, sem dúvida, qualquer nova tentativa de Reforma Política, mesmo para agora, em 2013, ou 2014, não pode ser construída sem que se tenha a total clareza desse passado, que nunca deixou de estar presente.

Para discuti-las, decidiu-se, primeiramente, identificar os antecedentes do modelo de Estado Brasileiro ou Luso-Brasileiro, para, a seguir, revelar alguns elementos que condicionaram o desenvolvimento de uma ideia de partido político no Brasil. Desta maneira, a existência de uma origem comum e a visão de um sistema representativo (adequada aos interesses do estamento e à evolução da lei eleitoral brasileira) são apresentadas como pontos de enlace entre a Idade Média (nascimento de Portugal), a Idade Moderna (a colonização, a Independência e o Segundo Reinado no Brasil) e a Idade Contemporânea (a República no Brasil). Desta forma, analisa-se o passado remoto e o seu legado, decisivos à conformação do sistema partidário brasileiro, o que é caracterizado na última parte deste texto, que apresenta essa evolução. Sem esgotar as incidências históricas em cada período abordado, a linha do tempo, quando parece o fundamental do trabalho, serve como pano de fundo à possível comprovação da debilidade dos partidos políticos brasileiros até a redemocratização ocorrida nos anos oitenta do século passado (a Nova República). Mesmo assim, pode ficar uma impressão de que os exemplos negativos dos anos 80 (oitenta), no final do século XX, estão diretamente conectados com os episódios de 2013, porque mais do que o Direito – e a legalidade –, prevaleceu a Tradição.

PRIMEIRA PARTE

Os antecedentes do modelo de Estado brasileiro (a partir das categorias de Raymundo Faoro)

1. Origem do Estado português

1.1. A guerra como elemento integrador e conformador do Estado português

A Península Ibérica foi palco de muitas guerras. No século V, ela fazia parte do Império Romano do Ocidente. Após a grande invasão dos bárbaros sobre as terras do Império, a região foi dominada pelos visigodos, que nela instalaram o Reino Visigótico, convertido mais tarde ao Cristianismo. Quando no século VIII os muçulmanos em expansão invadiram a península, desintegrando o Reino Visigótico, os cristãos fugiram para o norte, formando os pequenos reinos de Leão, Navarra, Castela e Galiza.

No século XI, Afonso VI liderou os outros reinos na tentativa de expulsar os muçulmanos. Henrique de Borgonha recebeu de Dom João VI, rei de Leão, o Condado Portucalense e a mão de sua filha bastarda Teresa, como prêmio pela colaboração na reconquista da Península Ibérica. Após a morte de Henrique de Borgonha,[7] seu filho Afonso

---

[7] HERCULANO, Alexandre. *História de Portugal* – desde o começo da Monarchia até o fim do Reinado de Afonso III. 8. ed. t. 2. Lisboa: Bertrand, p. 60. A trajetória final de Henrique de Borgonha é retratada por Herculano: "Levado pela natureza das cousas e ainda mais pela ambição a representar um papel importante no meio da guerra civil que devorava a monarchia, conhece-se pelos actos dos últimos quatro annos da sua vida que a todas as considerações elle antepunha o pensamento de obter para si, não só a independência do condado cujo governo subalterno alcançara da generosidade do sogro, mas também largo quinhão nas províncias limítrophes, de modo que Portugal se convertesse em nucleo de um poderoso estado no occidente da Península".

O Estado Brasileiro e seus Partidos Políticos

Henriques[8] conseguiu expulsar os "infiéis" e proclamar a independência do Condado no ano de 1140.

Inicia-se a dinastia de Borgonha (1339-1383).

Os reis dessa dinastia dedicaram-se à expansão territorial, lutando contra os muçulmanos, o que estimulou o povoamento e a agricultura nas áreas reconquistadas. A longa fase de lutas fortaleceu o poder real, contribuindo, dessa maneira, para uma precoce centralização monárquica em Portugal. As guerras conspiraram de forma decisiva neste processo de concentração de poder, caminho inverso ao seguido por outras regiões da Europa naquele momento.[9] A consolidação do poder real, já fortalecido pelas guerras, chegou ao seu ponto extremo com a Revolução de Avis, a mais profunda e permanente das revoluções portuguesas.

Com a morte de D. Fernando, último rei da dinastia de Borgonha, o problema da sucessão colocou em choque a nobreza e o grupo mercantil. Aliás, esse impasse também era vivido em outras regiões da Europa, por apresentar um novo referencial de poder econômico, uma ideia de propriedade voltada à atividade de comércio.

A nobreza queria anexar Portugal a Castela. O grupo mercantil e o povo queriam Portugal independente. Através da Revolução de Avis (1383 a 1385), uma revolução popular cujo controle foi rapidamente encampado pelo grupo mercantil, aclamou-se D. João, Mestre da Ordem Militar de Avis. Após várias batalhas entre portugueses e castelhanos, D. João foi proclamado Rei de Portugal, tornou-se, então, D. João VI, fundador da dinastia de Avis.[10]

---

[8] Ibid., p. 125-126. Mais adiante, Herculano descreve a figura do sucessor: "Affonso Henriques, o moço cavalleiro, chegara à idade de dezesete annos. (...) destro nas armas, eloquente, cauteloso e de claro engenho. A ambição do poder, (...) a exclusão ignominiosa em que o conservavam dos negocios públicos, tudo o excitara a collocar-se á frente de uma revolução, cujas conseqüências, naquelles verdes annos, não era facil prever". Para lograr o seu intento, Afonso Henrique teve como primeira missão destituir sua mãe, D. Teresa, do trono.

[9] DUARTE, Nestor. *A ordem privada e a organização política nacional:* contribuição à sociologia política brasileira. Brasília: Ministério da Justiça, 1997. O autor traz elementos importantes para a compreensão do espírito do homem português desse período, ao mesmo tempo em que destaca o valor das comunas como fonte de limites para o poder real.

[10] AQUINO, Rubim Santos Leão de et alii. *Sociedade brasileira:* uma história através dos movimentos sociais. 3. ed. Rio de Janeiro: Record, 2000, p. 64. Sintetizando os antecedentes da Revolução de Avis, os autores recordam que: "Em 1383, D. Fernando morreu, deixando o trono de Portugal para seu neto, filho de rei de Castela com D. Beatriz, filha única do soberano português. Tal sucessão acarretaria a união dos dois reinos. Enquanto o neto de D. Fernando não pudesse ocupar o cargo, Portugal seria governado por D. Leonor Teles, na condição de rainha e regente. Seus estreitos laços com a nobreza castelhana geraram descontentamento, por parte, principalmente, da burguesia. A esse segmento da sociedade não interessava a união dos dois reinos, sobretudo pela incerteza da manutenção das concessões de comércio, e pelo risco da perda da soberania nacional. Os rebeldes aclamaram como rei D. João, o Mestre de Avis, irmão de D. Fernando, prontamente

A Revolução de Avis precipitou o desaparecimento dos traços de regime feudal presentes no território, pois, ao mesmo tempo em que subordinou definitivamente a nobreza à Coroa, fortaleceu a burguesia nacional. Criaram-se assim as condições para que a Coroa, apoiada pela burguesia, iniciasse a expansão ultramarina.[11] Desaparece a camada média, ainda incipiente, que começava a possuir alguma autonomia política. Ao sucumbir, leva consigo uma marca essencial do feudalismo, que contrasta com os elementos de centralização que se aprimoravam a cada nova guerra. O Rei, de fato, satelizava todas as organizações sociais que tinham o projeto de fundar e formar um Império estável, agindo como o grande chefe da guerra.[12]

1.2. A supremacia do Príncipe: repercussões no modelo econômico português

O Estado-Império, na linha evolutiva das cidades-aldeia, da *polis* grega e da *civitas* romana, contrapõe-se à realidade inicial da Idade Média, que tinha na descentralização político-administrativa uma característica essencial. Volta-se a valorizar a figura do grande líder, que, pela tradição ou mesmo pelo carisma, comanda a estruturação de um projeto bem mais elaborado de Estado. A centralização ressurge como traço fundamental neste novo projeto, que se preocupa, neste primeiro momento, com a determinação das novas funções do Estado. O poder era um só, legitimado por Deus.

Como regra geral, estes novos Estados europeus aprimoraram enormemente a sua burocracia, também motivados pela produção nas universidades de homens qualificados para as funções da Administração. O Estado, aos poucos, começa a estender os seus tentáculos, ao mesmo tempo em que não mais estimula a participação dos demais membros da comunidade na participação das decisões políticas essenciais. A comunidade, de forma geral, começa a distanciar-se do centro

---

apoiado por grande parte da nobreza. Os castelhanos reagiram, mas foram definitivamente derrotados em 1385, na batalha de Aljubarrota".

[11] AQUINO, Rubim Santos Leão de *et alii*, op. cit., p. 75. A configuração política da Europa tendia rapidamente para uma intensificação do poder do Rei, com a simultânea superação dos fenômenos, denominado particularismo jurídico, pois, mesmo "(...) Os segmentos burgueses, interessados antes de tudo na normalização do comércio, na supressão das barreiras alfandegárias e conseqüentemente na criação de um mercado interno unificado, tenderam a apoiar a centralização. Inclusive, muitos elementos da burguesia atuaram no campo administrativo e no financiamento da solução centralizadora em andamento".

[12] FAORO, 1996, op. cit., p. 21.

das decisões; neste vácuo, surge o funcionário, que, ao mesmo tempo em que executa as suas funções de rotina (rotinas administrativas), estabelece um novo padrão de relações entre a sociedade e o próprio Estado. É necessário destacar que o súdito somente consegue aproximar-se do Estado para resolver problemas particulares, que jamais poderiam afetar a linha adotada pelos governantes e por aqueles que os cercam.[13]

O fortalecimento do poder real deu-se por meio da organização de uma complexa estrutura de cobrança de tributos e do monopólio da jurisdição. *O Corpus Juris Civilis* de Justiniano serviu de base legal para atos que denotavam concentração de poder. De fato, a valorização do sistema jurídico romano é resultado de um trabalho desenvolvido pelos copiadores: glosadores, pós-glosadores e humanistas, pois, mais do que simples repetidores das Institutas, desenvolveram alguns esforços de sistematização que criaram condições propícias à estruturação do sistema jurídico de alguns Estados.

A verdade é que, mesmo em Portugal, a afirmação do absolutismo aconteceu depois de um longo conflito com a nobreza territorial.[14] Apenas Dom João II (1481 a 1495) conseguir afirmar o poder de sua burocracia e cogitar viagens e descobertas.[15] O Rei sempre será o senhor da riqueza, conduzindo as operações comerciais, assim como nos anos iniciais, nas guerras de afirmação do Novo Reino, quando lhe foi atribuída a defesa do território e a sobrevivência dos seus súditos.

A Península Ibérica revelou, desde os seus anos iniciais, uma característica fundamental que acabou repercutindo diretamente no modelo brasileiro de Estado: uma agressiva política de incorporação de patrimônio. O texto de Raymundo Faoro destaca que: "a concessão de senhorio ou de uma vila, filha da liberalidade do rei, não importava na atribuição de poder público, salvo em medida limitada".[16]

---

[13] VIANA, Oliveira. *Instituições políticas brasileiras* – fundamentos sociais do Estado. 3. ed., v. 1, Rio de Janeiro; São Paulo: Record, 1974 (Biblioteca Básica Brasileira), p. 105. Segundo o autor: "O povo, a massa, não intervinha no governo e na administração. Nem mesmo nos negócios locais (...)".

[14] Conhecida como Batalha de Alfarrobeira (1449), que ocorreu durante o reinado de Dom Afonso V.

[15] FAORO, 1996, op. cit., p. 21. Segundo o autor, ainda durante a supremacia afonsina, já se identificavam sinais dessa empresa, de tal sorte que: "O Estado torna-se uma empresa do Príncipe, que intervém em tudo, empresário audacioso, exposto a muitos riscos por amor à riqueza e à glória: empresa de paz e empresa de guerra. Nenhuma exploração industrial e comercial está isenta de seu controle (...)".

[16] FAORO, 1996, op. cit., p. 5.

Obter a concessão da propriedade não significava libertar-se do Príncipe. Em outros países da Europa, os reis remuneravam os seus altos funcionários com grandes extensões de terra, o que aos poucos determinou o fracionamento do poder político.

As guerras constantes que marcaram a formação do reino português limitaram a experiência do feudalismo,[17] o que, diga-se de passagem, pode ter colaborado para a demora da implantação do sistema capitalista nesse país, não como uma causa única. É digno de nota registrar que todo o organismo social visualizava o comando exercido pelo rei. Durante a dinastia de Avis, a monarquia tornou-se cada vez mais o centro do poder político, apoiado no grupo mercantil, que ampliou as suas influências sobre os negócios do Reino. Ainda, o Estado dedicou-se à ampliação da atividade comercial com a expansão marítima.

Surge o Estado Patrimonial, representado pela apropriação de todas as fontes possíveis de renda existentes no território.

A descentralização do uso da terra não correspondeu à sua distribuição entre os súditos. Primeiramente, houve o arrendamento aos conselhos, depois aos próprios particulares, como forma eficaz de otimizar o aproveitamento do patrimônio real, em outras palavras, transformar esse domínio em atividade lucrativa. Conforme o referido autor: "(...) o rei, na verdade, era o senhor de tudo – tudo hauria dele a legitimidade para existir (...)".[18]

No fim do século XIV, a sisa, tributação sobre o comércio – que não admitia imunidades, e, de alguma forma, sinalizava a atenção do Estado com o desenvolvimento desse novo setor da economia –, demonstra que o Rei está disposto a elevar o seu patrimônio, que era o mesmo do Estado. Aqui, em suas primeiras linhas, surge o Estado Patrimonial, que aos poucos adquirirá maior complexidade, com a formação do estamento, e se fortalecerá no tempo em decorrência de uma série de circunstâncias: a organização e o funcionamento do sistema representativo. Atualmente, bastante desacreditado, na medida em que desse período, para os movimentos populares de 2013, pouco se evoluiu em relação a determinadas práticas, ou tradições.

---

[17] FAORO, 1996, op. cit., p. 19. A centralização administrativa determinada pela organização da guerra sempre destoou do fenômeno da descentralização administrativa, predominante durante a Idade Média. Este é um primeiro argumento para uma não aceitação da presença do feudalismo em Portugal, muito embora existam teses contrárias sobre isso.

[18] Ibid., p. 8.

2. Deformações do modelo português de Estado

2.1. O conceito de patrimonialismo

O reconhecimento do componente moral, em Weber, que pode determinar um querer material, também pode sugerir a necessidade de apropriação de um determinado nicho de poder, garantidor de uma posição de privilégio. Esse poder, para ele, tende a organizar-se, com características que eventualmente se cruzam, em tipos ideais: a dominação legal, a dominação tradicional e a dominação carismática.[19] Na dominação tradicional, encontram-se o patrimonialismo e o feudalismo. São modelos em que não predominam os procedimentos legais, legitimadores das formas contemporâneas de dominação. Deste modo, o patrimonialismo deriva-se diretamente dos poderes do patriarca familiar; em tese, apresenta-se também como forma distante das rotinas atuais, pois, para Weber:

> La organización política patrimonial no conoce ni el concepto de "competencia" ni el de la "autoridad" o magistratura en el sentido actual de la palabra, especialmente a medida que el proceso de apropiación se difunde. La separación entre los asuntos públicos y los privados, entre patrimonio público y privado, y las atribuciones señoriales públicas e privadas de los funcionarios, se há desarrolado sólo en cierto grado dentro del tipo arbitrario, pero ha desaparecido a medida que se difundía el sistema de prebendas y apropiaciones.[20]

A Europa viveu a superação do feudalismo e o conhecimento do Estado Moderno. Portugal, diferentemente, parece não ter aderido ao sistema feudal – essa é uma das afirmações de Faoro, que observa:

> (...) há insuperável incompatibilidade do sistema feudal com a apropriação, pelo Príncipe, dos recursos militares e fiscais – fatores que levam a intensificar e racionalizar o

---

[19] WEBER, Max. *Economia y sociedad* – esbozo de sociología comprensiva. 10. ed. México: Fondo de Cultura Económica, 1996, p. 172, 710-711. Segundo Weber, existem três tipos de dominação legítima: de caráter racional, tradicional ou carismático. O próprio Weber ressalva que nenhum dos tipos consegue manter-se infenso às características presentes preponderantemente nos outros. Têm-se, a seguir, essas três formas de dominação: "1. De carácter racional: que descansa en la creencia en la legalidad de ordenacioes estatuidas y de los derechos de mando de los llamados por esas ordenaciones a ejercer la autoridad (autoridad tradicional). 2. De carácter tradicional: que descansa en la creencia cotidiana en la santidad de las tradiciones que rigieron desde lejanos tiempos y en la legitimidad de los señalados por esa tradición para ejercer la autoridad (autoridad tradicional). 3. De carácter carismático: que descansa en la entrega extracotidiana a la santidad, heroísmo o ejemplaridad de una persona y a las ordenaciones por ella creadas o reveladas".

[20] WEBER, 1996, op. cit., p. 784. Ver também em: PAIM, Antonio. *Momentos decisivos da História do Brasil*. São Paulo: Martins Fontes: 2000. (Temas Brasileiros), p. 256-260. Identificando a destruição dos tipos-ideais, quando confrontados com a História, ver também: CARDOSO, Fernando Henrique. *Política e desenvolvimento em sociedades dependentes* – ideologias do empresariado industrial argentino e brasileiro. Rio de Janeiro: Jorge Zahar Editor, 1971, p. 16.

Estado, capaz, com o suporte econômico, de se emancipar, como realidade eminente, das forças descentralizadas que o dispersam, dividem e anulam.[21]

Enquanto regime social, nas superestruturas, não é possível flagrar a existência de "(...) uma camada, entre e o rei e o vassalo, de senhores, dotados de autonomia política".[22]

O Estado Português não perdeu, em nenhum momento, o controle sobre os meios de produção de riqueza, sendo então natural que dispusesse dos valores necessários para o arriscado empreendimento das descobertas marítimas. A propriedade sobre todos os bens era mantida, restando apenas o mecanismo da concessão para marcar uma transferência de direitos e de deveres sempre sob uma condição resolutiva.[23] Desta forma, a propriedade da terra foi estendida para o monopólio do comércio que, mesmo não ocupando boa parte da população nesse empreendimento, tornou-se a fonte principal de recursos do Reino. Novamente todos se unem para vencer nova batalha, a conquista e a posterior dominação das rotas comerciais – tão desafiadoras quanto lucrativas. O Rei funda o capitalismo de Estado; além disso, o tráfico é atividade que congrega todas as forças econômicas nascentes, em condições de exaurir todas as potencialidades desse novo empreendimento. Para Faoro:

> Estão lançadas as bases do capitalismo de Estado, politicamente condicionado, que floresceria ideologicamente no mercantilismo, doutrina, em Portugal, só reconhecida por empréstimo, sufocada a burguesia, na sua armadura mental, pela supremacia da Coroa.[24]

As relações patrimoniais podem ser inicialmente identificadas na dominação exercida pelo senhor das terras (o Rei) sobre o possuidor, um vínculo desprovido de qualquer sinalagma. A administração patrimonial esforça-se para aprisionar, sob suas regras, aquelas que descendem da vontade pessoal do Rei, todo o poder político e, dele, em especial, os seus desdobramentos econômicos; o judicial e o militar, inclusive, passam a depender dos humores dessa liderança exaustiva. Toda a sociedade volta-se para o abastecimento do soberano e de sua

---

[21] FAORO, 1996, op. cit., p. 18.

[22] Ibid., p. 19.

[23] CASTRO, Therezinha de. *História da civilização brasileira* – do descobrimento à Proclamação da República. v. 1. Rio de Janeiro; São Paulo: Record, 1969. p.40. A autora diferencia as cartas de doação dos forais da seguinte maneira: "(...) enquanto as cartas de doação continham as obrigações devidas entre o rei e o donatário, os forais continham os direitos entre o donatário e os moradores do lugar".

[24] FAORO, 1996, op. cit., p. 21.

claque, acrescida frequentemente de novos escolhidos.[25] Por essa organização sustentaram-se, durante anos, os exércitos dos faraós e dos reis mesopotâmicos, porque formados por arrendatários ou por colonos dominados patrimonialmente. Todas as ações desse tipo de exército estão condicionadas à dação de recursos por parte do soberano, o que inevitavelmente gera uma confusão que é própria das circunstâncias patrimonialistas, qual seja, o público e o privado imbricam-se completamente.[26] E, de fato, a retomada da propriedade, imediata, imotivada, ao ser concluído um determinado vínculo de interesse, não correspondia a qualquer tipo de consideração ou de indenização, o que evidenciava o domínio de tudo, inclusive, e, especialmente, de novos desempenhos da sociedade nos seus negócios privados. Aliás, quase inexistentes, porque todas as dimensões econômicas do ser humano não se manifestavam sem o filtro do Estado. À medida que os negócios da cidade crescem de importância em relação às culturas do campo, o Rei oferece o balizamento ao desenvolvimento de um capitalismo comercial de Estado, ou através do Estado, ou para o Estado:

> (...) o rei se eleva sobre todos os súditos, senhor da riqueza territorial, dono do comércio – o reino tem um *dominus*, um titular da riqueza eminente e perpétua, capaz de gerir as maiores propriedades do país, dirigir o comércio, conduzir a economia como se fosse empresa sua.[27]

Aprofundando esse conceito, o mesmo autor observa:

> (...) no Estado Patrimonial havia, latente, o poder de comando, direção e apropriação sobre pessoas e bens, sem que os súditos pudessem alegar, no caso de inversão da propriedade, ou exigência de serviços, indenizações ou compensações.[28]

Portugal não aceitou a desagregação do seu Estado, uma decorrência natural do feudalismo, antecipando uma cultura de comércio

---

[25] WEBER, 1996, op. cit., p.760-761. Para Weber, a apropriação do sucesso negocial nas atividades ligadas à terra ou ao puro comércio dava-se regularmente e apoiava-se em estruturas tradicionais, de tal sorte que: "Y allí donde se instala una corte tiene que ser mantenida por los súbditos. La economía colectiva que opera a base de prestaciones y productos naturales es la forma primaria en que son satisfechas las necesidades de las organizaciones políticas patrimoniales. (...) con la racionalización de sus finanzas, el patrimonialismo se desliza insensiblemente dentro de las vías de una administración racional burocrática, con un sistema metódico de contribuciones en dinero".

[26] Ibid., p.765-766. Enfrentando as mesmas questões, Weber também publicou: *Ensaios de Sociologia*. 5. ed. Trad. Waltensir Dutra. Rio de Janeiro: Jorge Zahar Editor, 1982 e *Fundamentos da Sociologia*. 2. ed. Trad. Mário R. Monteiro. Portugal: Rés-Editora, 1983.

[27] FAORO, 1996, op. cit., p. 9, 20. De acordo com o autor: "As garras reais, desde cedo, se estenderam ao comércio, olhos cobiçosos ao comércio marítimo. (...) Tudo dependia, comércio e indústria, das concessões régias, das delegações graciosas, arrendamentos onerosos, que, a qualquer momento, se poderiam substituir por empresas monárquicas. (...) Dos privilégios concedidos – para exportar e para importar – não se esquecia o príncipe de arrecadar sua parte, numa apropriação de renda que só analogicamente se compara aos modernos tributos".

[28] Ibid., p. 28.

que iria mais tarde invadir a Europa. Entretanto, a supremacia da Coroa, ao mesmo tempo em que propiciou todas as condições ao desenvolvimento de um capitalismo comercial, frustrou a fase seguinte deste processo: o capitalismo industrial. De fato, uma boa síntese da História de Portugal nos seus primeiros séculos deveria sempre destacar, como experiências que marcaram definitivamente o seu mundo social e político, a guerra, a formação de um quadro administrativo, o comércio e a supremacia do príncipe.[29]

Este exclusivismo, quando transplantado para o Brasil, apresentou-se sob o signo do intervencionismo, seja na manutenção, na criação ou na recriação de atividades econômicas, seja no controle exercido pelas instituições de arrecadação. Desta forma, a intervenção jurídico-política, fonte geradora de receitas originárias e derivadas, e as práticas reais de dominação consolidaram, aos poucos, uma ideologia colonialista.[30]

2.2. O conceito de estamento burocrático

Ser parte de um estamento resulta em honraria, ao mesmo tempo em que impõe um modo de vida que tende ao isolamento do restante da sociedade. Não se trata de mera extravagância, mas sim desenvolve-se como algo que Max Weber denomina de *ação comunitária consensual*.[31] Existe um esforço por parte dos membros deste grupo para convencer os outros de sua condição de membros convictos. Vestimentas, símbolos, qualquer tipo de traço de distinção ressaltam a existência do estamento e da sua imparidade. O grau de coesão desta organização pode acentuar-se visto que se tornam palpáveis as vantagens de ser parte neste todo. E, na mesma medida, torna-se quase impossível nele penetrar. Insiste-se que integrar esta camada significa uma garantia convencional, não jurídica, quase ritualística, de afastamento do res-

---

[29] FAORO, 1996, op. cit., p. 22.

[30] ALBUQUERQUE, Manoel Maurício de. *Pequena história da formação social brasileira*. 3. ed. Rio de Janeiro: Edições Graal, 1984, p. 19.

[31] WEBER, 1996, op. cit., p. 689. Está em Weber que: "Pero ante todo ha ocurrido que la estricta sumisión a la moda que ha imperado en la society ha afectado también a los hombres en un grado para nosotros desconocido y como un síntoma de que la persona en cuestión ha pretendido la cualidad de *gentleman* y, a consecuencia de ello, ha motivado, cuando menos prima facie, que sea tratada como tal. Y esto ha sido tan importante para sus posibilidades de empleo, de buenos negocios y ante todo para el trato y enlace matrimonial en distinguidas familias como, por exemplo, lo es para nosotros la capacidad de satisfacción".

tante da sociedade, das suas dificuldades e de suas reivindicações.[32] Sem o agravamento das divisões étnicas, em certo grau, é possível optar livremente pela saída do estamento, desde que o grau de comprometimento com os seus segredos, com as suas idiossincrasias, não seja tão elevado.

Raymundo Faoro não deixa dúvida sobre o conceito de estamento, a saber, "(...) quadro administrativo e estado-maior de domínio, configura o governo de uma minoria. Poucos dirigem, controlam e infundem seus padrões de conduta a muitos".[33]

Os grandes domínios das terras, uma imensa e complexa estrutura de arrecadação, a constante necessidade de cooptação de grupos que podem, em um determinado momento, querer articular um movimento de contraste ao poder estabelecido, são causas de justificação à construção de um mundo burocrático em torno do senhor de todas as coisas, para também protegê-lo, mas, principalmente, a fim de garantir o funcionamento e a sobrevivência dessa estrutura de dominação e de regozijo.[34] Esse grupo que ascende, logo que se reconhece nessa condição, passa a adotar uma estratégia de defesa da sua posição, que começa, por exemplo, a evitar – ou, pelo menos, a dificultar –, novas movimentações verticais entre a sociedade e esse estamento, por vezes, tentando condicionar essas promoções aos critérios intestinais, não dialogados anteriormente com o Rei. Aos poucos, o estamento cobra o preço da proteção que é oferecida àquele, distanciando-o da sociedade. Além disso, sempre que surgirem novos cargos, haverá uma disputa interna no estamento por essas novas posições, eventualmente já monopolizadas por um grupo social – uma possível subdivisão do estamento. É importante ressaltar também que Max Weber visualiza com

---

[32] WEBER, 1996, op. cit., p. 689. Conforme Weber: "(...) al lado de la garantía convencional y jurídica de la separación en estamentos existe también una garantía ritual, de suerte que todo contacto físico con un miembro de una casta considerada 'inferior' es para los pertenecientes a la casta 'superior' una mácula que contamina y que debe ser expiada desde el punto de vista religiosos. Así, las diversas castas llegan a producir en parte dioses y cultos completamente independientes". No caso brasileiro, até mesmo valores próprios, que referenciam a conduta dos membros do estamento.

[33] FAORO, 1996, op. cit., p. 88.

[34] WEBER, 1996, op. cit., p. 771. Os funcionários patrimoniais são, na verdade, os funcionários reais, porque dependem dos humores do privado, para permanecer e beneficiar-se da riqueza do público. Assim: "Junto a los sacerdotes domésticos y eventualmente a los médicos de cabecera, se encuentran ante todo los jefes de las diferentes ramas de la administración económica: inspectores de las reservas alimenticias y de la cocina (escudero trinchante), de las bodegas (sumiller de la cava y copero) de los establos (mariscal, condestable = comes stabuli), de la servidumbre y de los vassalos (mayordomo), (...) de los depósitos de vestuario y armamento (intendente), del tesoro y de los ingresos (tesorero), de todas las actividades de la administración de la corte en su conjunto (senescal) (...)".

clareza a diferença entre o técnico funcionário burocrático e o tradicional funcionário do estamento:

> El cargo patrimonial carece ante todo de la distinción burocrática entre la esfera "privada" y la "oficial". Pues la misma administración política es considerada como una cuestión puramente personal del soberano, y la posesión y ejercicio de su poder político son estimados como una parte integrante de su fortuna personal, que resulta beneficiosa en virtude de los emolumentos y las contribuciones.[35]

O funcionário patrimonial é cioso em estabelecer competências que deem visibilidade ao seu fazer e ao seu cargo. A Administração dá-se quase que ocasionalmente, e, à medida que casos concretos vão surgindo, o soberano distribui as competências em níveis de grande confiança. A escolha depende principalmente da proximidade, algo só permitido aos membros cativos do estamento. O importante é trabalhar pela paz entre os súditos, a fim de que se possa sufocar ou distensionar os conflitos que eventualmente possam surgir. A mediação do diálogo, quase inexistente, entre súditos e o Rei, faz-se pelos sinuosos canais do estamento. Seus membros, sustentados pela confiança daquele, da tradição, que aos poucos se consolida, e das costuras intraestamento, esmeram-se em realizar seu mister, o que significa, em outras palavras, que:

> Estos últimos están "autorizados" para hacer lo que "puedan" frente al poder de la tradición y al interés que tiene el soberano en el mantenimiento de la docilidad y eficacia de los súbditos. Faltan las normas fijas y los reglamentos obligatorios propios de la administración burocrática.[36]

Neste sentido, existe uma subordinação puramente pessoal ao senhor; portanto, a fidelidade exercida não ocorre em relação ao interesse público, mas sim descende dos movediços quereres privados. O acerto de suas atitudes administrativas será verificado pelo aumento de seu poder de inserção no próprio estamento, pelas constantes demonstrações de afeto e pela devoção ao sistema que lhe abriga e que o salva. O grau de dependência do estamento com seu senhor, que é o Estado, mas também com o isolado Rei, na sua imparidade, atesta as limitações técnicas dessa forma de condução dos interesses do Estado, visto que:

> Faltan en este caso la organización objetiva y la objetividad encaminada a fines impersonales propia de la vida burocrática estatal. El cargo y el ejercicio del poder público están al servicio de la persona del príncipe, por una parte, y del funcionario agraciado con el cargo, por otra, pero no al servicio de tareas "objetivas". (...) *los funcionarios patrimoniales, especialmente los de mayor rango, han conservado durante mucho tiempo el derecho de comer en la mesa del señor en los casos de su presencia en la corte* (...).[37] (grifo nosso)

---

[35] WEBER, 1996, op. cit., p. 774.

[36] Ibid., p. 775.

[37] Ibid., p. 776.

O Estado Brasileiro e seus Partidos Políticos

Sem sombra de dúvida, o estamento é um órgão não institucionalizado, dependente das verbas disponibilizadas pela Coroa, compondo assim uma burocracia aristocrática, atécnica, acima da sociedade não estatizada. Seus diálogos ocorrem, para o nível inferior, com a sociedade, ouvindo os seus reclamos, e, com o patamar superior, o soberano, ao atender aos seus pedidos e ao fazer outros tantos. Simula, pois, uma representação da sociedade, que, dependendo do país, pode estar legitimada em maior ou menor grau. O fechamento dessa comunidade permite-lhe a apropriação de oportunidades econômicas diversas, que decorrem de sua manipulação das instâncias deliberativas de um Estado que é um relevante agente econômico. Deste modo, é o governo da minoria, uma corporação de poder, que produz e consome as suas lideranças, sem a participação da sociedade.

3. O processo de implantação do modelo português no Brasil

3.1. Brasil colonial

3.1.1. O patrimonialismo (o extrativismo, a estrutura econômica e os seus agentes sociais)

A opção portuguesa no início de nossa colonização foi pela atividade extrativa.[38] No início, a exploração econômica do colonizador preocupou-se exclusivamente com a potencialidade no mercado europeu do pau-brasil. Concomitantemente, surgiram as drogas do sertão, encontradas na região norte da Colônia. As frequentes invasões dos espanhóis, holandeses e franceses demonstraram, para Portugal, ser impossível manter o território protegido sem o desenvolvimento de uma estrutura de poder permanente, o que só poderia ocorrer com o incremento de outra atividade econômica, essa sim, capaz de seduzir um número maior de interessados em investir e em explorar a nova terra. Surge, desta forma, a empresa agromanufatureira do açúcar, responsá-

---

[38] COUTO, Jorge. *A construção do Brasil* – ameríndios, portugueses e africanos, do início do povoamento a finais de quinhentos. Lisboa: Cosmos, 1998, p. 210-211. Uma das finalidades dos primeiros colonizadores foi averiguar quais das culturas conhecidas (e lucrativas) melhor se adaptavam ao solo brasileiro. Martim Afonso, um dos primeiros a explorar o território, criou imediatamente um posto avançado no sertão, imaginando assim: "(...) fomentar as trocas comerciais com os habitantes do interior para assegurar o abastecimento de víveres (mandioca, frutas e vegetais) aos moradores de São Vicente, procurando, desse modo, que a economia de recoleção e a agricultura semi-itinerante praticada pelos ameríndios garantissem a subsistência dos povoadores de forma a que estes se pudessem dedicar essencialmente à agricultura de exportação (cana sacarina)".

vel pelo plantio, pela conservação, pelo corte e pelo beneficiamento da cana-de-açúcar. Para Manoel Maurício de Albuquerque:

> (...) a fundação do Engenho do Senhor Governador de São Vicente (1533-34) do qual era proprietário Martim Afonso de Sousa, encerrou esta primeira etapa de exclusivismo do corte do pau-brasil como recurso único de valorização econômica do Brasil.[39]

A concessão dessas terras dava-se pelo instituto da sesmaria, em outras palavras, existia a previsão de retorno da propriedade não desenvolvida para a Coroa – sesmaria que não era aproveitada era sesmaria perdida. Em 1695, ocorre uma mudança de rumo que determina a cessão do domínio da terra. Esse evento provoca a imediata reação do estamento que identificava na distribuição das donatarias uma forma de descentralização, futuramente incontrolável, de poder.[40] As capitanias hereditárias, ao fim, retornaram para o patrimônio da Coroa.[41]

Em 1548, institui-se o Governo-Geral. Enfim, "(...) a Coroa, obsessiva de seus monopólios, estava certa de que a colonização, empreendida sob o seu comando, traria maiores rendas, além de cargos para os fiéis vassalos".[42]

A estratégia de centralização do poder através da figura do Governador-Geral objetiva essencialmente a retomada do controle da economia, que se desenvolvia em áreas próximas ao litoral. As atividades de comércio que se estabeleciam entre navios estrangeiros e colonos, estrangeiros e índios, além das trocas internas realizadas por colonos e índios, continuavam proibidas, porém agora seriam fiscalizadas. Desta forma, a dimensão econômica aos poucos ia sendo incorporada pela dimensão administrativa. O mais dramático é que este sistema de controle era pensado para, entre outras coisas, monitorar as atividades do governador que, pelo visto, foi destacado mais por falta de opção ou

---

[39] ALBUQUERQUE, 1984, op. cit., p. 53.

[40] FAORO, 1996, op. cit., p. 142. Os temores do estamento, com as últimas medidas do Rei, para incentivar o povoamento da colônia, eram a impossibilidade, de mais tarde, retomar-se o comando da região. A grande extensão do território brasileiro alimentava ainda mais essa preocupação. Conforme Faoro: "O comando da economia e da administração deveria, para conservar o já tradicional edifício do governo português, concentrar-se nas zelosas e ciumentas mãos, mãos ávidas de lucros e de pensões, do estamento burocrático".

[41] As capitanias hereditárias configuram uma exceção à regra de uma das questões formuladas nesta pesquisa, muito embora a sua cessão tenha sido atribuição administrativa do poder central.

[42] FAORO, 1996, op. cit., p. 144. Ver também: COUTO, 1998, op. cit., p. 225. De acordo com esse autor: "No âmbito fiscal, D. João consignou à Coroa o dízimo do pescado, dos produtos exportados para fora do reino e das mercadorias importadas do estrangeiro; o quinto da pedraria e dos metais preciosos e não preciosos, bem como o monopólio do pau-brasil". Ver também o texto de: NOVAIS, Fernando A. Condições da vida privada na colônia. In: SOUZA, Laura de Mello e. *História da Vida Privada no Brasil* – cotidiano e vida privada na América Portuguesa. São Paulo: Companhia das Letras, 1997.

O Estado Brasileiro e seus Partidos Políticos

por pressões políticas internas do que pelo seus méritos. Literalmente, neste caso, o poder controlava o poder. Nada poderia ser mais embaraçoso do que os cargos desta máquina fiscalista, pois alguns desses tiveram a sua competência estendida pelos dois territórios, o que desencadeava o cruzamento de competências.[43] Entre as atividades econômicas que deveriam ser suscitadas pelo Governador-Geral estavam as feiras, de preferência semanais, que funcionavam como oportunidade de negócios com os índios. O escambo, mesmo que de retorno singelo, já merecia todo o controle do Estado Português, o que incluía, para os autonomistas, que pretendiam estabelecer relações individuais com os indígenas, açoites para os seus peões e multas para os aristocratas. O preço justo, desta maneira, deveria ser decidido em conjunto com os capitães e com os oficiais.[44]

Desde o início, Portugal imaginou a implantação gradual do modelo de Estado Patrimonial, realidade que já conhecia. Tal atitude, porém, foi feita de forma acelerada pelo Estado na Colônia. Isso aconteceu de forma desordenada, em um primeiro momento, pois envolveu um complexo de medidas de urgência que foram sendo tomadas na mesma proporção em que o novo espaço geográfico se tornava alvo de outras nações e, inclusive, dos portugueses aqui residentes.[45] Deve-se evidenciar que a intenção da Coroa era sustentar a sua pesada estrutura administrativa nos dois continentes, com o potencial econômico que a Colônia já demonstrava possuir. O Rei tinha o compromisso de prover os recursos à manutenção de todo o grupo político que o protegia, de tal sorte que o Estado Português operava com a legitimidade do público para satisfazer os seus interesses privados.

---

[43] FAORO, 1996, op. cit., p. 146. Assim consta em Faoro: "O governo-geral institui um sistema desconfiado da ascendência absoluta do governador. Para os negócios da Fazenda e da Justiça, com regimentos particulares, criou o rei o ouvidor-mor e o provedor-mor, com atribuições específicas, não-subordinadas ao governador. Nos casos omissos, o governador deveria consultar as outras autoridades, além de outros funcionários e pessoas idôneas, constituindo as 'juntas gerais' (...) O provedor-mor, aquinhoado de largas atribuições, reuniria na sua repartição os dispersos agentes da Fazenda, racionalizando e contabilizando as cobranças. O ouvidor-mor cuidaria da Justiça nas capitanias, com alçada sujeita aos recursos de Lisboa".

[44] COUTO, op. cit., p. 233-234.

[45] FAORO, 1996, op. cit., p. 148. A estrutura patrimonial foi exportada para o Brasil, com o intuito de proteger a alternativa portuguesa de manter-se como grande potência, pois "(...) com estas medidas, completava-se a obra de incorporação e absorção dos assuntos públicos da Colônia à autoridade real, por meio de seus agentes diretos. Era a unidade administrativa, judicial e financeira, assentada sobre a disciplina da atividade econômica". Este tema também pode ser encontrado em : PRADO JÚNIOR, Caio. *Evolução política do Brasil e outros estudos*. 9. ed. São Paulo: Brasiliense, 1975, p. 28-31. Fica evidente nestes primeiros momentos da História Colonial brasileira que a elite rural incorporou a força de dominação tradicional do Estado Português e, travestindo-se de poder público, agiu motivada por seus interesses privados. O Estado que nasce no Brasil trabalha com paradigmas próprios do Direito Privado, um vinco profundo na face da Nação e que jamais desapareceu.

O pau-brasil, o açúcar, as drogas do sertão, posteriormente o ouro, e, por fim, a pecuária sulina e o algodão maranhense, foram diferentes caminhos de exploração da Colônia com o único objetivo de acumulação de riquezas. Durante todas as décadas iniciais após a chegada dos portugueses ao Brasil, paulatinamente se implantou nesta terra uma ideologia que reservava aos territórios conquistados um papel histórico de submissão. Neste sentido, a subordinação econômica também significou a subordinação cultural, responsável por um sentimento de deserção social das camadas populares, acostumadas a exercer um papel secundário na política nacional. Qualquer possibilidade de reforma social deveria passar pelos proprietários rurais que, todavia, estavam acomodados às garantias que recebiam da existência de um mercado externo para os seus produtos. Sentiam-se dependentes de Portugal. A atividade mineradora, entretanto, fomentou muito mais a independência, pois a atuação do fisco português foi mais exacerbada. Para completar, a ascensão da exploração do ouro atingiu a produção açucareira, porque gerou um aumento no preço do escravo – o descontentamento atingiu, pois, vários setores.

Observa-se, com nitidez que, no século XVIII, o Brasil já formava um mercado consumidor, e a pressão externa tentava diminuir o controle português sobre a costa, ao inserir a Colônia no cenário do comércio internacional. Todavia, não havia uma certeza por parte dos proprietários rurais de que essa mudança seria, para eles, proveitosa.[46] Aliás, diga-se que Azeredo Coutinho expressava nos seus escritos a necessidade de Portugal distender a sua política econômica baseada no monopólio e na cobrança de tributos para só assim manter as relações com a Colônia em grande calmaria. Nelson Werneck Sodré fez a leitura do pensamento de Coutinho que pregava efetivamente um recuo da pressão portuguesa sobre a Colônia a fim de afastar qualquer *"francesia"*.[47] O segundo autor tentava indicar os caminhos a uma reconstrução dos liames existentes entre a elite agrária nacional e a Coroa.

---

[46] SODRÉ, Nelson W. *A ideologia do colonialismo* – seus reflexos no pensamento brasileiro. 3. ed. Petrópolis: Vozes, 1984, p. 20. No entender desse historiador, ao situar o pensamento de Azeredo Coutinho, a elite nacional ainda estava muito dependente da Metrópole, carregando o gene da dominação, e, ao mesmo tempo, todos bastante despreparados para modificar a sua organização de empresa, a fim de contemplar as exigências teóricas de um mundo em ebulição. Tal cautela é definida desta maneira pelo autor: "Há sempre uma corrente que pretende conciliar o inconciliável, os interesses da classe dominante colonial com os interesses da Coroa Portuguesa". O autor define esse modo de pensar como fruto de uma corrente de direita, menos emocionada com os ideais da Independência, composta por nomes como Azeredo Coutinho e Hipólito da Costa. Ver também em: PAULA, Sérgio Goes de (org.). *Hipólito José da Costa*, São Paulo: Editora 34, 2001.

[47] SODRÉ, 1984, op. cit., p. 21. Analisando o pensamento de Azeredo Coutinho, Sodré extrai a seguinte reflexão: "Sente (Azeredo Coutinho), em particular, que os interesses de sua classe, na Colônia, estão sendo prejudicados pela Metrópole. O seu zelo (era fiel a Portugal) se traduz na

Pau-brasil, pimenta, ouro e escravo indicavam um potencial que foi mal explorado pelo Estado, atento à cobrança dos impostos, contudo insensível às dificuldades apresentadas pelas jovens empresas mercantis.[48] Deste modo, os comerciantes não conseguiram converter em poder a sua habilidade para produzir lucros, visto que todo o sucesso do empreendimento acabava nas mãos da Coroa Portuguesa, que, no Governo-Geral, através do provedor-mor, fazia uma cobrança minudente de todos os tributos possíveis.

O modelo acima referido prosperou em outros países europeus porque a motivação de sua formação está ligada primeiramente à defesa do território. O sucesso na guerra representa a continuidade dos diferentes projetos de Nação que se desenvolviam naquele momento, de tal sorte que Alemanha, França, Espanha e Portugal observaram o rápido florescimento do patrimonialismo financeiro.[49] O Príncipe alcançava com os seus tentáculos todas as dimensões da economia do país, e a consequência natural era o seu gradativo fortalecimento.[50] A pobreza poderia facilitar o caminho da salvação, o que represou durante certo tempo a ascensão da burguesia e a laicização do Estado. A maior contradição que pode ser destacada nesse período é a condenação da usura, em detrimento da prevalência de uma Justiça Comutativa. Os Estados pecavam sem posterior arrependimento; no entanto, a seu favor, denunciavam essas práticas quando elas lhes desfavoreciam.[51]

---

forma pela qual procura esclarecer a Coroa de que segue o caminho errado. Defende, então, reformas liberais, no terreno econômico, e particularmente no terreno tarifário (...). Assim, uma e outra ficarão melhor, enriquecerão e continuarão unidas por isso mesmo".

[48] COUTO, 1998, op. cit., p. 234.

[49] TORRES, 1991, op. cit., p. 14. Analisando os desdobramentos do Estado Patrimonial, afirma o autor que: "(...) as populações em geral são pobres e os reis, ricos; os sistemas tributários, caóticos e irracionais, compõem-se principalmente de tributos diretos, que incidem até sobre os pobres, mas aos quais estão imunes a nobreza e o clero; *além das rendas dominiais, constituem fontes de recurso a venda de cargos públicos (...)*". (grifo nosso)

[50] HOLANDA, Sérgio Buarque de. A época colonial – administração, economia e sociedade. In: —— (org.). *História geral da civilização brasileira*. 7. ed. Tomo I. Rio de Janeiro: Editora Bertrand, 1993, p. 327. O Marquês de Pombal, por exemplo, não dispensava o apoio do capital privado, porém mantinha o controle parasitário estatal sobre os lucros desses negócios. Em suma: "É preciso observar que Pombal, com a preocupação da presença do Estado em todas as atividades, quando solicitava a participação da iniciativa e da energia do capital privado, nem por isso lhe abria perspectivas para que se desenvolvessem isoladamente ou com independência. O Estado, soberano e preponderante, intervencionista, absorvente, traçava os caminhos, fixava as normas e utilizava a experiência, a boa vontade, os interesses e os recursos da coletividade, a todos se sobrepondo (...) O controle estatal era o fundamento maior de sua concepção em matéria de política econômica".

[51] TORRES, 1991, op. cit., p. 44. Segundo o autor: "Em Portugal, D. Manuel e D. João III assumiram a responsabilidade por inúmeros empréstimos a juros que ascendiam até 25 % a. a. Aliás, a realeza, em toda a Europa, abusava dos empréstimos, em vista das sucessivas crises econômicas, e, não

A noção de liberdade não decorria de uma conquista da coletividade, pois o indivíduo era reconhecido apenas dentro da sua casta, o único espaço claramente consolidado. A Igreja, por exemplo, estava imune ao pagamento dos tributos ordinários, o que se configurava em um direito afirmado para os seus membros. A delimitação do poder real provocava uma distensão nas relações com a nobreza, com o clero e com o senhorio que protegiam o Rei para perpetuar o seu privilégio.[52] Consegue-se compreender, deste modo, o amplo espaço das imunidades tributárias consagradas na última Constituição Federal (1988), pois esse instituto resguarda um nicho de liberdade e de poder daqueles que se mantiveram infensos ao poder fiscal do Príncipe. Mesmo que de forma dissimulada, sobrevive, ainda, o peso da tradição. A sociedade não chegava ao Rei, preocupado apenas em manter relações verticais com esse estamento; ele era, pois, responsável pela legitimação dessa estrutura de funcionamento de poder através do discurso, da prece e, eventualmente, da força militar. O capital produzido nesse sistema, em parte, pelo menos, era gasto nas guerras externas e internas, muitas delas querendo afrontar essa ordem.

A separação entre o público e o privado não era perceptível, e a carga tributária poderia variar conforme o patrimônio do Rei, leia-se Estado, caso fraquejasse. A possibilidade de guerra ou o seu final poderia ensejar a apropriação dos bens de particulares, o que não é desarrazoado, porque nitidamente há um interesse da coletividade. Todavia, o dote da princesa teria a mesma força de convencimento?[53] O funcionamento deste sistema de apropriação do público pelo privado colaborou para confundir ou para fundir a economia e a política. Atividades particulares eram incentivadas a fim de gerar mais riqueza ao Estado, responsável por sustentar uma pesada estrutura burocrática, graças ao intermédio da cobrança de tributos.

---

raro, se utilizava do argumento de que os juros excessivos eram pecaminosos, ao fito de deixar de pagar o principal, punir os banqueiros e cambistas ou obter vantagens diversas".

[52] TORRES, 1991, op. cit., p. 20. Assim conceitua o autor a liberdade no Estado Patrimonial: "A liberdade aparece fracionada e dividida entre a realeza, o senhorio e a Igreja e vai se consubstanciar no exercício da fiscalidade, na reserva da imunidade aos tributos, na obtenção de privilégios e no consentimento para a cobrança extraordinária de impostos. Em outras palavras, a nobreza e o clero são livres porque, além de não se subordinarem, senão excepcionalmente, à fiscalidade do Príncipe (imunidades e privilégios), constituem fontes periféricas de normatividade. Não se pode, conseguintemente, concluir que o Estado Patrimonial não conheceu a liberdade; só que a vivenciou em sua forma estamental ou corporativa, isto é, como liberdade privada, inconfundível com as liberdades públicas do liberalismo".

[53] Ibid., p. 30. De fato: "(...) era difícil distinguir, nos Estados Patrimoniais Estamentais, entre a fazenda do Rei e a do Estado, as despesas do Rei e do Reino, o orçamento da Casa Real e do Estado, as rendas da Coroa e do Reino".

A hegemonia produzida no espaço político não resultava da proposição de um conjunto de iniciativas públicas sedutoras, escolhidas pela sociedade, mas sim da capacidade de alguns setores de produzir riquezas, o que possibilitou um revezamento em certos setores da política nacional – entretanto, sempre com a predominância da nascente elite econômica. Para sobreviver no poder, exigia-se consistência financeira, capaz de financiar a formação de milícias com relativa frequência,[54] pois a guerra de posições era constante, considerando-se que a proximidade com o Rei garantia um infindável número de cargos na burocracia. Esses cargos tinham a função de criar ocupações e até mesmo prover o sustento dos filhos sem herança e, mais do que isso, inauguravam um canal de acesso para o favorecimento de determinados grupos, cogitando-se uma posterior reciprocidade. Neste sentido, a importância do cargo determinava o *status* do seu ocupante e o grau de corrupção com a qual era capaz de se envolver.[55] Se é verdade que o patrimonialismo faz-se muito por uma aliança do líder com a aristocracia urbana, não se pode desvincular que essa fração da sociedade possui ligações afetivas com o mundo rural. São, por exemplo, os filhos do açúcar[56] e do café. É necessário ressaltar, aqui, que a lógica da do-

---

[54] SCHWARTZMAN, Simon. *Bases do autoritarismo brasileiro*. 3. ed. Rio de Janeiro: Campus, 1988, p. 36. Para o autor: "Nos sistemas patrimoniais tradicionais, não havia diferença entre as esferas política e econômica da sociedade. A ligação íntima entre esses aspectos é também uma característica predominante de sociedades em que o aparato estatal é grande e multifuncional e antecede, historicamente, ao surgimento de grupos de interesses autônomos e articulados. Nesses contextos, a busca do poder político não é simplesmente feita para fazer prevalecer esta ou aquela política, mas visa à posse de um patrimônio de grande valor, o controle direto de uma fonte substancial de riqueza".

[55] SCHWARTZMAN, 1988, op. cit., p. 64. Denunciando aquela situação, o historiador afirma: "os mantenedores da delegação patrimonial tendem a receber seus postos como prebendas políticas e usá-los como propriedade particular".

[56] BOSI, Alfredo. *Dialética da colonização*. 3. ed. São Paulo: Companhia das Letras, 1995, p. 99. A partir do poema abaixo, escrito por Gregório de Mattos Guerra, "o Boca do Inferno", Alfredo Bosi tece importantes considerações:
"O açúcar já se acabou? Baixou.
E o dinheiro se extinguiu? Subiu.
Logo já convalesceu? Morreu.
À Bahia aconteceu
o que a um doente acontece,
cai na cama, o mal lhe cresce,
Baixou, subiu e morreu".
O poeta baiano conviveu com os efeitos da exaustão do ciclo do açúcar, o que implicou à sua vida, também em função de sua agressiva poesia, um rebaixamento no seu status de membro do aparelho administrativo. Alfredo Bosi, sobre isso, assim se expressa: "(...) a tendência do letrado tradicional é, na época barroca, a de uma divisão existencial: a relação com a estrutura social fica cindida entre a autoidentificação com um tipo humano considerado ideal (o nobre, o chevalier, o gentleman, (...), o nosso colonial homem bom) e a repulsa ao vil cotidiano dos outros homens cujas necessidades e interesses se descrevem com o mais cru naturalismo confinante quase sem-

minação exercida pela Metrópole estava sustentada no desempenho de uma atividade de intermediação de produtos tropicais, ouro e diamantes, que vinham da Colônia e que precisavam chegar até os mercados de consumo. Em determinados momentos, tal atividade representava 2/3 (dois terços) da exportação portuguesa. Deste modo, a chegada da Corte ao Brasil desmontou a economia portuguesa, o que, em um primeiro momento, não produziu a ascensão dos comerciantes brasileiros, porque a mesma elite que exercia a sua dominação desde além-mar, agora, prosseguia no seu ofício dentro do território brasileiro.

Não há como imaginar que o nosso sistema político não sofreria um impacto negativo diante de um cenário tão desfavorável. Não havia mobilização social para assumir uma condição de força ativa, capaz de dividir as responsabilidades decorrentes do exercício efetivo do poder. De fato, aqui, a grandiosidade do Estado contrasta com a simplicidade das relações dentro da "casa-grande". Simon Schwartzman esclarece que "Quando isso ocorre, posições governamentais são buscadas não tanto como recursos para a implementação de interesses do tipo econômico, mas sim como forma de mobilidade social e ocupação *per se*".[57]

Seguindo esse raciocínio, o referido autor prossegue:

Isso significa que a administração pública é vista como um bem em si mesmo, e a organização governamental tem as características de um patrimônio a ser explorado, e não de uma estrutura funcional a ser acionada para a obtenção de fins heterônimos.[58]

Portugueses e brasileiros, nos últimos anos da vida colonial brasileira, vivenciaram diversos conflitos pela hegemonia das redes de comércio que começavam a estabelecer vínculos diretos com outras nações, seja pelo contrabando, seja pela institucionalização da atividade exportadora direta a partir da abertura dos portos às nações amigas. Dentro do Estado ocorriam as principais decisões em matéria de política exportadora que, sem dúvida, iriam determinar os rumos da econo-

---

pre com a barbárie". Ainda, o referido autor classifica isso de um desdém de natureza estamental, vicioso, porque afasta o fidalgo da mercancia e do trabalho manual. O "Boca do Inferno" reclama do fim das diferenças de berço:
"No Brasil, a Fidalguia,
no bom sangue nunca está;
nem no bom procedimento:
pois logo em quê pode estar ?
Consiste em muito dinheiro,
e consiste em o guardar:
cada um o guarda bem
para ter que gastar mal".

[57] SCHWARTZMAN, 1988, op. cit., p. 37.

[58] SCHWARTZMAN, 1988, op. cit., p. 37-38.

mia nacional e, inclusive, poderiam assegurar certos nichos de poder no Novo Império que começava a se desenhar. Mais do que nunca, os movimentos em direção aos postos-chaves da burocracia estatal tornaram-se violentos e determinaram, entre outras coisas, a Independência e a posterior deposição de Dom Pedro I.

Nos primeiros séculos da experiência brasileira – Colônia e Império –, a debilidade dos movimentos sociais, não raras vezes, produzidos artificialmente por parte da elite que durante curtos períodos restava fora do círculo do poder, contribuiu para uma aparente harmonia, visto que o número de cargos era suficiente a fim de contemplar uma parcela expressiva dos descontentes. Na verdade, o funcionamento do Estado há muito não reproduzia uma pauta de valores direcionados à supremacia do interesse público. Os atos de governo, sustentados na tradição do Estado e no monopólio da força física legítima, escudaram, por todo esse tempo, vontades privadas que se apossaram do Estado. Assim, o Estado Total enxerga no espelho o Estado Instrumento, apartado da sociedade e sitiado por pequenos grupos mobilizados por seus interesses. Os diferentes grupos de pressão, formados a partir de interesses circunstanciais, diante deste cenário, travavam relações diretamente com o Estado, mantendo contatos esporádicos com a sociedade, aprimorados com a evolução do processo democrático. Nas primeiras eleições, era o próprio Estado que proclamava o seu resultado em detrimento das urnas. Desta forma, afirmar a autonomia do Estado em relação à sociedade – inclusive ao se identificar um profundo distanciamento entre ambos – justifica-se quando se retira do conceito de sociedade àqueles que consolidaram outro espaço de convivência, até mesmo, quando inauguram uma legalidade nova, outra ordem: o estamento.[59]

---

[59] VIANA, Luiz Werneck. *Weber e a interpretação do Brasil*. Disponível em: <http://www.artnet. com.br/gramsci/arquiv35htm>. Este texto rechaça a tese da importância do Estado para o desenvolvimento de uma cultura democrática de representação e de participação popular, pois toda exposição está calcada no papel da própria sociedade neste processo. Muito embora não separe a sociedade (como o conjunto de todos os cidadãos) de um grupo bastante restrito (uma elite econômica), o seu discurso chega ao mesmo lugar dos argumentos desenvolvidos no corpo desta pesquisa. Claramente afirma o autor que: "(...) a imagem do *Estado Tutelar* não passaria de uma simples aparência a dissimular a sua natureza efetiva de *Estado Instrumento* (...) O elemento retardatário teria a sua origem na sociedade civil, a partir da estruturação do modo de propriedade e das relações de trabalho nela prevalecentes, e não no Estado, (...) para que a matriz do interesse viesse a produzir seres sociais dotados de autonomia e de identidade social definida, importaria, de um lado, erradicar as formas de patrimonialismo societal preservadas no processo de modernização da sociedade brasileira, e, de outro, pôr um fim na tradicional capacidade da esfera privada de invadir a esfera pública, convertendo-a em um instrumento seu".

3.1.2. O estamento burocrático (a pessoalidade das relações – administração nas capitanias hereditárias – a estrutura jurídico-política e os seus agentes sociais)

No caso brasileiro, a utilização do conceito *estamento burocrático* confirma-se procedente diante da lenta construção de um aparato burocrático, herdado nas suas linhas gerais da prática portuguesa, para administrar a Colônia.[60] A História impôs ao Brasil uma linha inicial ascendente de desenvolvimento: do período que começa nas capitanias hereditárias e alcança o fim do Império, desencadeou-se um processo de aprimoramento das práticas administrativas. Esta nova estrutura, com o passar do tempo, adquiriu uma dimensão política fundamental. Sua imensidão emprestou ao Estado, e a quem o comandava, uma autêntica válvula de segurança, pronta para ser acionada em momentos de tensão na cena política nacional.

Neste sentido, o Estado aprimora cada vez mais a sua aptidão para desenvolver atividades de comércio, naturalmente dependendo da existência de uma burocracia que possa auxiliar o soberano nas rotineiras tarefas de administração dos tributos. Na verdade, o soberano português sempre esteve cercado por um grupo que se caracterizava pela distância que guardava do restante da sociedade. Entre o Estado e a sociedade, há um grupo de indeterminação relativa, fluido muitas vezes, mas que sempre surge no momento das importantes decisões. Aliás, não há dúvida de que participavam diretamente das decisões do Estado.

Todavia, a competência à prática do comércio não era avaliada quando os cargos da Administração dos negócios do Estado eram distribuídos. De acordo, com Faoro:

> (...) o Estado se aparelha, grau a grau, sempre que a necessidade sugere, com a organização político-administrativa, juridicamente pensada e escrita, racionalizada e sistematizada pelos juristas. Esta corporação de poder se estrutura numa comunidade: o estamento.[61]

No caso português, que é também o brasileiro, o estamento não se constrói a partir das diferenças étnicas, mas sim obedece a uma versão mais moderna, composta por políticos profissionais, com ou sem mandato, que monopolizam os cargos mais importantes do Estado e, muitas vezes, ainda podem dispor das posições de escalão inferior, para distribuir entre aqueles que são os adeptos do estamento. Porque não é

---

[60] FAORO, 1996, op. cit., p. 167. Acima de tudo, pode-se dizer que o estamento foi "uma carapaça burocrática, vinculada à Metrópole, obediente ao Rei, que criou a cúpula da ordem política".

[61] Ibid., p. 45.

classe, existe uma espécie de baixo clero que passa uma falsa impressão de que todos podem ter acesso aos cargos; contudo, ao mesmo tempo em que legitimam o processo, não escondem que qualquer participação está condicionada a uma possível troca de favores. Se integrarmos os conceitos de estamento e de patrimonialismo, o funcionário inserido neste contexto acaba reproduzindo os vícios destes vínculos não condizentes com um modelo racional de Estado, pois, segundo Sérgio Buarque de Holanda:

> (...) para o funcionário "patrimonial", a própria gestão política apresenta-se como assunto de seu interesse particular; as funções, os empregos e os benefícios que deles aufere relacionam-se a direitos pessoais do funcionário e não a interesses coletivos, como sucede no verdadeiro Estado burocrático, em que prevalecem a especialização das funções e o esforço para se assegurarem garantias jurídicas do cidadão. A escolha dos homens que irão exercer funções públicas faz-se de acordo com a confiança pessoal que mereçam os candidatos, e muito menos de acordo com suas capacidades próprias. Falta a tudo a ordenação impessoal que caracteriza a vida no Estado burocrático.[62]

Cria-se lentamente no Brasil um estamento sem sobrenome, descendente de uma aristocracia formada por aventureiros seduzidos pela perspectiva de alcançar a condição de fidalgos entre tantos desgraçados. É, pois, um simulacro de aristocracia, sem suporte humano, e que não tardou a perder espaço para uma das primeiras gerações de brasileiros com um perfil urbano. De certa forma, observa-se aqui um período de qualificação da burocracia, marcado pela cooptação de setores mais intelectualizados da classe média.[63] Para Fernando de Azevedo:

> Os centros urbanos do litoral e do planalto serviram, sem dúvida, de pontos de apoio a um forte sistema administrativo que se estendera a todo o país (...) e consolidou na mesma medida o poder do Imperador, tornando-se o Rio de Janeiro o centro de uma vasta administração.[64]

No caso português, a tradição ajudava a sustentar essa coordenação de forças. Os servidores estavam ali por obra de um superior; muito embora cidadãos independentes exerciam a sua função apoiados em bases precariíssimas, porque a sua esfera de competência poderia ser invadida pela concessão de algum favor por parte de seus superiores. Mesmo assim, é admitida a divisão de poderes entre o Rei e o seu corpo administrativo. Desta maneira, as decisões administrativas gravitam entre uma tênue legalidade e um amplo leque de julgamentos anteriores que haviam contemplado a Justiça no caso concreto. O julgador

---

[62] HOLANDA, Sérgio Buarque de. *Raízes do Brasil*. 26. ed. São Paulo: Companhia das Letras, 1995, p. 146.

[63] AZEVEDO, Fernando. *A cultura brasileira* – introdução ao estudo da cultura no Brasil. 6. ed. Rio de Janeiro: Editora da UFRJ; Brasília: Editora da UNB, 1996, p. 159-173.

[64] AZEVEDO, 1996, op. cit., p. 173.

poderia selecionar alguns *topói* para fundamentar a sua decisão. Max Weber diagnostica que o Direito Positivo no Estado Patrimonial falece diante de "(...) uma combinación de principios ético-sociales y utilitario sociales que rompe toda rigidez jurídica formal".[65]

É importante frisar que a colonização foi obra do Estado, que soube manter permanentemente o controle sobre as suas estratégias iniciais de defesa e de paulatina conquista do território a pouco descoberto. As pessoas selecionadas para comandar esse processo traziam consigo, de forma bastante arraigada, a necessidade de fortalecimento do Estado Português, provedor do estamento, agora dividido entre Brasil e Portugal. Era, pois, um projeto de poucos riscos ao colonizador – nem financeiros, muito menos políticos -. Portugal, para Raymundo Faoro, nos seiscentos, pode ser assim caracterizado: "Estava sufocado pelo Estado Absoluto, centralizador, armado de um estamento que consolidava a supremacia e o controle da realeza em todos os negócios, empresas, aventuras e planos".[66]

A realidade nascida da lei, o Estado chegando antes da sociedade, e o estamento, agora dividido, protegiam o Rei em Portugal, além do novo território: a Colônia. O contrato em caráter precário não deixava dúvida de que a estabilidade dos donatários seria proporcional ao cumprimento das determinações régias. Nenhuma distância amparava os comportamentos autonomistas. Nascem as vilas, núcleos de fiscalização dos primeiros donatários, demonstrando que o poder central nunca havia descuidado dos seus afazeres, e a incipiente unidade do novo território seria constantemente aprimorada. Funcionários de Lisboa, de todas as hierarquias, antecipavam estruturas de Administração, prevendo que o povo e que as suas atividades de comércio demandariam uma necessidade de organização. O Rei, por seus escolhidos, sempre esteve aqui.

O Governo-Geral vai significar a sombra do Rei, agora definitivamente projetada sobre o território brasileiro. Lentamente se forma um novo estamento, alimentado por homens experientes nessa função, já experimentados nessa arte de pairar sobre as classes, evitando a disseminação dos ideais emancipacionistas. O homem do estamento integrava-se à sociedade, incorporava determinados costumes, construía infinitas teias de relações, abrasileirava-se até, porém sem perder o foco, isto é, monitorar as classes emergentes para, se necessário, cooptá-las imediatamente. É importante também destacar que o estamento, no Brasil, também serviu para dividir os revoltosos, incorporando

---

[65] WEBER, 1996, op. cit., p. 172, 710-711. É possível retomar o assunto na nota de rodapé n. 21.

[66] FAORO, 1996, op. cit., p. 122.

todos os movimentos e as suas lideranças no espaço confortável do Estado. Desta forma, distribuíram-se tantos títulos em um país sem patronímicos, desprovido de qualquer tradição nobiliárquica. Em 1548, a preocupação é criar novas receitas, com o objetivo de se compreender mais de perto os caminhos de uma economia emergente, e, ao mesmo tempo, a fim de se sofisticar as estruturas de dominação – organogramas complexos para uma faixa de terra em plena Idade Média. Criou-se uma estrutura administrativa que incluía a dimensão judicial, fiscal e militar, vinculada diretamente a Lisboa. Não era objetivo repetir-se o modelo implantado na Índia, porque descontínuo e frágil, caracterizado por pequenas ranhuras no mapa dessa região, indicativas dos caminhos de tráfico de uma série de produtos. O ouvidor-mor (função judicial) e o provedor-mor (atividade fazendária) são bons exemplos de cargos novos, com ascendência, inclusive, sobre os donatários, que, descobertos, invadindo as suas atribuições, poderiam, até mesmo, perder os seus cargos.[67]

Em 1808, todos os exageros são cometidos, e a antiga Colônia recebe um Estado pronto, sem demandas para tanto. Aglomeram-se funcionários portugueses, e, rapidamente, desdobram-se instâncias administrativas que se cruzam e que se repetem. Cumpre-se o Almanaque de Lisboa, contudo esquece-se o Brasil e as suas realidades.[68] A mentalidade técnica implantada em Portugal pela reforma do ensino realizada por Pombal não alterou a realidade brasileira, parecendo, de certa maneira, que as contestações internas sofridas pelo Marquês haviam minimizado os efeitos do seu pensamento e de suas realizações.

3.1.3. A influência do pensamento do Marquês de Pombal

A importância deste tópico reside na compreensão que se faz necessária da leitura que os nossos principais homens de governo fizeram do liberalismo, quando foram estudar em Coimbra, já sob o efeito

---

[67] COUTO, 1998, op. cit., p. 234-235. Essas restrições, pensadas em favor do fortalecimento da unidade territorial da Colônia, agredida por diversos países europeus, foram fixadas pelos regimentos régios que desencadearam o seguinte: "(...) reduziram substancialmente os poderes conferidos pelo soberano aos capitães-governadores e criaram um novo quadro institucional que reservava à Coroa um papel muito mais interveniente no governo do Brasil. Até então aquelas autoridades estavam diretamente subordinadas à longínqua autoridade real (...) e os seus ouvidores, meirinhos, tabeliães e escrivães foram colocados sob a alçada do ouvidor-geral; na área econômica, a concessão de sesmarias e a exploração do pau-brasil ficaram subordinadas ao provedor-mor da Fazenda, enquanto que a cobrança dos direitos régios passou a constituir competência exclusiva das provedorias, colocadas sob a dependência direta daquele alto funcionário régio".

[68] FAORO, 1996, op. cit., p. 251.

do trabalho modernizador do Marquês de Pombal. O Naturalismo,[69] o Racionalismo[70] e o Individualismo[71] mais tarde se desdobraram em argumentos de disputa política, que produziam um discurso de relativa coerência em torno da liberdade, da igualdade e do direito de propriedade. Desses estudos nasce o modelo implantado no Brasil a partir da Independência.

As críticas sustentadas por Luís Antônio Verney na sua obra *O verdadeiro método de estudar* deixaram sob suspeição uma tradição que bloqueava qualquer iniciativa de diálogo com as novas ideias que circulavam na Europa.[72] Pouco depois, esse texto chegou à Universidade de Coimbra e estabeleceu-se definitivamente sob a administração do Marquês de Pombal.

O Marquês de Pombal (1699 a 1782) governou Portugal, por um determinado período (1755 a 1777), substituindo D. José I. Seus principais objetivos, percebidos desde os primeiros momentos de seu governo, são: qualificar a burocracia e enfrentar o poder e os dogmas jesuítas. A organização do Colégio dos Nobres,[73] das Universi-

---

[69] LALANDE, André. *Vocabulário técnico e crítico da Filosofia*. 2. ed. Trad. Fátima Sá Correia *et alii*. São Paulo: Martins Fontes, 1996, p. 719. A densidade do conceito de Naturalismo possibilita diferentes leituras. No texto, tentando esclarecer o sentido pensado para ele, imaginou-se adequado este recorte: "A Filosofia Geral. Doutrina para a qual não existe nada fora da Natureza (...), quer dizer, que não se reduz a um encadeamento de fatos semelhantes àqueles de que temos experiência. B. Ética. Doutrina segundo a qual a vida moral é apenas o prolongamento da vida biológica, e o ideal moral, a expressão das necessidades e dos instintos que constituem a vontade-de-viver. (...)"

[70] Ibid., p. 910-911. Racionalismo, sob o ponto de vista da disciplina intelectual, pode ser entendido como: "(...) Doutrina segundo a qual todo conhecimento certo provém de princípios irrecusáveis, a priori, evidentes, de que ela é a conseqüência necessária e, por si sós, os sentidos não podem fornecer senão uma idéia confusa e provisória da verdade. (...) fé na razão, na evidência e na demonstração; crença na eficácia da luz natural. (...)"

[71] Ibid., p. 554-555. Tentando igualmente circunscrever os limites do conceito sobre o Individualismo, optou-se por dizê-lo: "Teoria segundo a qual a sociedade não é um fim em si própria nem o instrumento de um fim superior aos indivíduos que a compõem, mas não tem por objeto senão o bem destes; o que se pode ainda entender em dois sentidos: 1° as instituições sociais devem ter por objetivo a felicidade dos indivíduos; 2° devem ter por objetivo a perfeição dos indivíduos (seja como for que se entenda essa perfeição). (...) Numa intenção pejorativa: tendência para se libertar de toda a obrigação de solidariedade e pensar apenas em si".

[72] MONTENEGRO, João Alfredo de Souza *et alii*. *As idéias políticas no Brasil*. v. 1. São Paulo: Convívio, 1979. p.49. Em um dos textos desse livro, Vicente Barreto opina que: "Dentro desse sistema cultural oitocentista, a educação, o ensino, meio e instrumento de formação de novas elites, caracterizava-se por ser: um ensino tradicional fechado às novas conquistas da ciência, onde as obras de Galileu, Bacon, Descartes, eram proibidas; onde, por exemplo, por um edital do Colégio das Artes de 7 de maio de 1974, consideravam-se as obras de Newton e Gassendi como inúteis para as ciências maiores".

[73] PAIM, Antonio. *A querela do estatismo*. Brasília: Senado Federal, 1988 a. (Biblioteca Básica Brasileira), p. 35. Segundo Antonio Paim, esta instituição tinha capacidade para 100 alunos, sendo seu objetivo central: "(...) dar-lhes rigorosa formação científica, através do ensino das matemáticas e da física, bem como das ciências aplicadas (hidráulica, arquitetura civil e militar)".

dades[74] tempos depois, da primeira Escola de Comércio, enfim, foram iniciativas direcionadas à formação de um espírito científico. Aqui, o raciocínio lógico deve encontrar solução nos princípios consolidados em alguma das disciplinas fundamentais.[75]

Havia, deste modo, uma nítida tentativa de integrar Portugal aos movimentos intelectuais mais modernos, que demoraram a influenciar um Estado que atuava em defesa da Contra-Reforma.

Os jesuítas dirigiam as consciências mais importantes de Portugal, até porque todo o ensino estava sob o seu controle. Todos os que se opuseram a esse modelo foram chamados de *estrangeirados,* que, desde 1745, tentavam, aos poucos, aproximar Portugal da ciência moderna.

Se é verdade que a chegada de Pombal ao poder determinou a propagação dos novos pensamentos, em detrimento da Escolástica, não se pode afirmar que esse caminho estivesse a indicar um posterior enfrentamento com o modelo de Estado Patrimonial. Na verdade, de acordo com a forma como estruturou a reforma educacional, durante o tempo em que esteve no poder, Pombal não agiu no sentido de modernizar as instituições políticas nacionais. Demonstrou, isso sim, que provavelmente quisesse reproduzir o modelo da legitimidade advinda do poder do Príncipe. E mais, o foco de sua atuação tendia cada vez mais à qualificação de um corpo burocrático.[76] Ao desmitificar as condenações religiosas endereçadas a qualquer modo de acumulação de riqueza, projetava um desenvolvimento real do país. Aliás, a sua

---

[74] PAIM, 1998a, op. cit., p. 35-36. Com a convicção de que a modificação do pensamento de um povo só pode acontecer com uma nova proposta educativa, Marquês de Pombal cogitou uma Filosofia que se pretendia "natural" ou ciência aplicada. Decorreu desta implantação o surgimento do "Horto Botânico, Museu de História Natural, Gabinete de Física, Laboratório Químico, Observatório Astronômico, Dispensário Farmacêutico e Gabinete Anatômico".

[75] Ibid., p. 36. A Academia dos Ericeira pregava o abandono da Escolástica e a adoção da ciência moderna através da obra *O verdadeiro método de estudar,* escrita por Luis Antônio Verney. Esse é o ambiente do qual descende Sebastião José de Carvalho e Melo, o Marquês de Pombal. Ver também em: MONTENEGRO, 1979, op. cit., p. 51. Para Vicente Barreto, um dos colaboradores desse livro: "A influência intelectual de Verney observou-se, principalmente, entre os homens de Estado preocupados com a reforma das instituições portuguesas. A pregação doutrinária de Verney iria frutificar com a subida ao poder do Marquês de Pombal. (...) Tornava-se necessário, portanto, uma reforma na sociedade portuguesa, que a dotasse dos instrumentos necessários para o progresso social e econômico. Para isto, percebia o Marquês de Pombal, tornava-se necessário a formação de novas elites, libertas dos freios da Inquisição e que trouxesse para Portugal as vantagens científicas e técnicas do Iluminismo. A reforma da Universidade de Coimbra em 1782 pretendia atingir os objetivos acima especificados".

[76] Ibid., p. 37. O autor mencionado cita Teixeira Soares quando esse faz um relato sobre os trabalhos do Marquês: "Acabou com a prática imoral da transmissão de cargos públicos, quase por uma espécie de direito hereditário, de nobres para nobres. Escolheu para os postos vagos representantes da burguesia, como nomeou para postos diplomáticos elementos representativos da classe média, que haviam adquirido ilustração e prestígio (...). O fortalecimento do poder estatal, sob todas as formas possíveis (...), foi o fito desse ministro audaz, implacável, despótico".

tábua de princípios deixava transparecer a importância do papel exercido pelo Estado em todos os desdobramentos desse movimento rumo ao progresso.

Assim se podem resumir as suas metas: a) a formação de uma burocracia qualificada; b) o aprimoramento das técnicas de fabricação industrial (essencial para qualquer Estado); c) a formação de uma elite de profissionais liberais, capazes de qualificar a vida da comunidade em decorrência de sua atuação; d) o estímulo ao estudo das artes, da literatura e da ciência moderna; e) a confecção de regulamentos das atividades de comércio; f) a paz social; g) a perseverança na distribuição das riquezas.[77] Havia uma perceptível confiança no seu projeto pessoal, capaz, em tese, de reposicionar o país entre as principais nações do mundo. Mesmo assim, com a morte de Dom José I, começa o período histórico denominado de *Viradeira*. D. Maria I, a sucessora, tenta frear o processo, desencadeado pelo Marquês, que se caracterizava pela qualificação técnica de uma elite que tencionava ocupar postos no governo. E, de fato, foi difícil reinventar uma trajetória tão sedimentada a partir de um estamento burocrático modernizado e agir como autêntico fiador dos avanços alcançados no período pombalino. D. João, o Príncipe Regente (só foi efetivado Rei em 1816), em 1796, convida ao governo o Conde de Linhares, o que representou maior longevidade para os ideais de Pombal, então já falecido.[78]

O que representou para o Brasil a hegemonia do modelo pombalino de educação durante um período importante da História portuguesa? Em primeiro lugar, significou um grande atraso ao desenvolvimento das instituições políticas nacionais, visto que a tradição construída pela nova Universidade de Coimbra dirigia-se exclusivamente ao estudo das ciências naturais. Em segundo lugar, houve um afastamento do pensamento liberal clássico, porque os autores estudados em Portugal eram apenas intérpretes de pensadores afirmados em toda a Europa, como John Locke, por exemplo.[79] Por fim, representou também a ideia de um

---

[77] PAIM, 1998a, op. cit., p. 40-41. São princípios que formam um pensamento coerente e que foram aplicados durante cerca de duas décadas em Portugal.

[78] Ibid., p. 43-44.

[79] MONTENEGRO, 1979, op. cit., p. 52-53. Vicente Barreto demonstra nitidamente que esse estudo (feito por fontes não-originais) criou uma verdadeira confusão conceitual entre os intelectuais que voltaram ao Brasil, trazendo tais influências, o que pode ser sentido em vários momentos importantes da História nacional. Segundo o autor: "Não vamos encontrar em nenhum desses momentos a interpretação analítica do problema do direito à liberdade, do direito à propriedade, da igualdade natural e jurídica dos homens e do papel do Estado como agente de segurança para as atividades sociais; não vamos encontrar em nenhum desse momento a interpretação dessas quatro teses políticas básicas de forma coerente, global, integradas em uma mesma visão ideológica".

O Estado Brasileiro e seus Partidos Políticos

capitalismo orientado a partir da qualificação da burocracia, prenunciando um rompimento, em parte, com o funcionário patrimonial. É importante ressaltar que a racionalização e a distribuição de funções no âmbito da máquina estatal qualificam o seu funcionamento cotidiano, posição essa sustentada pelo Marquês.

3.2. Império

3.2.1. O patrimonialismo (o funcionário patrimonial e o patriarcado)

A demora do Brasil, ao entrar na fase da industrialização, lhe impôs uma longa trajetória de país dependente do desenvolvimento de outros países. A não superação dos limites impostos pelo patrimonialismo obrigou o Estado a assumir sozinho o beneficiamento de nossa matéria-prima. Neste contexto, o patrimonialismo fortalece-se, pois a cultura dos privados estava contaminada pela necessidade da presença estatal na economia. A Independência pouco alterou esse quadro, pois D. Pedro I encontrava na sua base de apoio liberais e realistas conciliados apenas nos ideais de permanência de seus poderes políticos. Este era justamente o primeiro problema concreto a ser vencido pelos independentes: fortalecer a unidade política do país, impondo a tese de que a soberania da Nação sobrepõe-se à tese da soberania popular. A confiança de D. Pedro, para direcionar a Constituição de 1824 e firmar o caminho da sua própria recondução, sucede da mesma origem, em um período da História brasileira em que o Imperador ainda possuía respaldo popular. Neste contexto, os Andradas deixam a cúpula do poder, e o poder real emana da tradição e do carisma,[80] aglutinando diferentemente os tipos-ideais weberianos.[81]

A decadência da produção açucareira e algodoeira foi minimizada pela ascensão do café, de tal sorte que o tráfico de escravos nunca perdeu espaço no mercado interno; neste sentido, qualquer interferência

---

[80] FAORO, 1996, op. cit., p. 286. Caracterizando este hibridismo na forma de dominação exercida pelo Imperador, o autor observa que: "O favor popular, emotivamente oferecido e emotivamente correspondido, vicia-lhe a conduta, medindo suas ações pelo aplauso das ruas. Engaja-se, daí por diante, sucessivamente, a uma e outra corrente, sem colocar-se sobranceiro a todas, com o resultado de, em cada mudança, sofrer agravo e diminuição de sua autoridade. A fórmula do governo compõe-se do tradicionalismo e do verniz carismático".

[81] WEBER, 1996, op. cit., p. 173. Weber ressalta que: "(...) ninguno de los tres tipos ideales – (...) – acostumbre a darse puro en la realidad histórica, (...) Na mesma obra ainda complementa: "(...)estamos muy lejos de creer que la realidad histórica total se deje "apresar" en el esquema de conceptos que vamos a desarrollar".

estatal nessa área poderia desencadear terríveis conflitos. A tentativa de impedir essa atividade comercial foi fatal à continuidade do projeto de Dom Pedro I que, em 7 de abril de 1831, abdica do trono em favor do seu filho, Dom Pedro de Alcântara.

No século XIX, a década de setenta apresenta um quadro diverso, visto que a cultura do café estava em ascensão no mercado internacional, o que colaborou no crescimento do mercado interno, estimulado pela entrada de capitais. Aperfeiçoa-se uma malha ferroviária e paulatinamente o Brasil entra na era da industrialização. Começa a decadência do Império, já que essas transformações econômicas modificaram o papel das classes sociais e redirecionaram a atuação de determinadas organizações políticas dentro do país.

A classe dominante agrária estava dividida entre o grupo exportador (ligado ao café) e o grupo nostálgico, acostumado a praticar o comércio sob os olhares do Estado e fora do cenário econômico internacional (produtores de açúcar, especialmente).

A classe média é formada por intelectuais, por profissionais liberais e por pequenos comerciantes, e, por fim, têm-se, também, os desfavorecidos, artesãos, escravos e assalariados. O Brasil passou a viver uma fase de mudanças, pois já havia uma elite agrária ou, pelo menos parte dela, que ambicionava um novo ritmo à economia do país. Membros da burocracia já não estavam mais tão convictos da opção pela Monarquia – surge, aqui, a origem de uma dissidência. A classe média sempre foi influenciada pelo projeto republicano; entretanto, mas alguns de seus principais líderes tinham sido cooptados para dentro do Estado, o que não impedia a existência de um largo contingente de mão de obra revolucionária.

Como consequência de uma estratégia de obstrução da participação popular nos processos eleitorais, produziu-se uma elevada deserção social. O povo apenas assistiu à agonia da Monarquia no Brasil. De qualquer maneira, a semente do Estado Patrimonial, ente abstrato que possibilita o exercício pleno de uma hegemonia dos ideais de um grupo, porque escondidos na legitimidade que o Estado tradicionalmente incorpora, já havia sido incorporada pelo imaginário nacional.

A convivência com este modelo de um Superestado sem o respaldo da sociedade, porém escravo das convicções de uma parte da elite nacional, tem conspirado até hoje para a dificuldade de consolidação de um sistema político-partidário consistente.

3.2.2. O estamento burocrático (a pessoalidade das relações)

A transferência ao Brasil de toda a Corte portuguesa exigiu da Colônia uma remodelação de suas estruturas que sequer eram satisfatórias para os nativos. A Administração da Corte no Brasil deu-se então a partir das mesmas ordens do colonizador, com uma importação artificial de instituições que não encontravam um espaço real de atuação. Muitos nomes e subdivisões de órgãos públicos previam competências inexistentes, o que representou, desde o início, um elevado custo para o Novo Reino que se formava. A ampliação das Forças Armadas, a necessidade de universalização relativa da rede de ensino, de saneamento básico, enfim, toda a infraestrutura urbana necessária a fim de se suportar um crescimento populacional repentino tornou-se prioridade. Não só isso, porque esta nova população trazia consigo anos de convivência nas melhores Cortes da Europa, o que, sem dúvida, impunha certo padrão de exigência.

Fez-se, em pouco tempo, um novo país, com a absorção de uma tradição e de rotinas administrativas construídas na Metrópole. Caio Prado Júnior comenta que:

> O Império independente, que sob muitos aspectos não será mais que um prolongamento da situação anterior (...). Permanecerão os mesmos quadros administrativos, na maior parte das vêzes, até as mesmas pessoas; e os processos não se modificarão. (...) Não era evidentemente possível governar e administrar uma Nação independente e soberana, prenhe de necessidades até então inatendidas, com o rudimentar aparelhamento administrativo da Colônia (...).[82]

Desde 1808, instalaram-se no Brasil o Ministério do Reino, da Guerra e Estrangeiros e o da Marinha Ultramar. Em 1821, evolui-se à organização de um Ministério da Fazenda, o que consolidou o Brasil como centro político do Estado Português. Para alguns, esse momento ficou conhecido como a inversão brasileira.[83]

Os atos praticados pela Administração e pelos seus administrados perderam a espontaneidade do passado, porque diversas instâncias consultivas, deliberativas, de fiscalização e, principalmente, de atribuições punitivas tentaram impor novos modelos de comportamento. Havia agora um Conselho de Estado, o Supremo Militar e a Intendência Geral de Polícia, a Mesa do Desembargo do Paço e da Consciência e Ordens; é curioso registrar que a Relação do Rio de Janeiro passava a ser chamada de Casa de Suplicação, um tribunal superior que julgava em última instância.

---

[82] PRADO JÚNIOR, Caio. *História econômica do Brasil*. 2. ed. São Paulo: Brasiliense, 1962. p.141.

[83] ALBUQUERQUE, 1984, op. cit., p. 302.

Surgem capitanias autônomas (Espírito Santo, Rio Grande do Norte e Santa Catarina são exemplos disso) e nascem novas cidades, alterando o *status* de pequenos núcleos urbanos.[84] Forma-se uma nova rede de relacionamentos e, aos poucos, surgem novos postos de trabalho dentro da burocracia, pois, como se havia de controlar essa nova conformação do Estado Brasileiro? Em grande parte, essa edificação não representou uma negação de velhas práticas de apadrinhamento dos primeiros indicados a ocupar os cargos mais elevados dessa primeira burocracia.

É necessário destacar que a Reforma Pombalina não trouxe reflexos imediatos para o Brasil nesse particular, muito embora a sua filosofia educacional tenha permeado o pensamento de toda uma geração de homens públicos, exercitados nos seus saberes de ciência natural.

Em 1815, o Brasil tornou-se Reino Unido de Portugal e Algarves, o que solidificou um processo de fortalecimento das elites locais que tentavam contrastar o poder exercido pelos lusitanos. Essa condição de Reino não impediu que as antigas capitanias hereditárias se tornassem províncias administradas por governadores nomeados pelo Rei. A Corte exercia efetivamente o controle da gestão do Estado e, de fato, arrecadava os impostos cobrados no Reino. É digno de nota observar que o fortalecimento do Nordeste era contrastado pela experiência neocolonialista que esse vivia a partir da chegada da família real. Além disso, revoltas sucederam-se em algumas regiões do país, porém todas elas, em um curto tempo, deixavam de contar com o apoio das elites locais que temiam o desencadeamento da discussão em torno do tráfico de escravos.

Não havia um questionamento em relação à estrutura autoritária implantada no Brasil, pois os argumentos da preservação da unidade nacional e da pacificação social eram bem recebidos por camadas importantes da sociedade brasileira, especialmente os nativos. Os instrumentos próprios de um governo autoritário, com frequência, eram acionados para facilitar os caminhos do mercado escravista, o que fomentava uma aliança que sustentaria durante alguns anos a Casa de Bragança no poder. Na verdade, a elevação do Brasil à categoria de Colônia, depois a Reino Unido e, por fim, à Nação independente, não alterou, em nenhum momento, a conformação do sistema autoritário, patrimonialista e estamental, imposto à sociedade brasileira desde a fixação do colonizador em nosso território.[85] De fato, sempre houve um

---

[84] ALBUQUERQUE, 1984, op. cit., p. 302.

[85] Ibid., p. 307. Segundo o autor: "É nesse contexto que adquirem sua verdadeira dimensão as renovações de práticas repressivas contra comunidades primitivas indígenas, compulsoriamente obrigadas ao trabalho escravo temporário, o esmagamento de levantes de escravos e de campo-

controle do estamento sobre os processos de distensão do modelo de Estado Português, que foi renovando a sua política de alianças a cada novo episódio de desgaste com certos setores da cena nacional e internacional – assegurou-se, deste modo, vida longa a essa estrutura.

A Revolução do Porto (1820), muito embora dominada pelo pensamento liberal, pensava para o Brasil um retorno à condição anterior, o que gerou descontentamento para brasileiros e para portugueses que desenvolviam atividades de comércio em diferentes partes do território. Uma Revolução Liberal certamente não garantiria aos portugueses "exilados" no Brasil a situação pessoal anterior, e a própria vinda ao Brasil deu-se acompanhada de vários benefícios, como, por exemplo, a obtenção de cargos na máquina do Estado.[86]

A chegada da Coroa portuguesa ao Brasil não conseguiu imprimir esse ritmo de modernização da estrutura burocrática do Estado. Formou-se, desde o início, uma espécie de cordão sanitário em torno do Rei, formado por toda a elite do país colonizador e por certos setores da economia nativa, que, de imediato, produziu apenas o fim do período colonial. A transferência da Corte para o Rio de Janeiro criou um problema político, pois a Coroa começou a distribuir os mais relevantes postos na burocracia para os nascidos em Portugal. É importante observar que a gestão absolutista do Estado não era propriamente questionada, visto que a ideia de um Estado monárquico, autoritário e centralizador preservava a unidade e permitia uma melhor administração dos negócios públicos e privados.

O que não se considerava mais admissível era a preponderância dos lusitanos sobre as atividades mercantis e comerciais no Brasil. O retorno de Dom João para Portugal, ocorrido em 26 de abril de 1821, precipitou a união de espíritos não democráticos no país, que, acima de tudo, tentavam assegurar a intocabilidade das suas principais atividades negociais e, ao mesmo tempo, queriam o rompimento com Portugal. Plantadores, comerciantes escravistas, funcionários e comerciantes

---

neses, como ocorreu na Bahia e em Pernambuco, respectivamente. (...) Portanto, a versão idealista que ainda atribui, ou pessoalmente a D. João VI, ou, de forma mais ampla, ao Estado Português, a iniciativa de formular o futuro surgimento do Estado Nacional brasileiro ignora que as transformações não se realizavam sem modificações mais profundas. Elas, em verdade, representavam recursos de remanejamento de um sistema autoritário para torná-lo mais eficiente (...). Na raiz de todas as iniciativas da chamada etapa da autonomia, estava exatamente a preservação do controle colonial português no Brasil (...)".

[86] ALBUQUERQUE, 1984, op. cit., p. 313-314. Segundo Manoel Maurício, a Independência descende diretamente de uma " (...) identidade conjuntural entre os grandes proprietários escravistas do Brasil e antigos proprietários de terras feudais em Portugal, que aqui permaneceram. Portanto, se é indiscutível que as medidas recolonizadoras, emanadas das Cortes Constituintes, serviram como determinantes para a separação política do Brasil, os propósitos dessa separação se distanciavam ainda mais do modelo liberal-burguês (...)".

ligados aos franceses e ingleses e os setores médios (os primeiros republicanos) apoiaram uma Independência sem rupturas com a tradição estabelecida pelos anos de dominação portuguesa. José Bonifácio foi o escolhido para reorganizar a estrutura administrativa brasileira, com a missão de manter a estrutura centralizada que até então funcionava. Era natural então que o rompimento aparente com Portugal produzisse um Estado com as mesmas características apresentadas no passado: monárquico, autoritário, centralizador e escravista. A força da unidade é preservada para prolongar o comércio de escravos. Para Mário Maestri:

Os senhores brasileiros rompiam com Portugal, mas entronizavam o herdeiro da Coroa portuguesa. Cortavam as amarras econômicas com a velha Metrópole, mas asseguravam os interesses lusitanos no Brasil. Rechaçavam o absolutismo da Casa dos Bragança, mas colocavam à cabeça do novo Império um dos seus mais autoritários filhos.[87]

A classe dominante, formada principalmente por portugueses, fez a Independência, assumindo o governo e direcionando-o de acordo com os seus interesses. A crise econômica e financeira, anterior inclusive à Proclamação da Independência, estendeu-se até o início dos anos cinquenta. As taxas alfandegárias decorrentes de um relevante mercado importador começam a rarear. Na verdade, sequer o Brasil apresenta um produto competitivo à exportação. D. Pedro não consegue enfrentar o mal-estar da elite agrária, agravado pelo desgaste ocorrido durante o processo de elaboração da primeira Constituição brasileira.

A Constituição de 1824 organizava um regime unitário, de tal sorte que todos os poderes político-administrativos concentravam-se nas mãos do Imperador. O voto seria censitário e descoberto. Aliás, o art. 99 da Constituição Imperial excluía a responsabilidade do Imperador perante os outros órgãos e poderes do Estado. A Constituição de 1824 sintetiza a linha de pensamento que pretendia continuar governando o Brasil:

Ao lado dos três poderes burgueses criava-se o Poder Moderador, privativo do monarca, superveniência do absolutismo autocrático. Ele entregava ao Imperador, entre outras importantes atribuições, a dissolução do Poder Legislativo (...). A Assembléia Legislativa funcionava apenas quatro meses por ano e o Imperador podia prorrogar ou não os trabalhos. O Imperador escolhia os senadores na lista tríplice dos mais votados; o que lhe garantia o controle da Câmara Alta. As eleições eram censitárias (...), indiretas e em dois graus. Ao Imperador cabia igualmente o exercício do Poder Executivo e, como tal, a escolha dos Ministros e dos Presidentes das províncias.[88]

---

[87] MAESTRI, Mário. *Uma História do Brasil*: Império. São Paulo: Contexto, 1997, p. 15.

[88] Ibid., p. 46-47.

A hegemonia do Imperador não conseguiu apoiar-se durante muito tempo nos artificialismos da Constituição de 1824, mesmo porque a força carismática do seu governo também já fraquejava. Sendo assim, até para a surpresa dos membros do Legislativo, logo após a queda dos Andradas, D. Pedro adota a linha do desvario na distribuição de sinecuras, concretizadas em cargos, medalhas e títulos nobiliárquicos. Raymundo Faoro sintetiza com precisão esse período histórico:

> O regime colonial não se extingue, moderniza-se; os remanescentes bragantinos se atualizam, com a permanência do divórcio entre o Estado monumental, aparatoso, pesado e a Nação, informe, indefinida, inquieta.[89]

Incorporando em sua análise o fenômeno da distribuição de espaços no estamento que se amplia muito e que se renova pouco, justamente porque a intenção não era trocar o aparato burocrático, vergastá-lo, mas, sim ao contrário, exagerá-lo, Faoro visualiza essa nova arregimentação de forças como a reordenação de uma "ordem metropolitana, reorganizada no estamento de aristocratas improvisados, servidores nomeados e conselheiros escolhidos".[90]

Todos estavam plenamente capacitados para acentuar a separação entre Estado e sociedade. Deste modo, esse estamento obeso, hipertrofiado, "se superporia a um mundo desconhecido, calado e distante".[91]

O Conselho de Estado, o Senado e a Câmara dos Deputados, especialmente essa Casa, formada após o filtro estéril das eleições (emasculadas por um conjunto de regras e de procedimentos consagrados pelo costume e capazes de inibir a ascensão de párias deste sistema baseado em teias de relações de compadrio), eram os responsáveis pelo controle da atuação do monarca. A realização de um governo que encontrasse na Constituição um freio às suas infinitas vontades estava nas mãos de um grupo de homens calejados, conhecedores da máquina pública (muitos deles foram constituintes), porém nenhum deles, pode-se dizer, tinha a força da representatividade popular, sem contar com a dificuldade de convivência com o Poder Moderador,[92] um falso juiz

---

[89] FAORO, 1996, op. cit., p. 288.

[90] Ibid., p. 288- 289.

[91] Ibid., p. 289.

[92] ALBUQUERQUE, 1984, op. cit., p. 342-343. No entendimento de Manoel Maurício: "Dos quatro poderes, o Executivo, o Legislativo, o Judiciário e o Moderador, este último era definido como a chave de toda a organização política. Essa doutrina política, originalmente elaborada pelos ideólogos franceses Clermont Tonerre e Benjamin Constant, individualizava o exercício deste poder na pessoa do Soberano (...)". O voto censitário, neste contexto, "(...) reduzia as práticas políticas ao privilégio de uma minoria que se organizava como um bloco de classes, credenciado para exercer o poder e a hegemonia, reprimindo as contradições sociais e tendo, no Poder Moderador, a representação última da autoridade, capaz de completar a ação repressiva do Estado".

das discussões do Estado. Na prática, o pensamento liberal no Brasil desencadeou o surgimento de novas instituições políticas, contudo não conseguiu transformá-las em referências imediatas de mando. Internamente, mesmo que tenha havido algumas mudanças de nome, a filosofia de governo continuou descendendo da tradição portuguesa, o que repercutiu, imediatamente, nas províncias. De acordo com Faoro, "O estamento se rearticula, com tintas liberais e cerne absolutista, no controle das províncias, presas à corte pela nomeação de seus presidentes".[93]

Mais tarde, esmaecido o seu carisma e com as contestações nativistas, Dom Pedro I abdica em 1831. O fim do Primeiro Reinado simboliza o início da Regência, período marcado pela dominação das elites proprietárias brasileiras[94] e pela ruptura com a dominação lusitana,[95] pelo menos, na aparência. Assim, os primeiros movimentos políticos foram no sentido da revisão da estrutura institucional vigente. Moderados (Feijó e Vasconcelos), Exaltados (federalistas e republicanos) e Restauradores (os caramurus) movimentavam-se, tentando estabelecer uma nova conformação de forças. De início, os Exaltados conseguiram impor algumas reformas na legislação, tendo como paradigma a descentralização administrativa.

Em 1840, começa a reação conservadora que tenta retomar a vocação centralizadora do Estado Luso-Brasileiro. Inspirada em projeto de Bernardo Pereira de Vasconcelos, a lei dispunha que:

---

[93] FAORO, 1996, op. cit., p. 291.

[94] MAESTRI, 1997, op. cit., p. 57-58. Para Mário Maestri, a queda de Dom Pedro I e o início do Período Regencial decorreram de uma série de fatores, dos quais merece destaque: "(...), o privilégio concedido aos lusitanos com a nomeação e promoção dos oficiais militares e administrativos, (...). Uma outra importante causa de sua queda foi a adesão às reivindicações inglesas de abolição do tráfico transatlântico de escravos. Com ela, o jovem imperador incompatibilizou-se definitivamente com a poderosa classe dos grandes comerciantes e plantadores escravistas – facção hegemônica do bloco social dominante do novo Estado".

[95] A literatura deve ser o reflexo de uma alma nacional. Timidamente, Gonçalves Dias, o que primeiro alcançou destaque, descreveu um país de belas riquezas naturais, elaborando uma poesia considerada romântica-nacionalista. *Canção do Exílio* é um exemplo dessa literatura ufanista: "Minha terra tem palmeiras,
 Onde canta o Sabiá;
 As aves, que aqui gorjeiam,
 Não gorjeiam como lá.
 (...)
 Não permita Deus que eu morra,
 Sem que eu volte para lá;
 Sem que desfrute os primores
 Que não encontro por cá;
 Sem qu'inda aviste as palmeiras,
 Onde canta o Sabiá".

O Estado Brasileiro e seus Partidos Políticos

(...) no Município da Corte e em cada província, um chefe de polícia, ao qual ficavam subordinados os delegados e subdelegados atuantes nos municípios. Todos seriam funcionários diretamente nomeados pelo Governo Central ou pelos presidentes de províncias (...). Na base da pirâmide estariam os inspetores de quarteirão, nomeados pelos delegados. Montava-se, assim, entrelaçado com a hierarquia judiciária, um sistema de polícia controlado, em última instância, pelo Ministro da Justiça.[96]

As ordenanças, em um primeiro momento, a Guarda Nacional, mais tarde, são bons exemplos dessa integração entre o poder privado e o poder público e representam, especialmente a segunda, a retomada do paradigma da centralização no Império. Estes braços institucionais do governo português representavam a Administração em toda sua complexidade: organização administrativa e militar.

O aparelho administrativo do Estado absorveu os líderes locais, emprestando-lhe prestígio em troca de uma certa estabilidade. Em 1831, surgem as Guardas Nacionais, e a ideia básica é capitalizar recursos financeiros e de pessoal da própria sociedade, que pode beneficiar-se dessa paz precária.

É necessário destacar que o tempo enfraqueceu a força dessas milícias comandadas de longe pelo Estado, que, aos poucos, soube assumir esse ônus, porque decisivo para a manutenção do poder, o que não impediu a continuidade da distribuição de falsas patentes, ainda eficazes na tentativa de cooptar as lideranças locais.[97]

Na verdade, não houve uma destruição das estruturas locais, mas sim o direcionamento de suas competências ao auxílio da Administração central. As eleições nacionais serviam para fortalecer o poder central, porém propiciavam a designação de lideranças regionais para postos oficiais, o que pressagiava o adensamento da hegemonia local. De fato, "os postos mais almejados não eram remunerados, mas eram

---

[96] FERREIRA, Gabriela Nunes. *Centralização e descentralização no Império* – o debate entre Tavares Bastos e Visconde de Uruguai. São Paulo: Editora 34, 1999, p. 34.

[97] LEAL, Victor Nunes. *Coronelismo, enxada e voto* – o município e o regime representativo no Brasil – 4. ed. São Paulo: Editora Alfa-Ômega, 1975, p. 215. A formação dessas milícias, a partir do estímulo governamental, cumpria uma necessidade observada pelo Governo da Regência de construção de uma base de apoio em todas as regiões. Neste sentido: "Revelava-se esta preocupação muito caracteristicamente no processo de investidura dos oficiais da Guarda Nacional, os quais, com as exceções definidas, eram eleitos dentro dos próprios quadros da corporação, com o predomínio, portanto, do elemento local. Mais tarde, porém, quando o espírito centralizador já havia senhoreado o governo, foi abolida a eleição: nomeações e promoções, pela Lei de 19 de setembro de 1950, passaram a depender do poder público. A esse tempo, já dominada toda a organização da polícia pelo governo central, diretamente ou através dos presidentes de província, a Guarda Nacional haveria de ter o mesmo destino e não tardaria a tornar-se predominantemente e, depois, meramente honorífica e decorativa: com as suas patentes, distribuídas somente a correligionários, preveniam-se rebeldias ou premiavam-se devoções. O prestígio do título passou a constituir a sedução muitas vezes infalível na técnica de captação dos chefes locais. E a República continuaria a utilizar o processo durante muito tempo".

centrais na estrutura de autoridade local: oficiais da Guarda Nacional, delegados e subdelegados, substitutos de juízes de Direito".[98]

Surpreendentemente, a centralização sustentava-se na aliança com agentes da descentralização, os chefes locais.[99] Mais uma vez, o que ocorre, é a força do Estado, centro da política nacional, cooptando uma parte da elite que reconhece os confortos dessa relação. Dá-se, segundo os seus interesses imediatos, uma autêntica simbiose, que reforça ambas as posições, que souberam se apresentar em modos diversos, contudo, não conflitantes. O resultado dessas costuras arrefece o ânimo dos Exaltados, o que produz, já em meados do século XIX, uma estrutura política e administrativa bastante centralizada.[100] Com indicações dessa circunstância no plano político e administrativo, Caio Prado Júnior observa:

> No plano político, a centralização manifesta-se em instituições como o Poder Moderador, apoiado pelo Conselho de Estado; o Senado vitalício, com membros nomeados pelo Imperador; e a nomeação dos presidentes de província pelo governo central. No plano administrativo, a centralização firmou-se com o fim do princípio eletivo no sistema judiciário e policial e sua substituição pelo princípio hierárquico – sob o comando do poder central.[101]

Firmam-se aos poucos dois grandes partidos, capazes de congregar praticamente todas as forças em disputa pelo poder dentro do país, e que vão, conforme os desdobramentos da política nacional, estabelecer um certo revezamento no poder. Mais do que nunca, o Poder Moderador tentava exercer um papel de administrador dos conflitos. Caio Prado Júnior comenta que:

> Os governos que se seguem à Maioridade têm todos o mesmo caráter. Se bem que diferenciados no rótulo com as designações de "liberal" e "conservador", todos evoluíram

---

[98] FERREIRA, 1999, op. cit., p. 36.

[99] GRAHAM, Richard. *Clientelismo e política no Brasil do século XIX*. Rio de Janeiro: Editora da UFRJ, 1997, p. 132. O Gabinete conseguia controlar as eleições por meio da atuação dos chefes locais, visto que: "(...) uma carta, ao recomendar alguém para o cargo, observava que, 'além de ser rendoso, é de suma importância política para o sul da província (pois por ela) poderão ser acomodados muitos correligionários e amigos'. Tendo recebido um cargo, eles ligavam-se àqueles que o haviam concedido. 'Uma certa nomeação (...) não deixou de concorrer para que ele compreendesse que a beijos não se opõe senão com abraços', escreveu um político. Sobre outro caso, reconheceu que não toleraria deslealdade: 'Eu tomo conta dele se porventura se esquecer dos benefícios recebidos'".

[100] PRADO JÚNIOR, Caio. *Evolução política do Brasil e outros estudos*. 9. ed. São Paulo: Brasiliense, 1975. p.78-79. De acordo com o autor: "No período que se segue, até 1849, amaina-se finalmente a agitação dos anos anteriores. Os farrapos depõem as armas em 1845, e em 1849, o último reduto da revolução, Pernambuco, entra numa fase de tranqüilidade.(...) Enquanto isto, dão-se os últimos retoques nas instituições do Império; retoques estes que constituem justamente o reflexo jurídico desse equilíbrio. No terreno judiciário, temos a Lei de 3 de dezembro de 1841 e seu regulamento de 31 de janeiro do ano seguinte, que encerram o país num estreito círculo de dependência do poder central".

[101] FERREIRA, 1999, op. cit., p. 37.

em igual sentido, sem que essa variedade de nomenclatura tivesse maior significado. Por isso mesmo é comum, e mal se estranha, a passagem de um político de um para outro grupo.[102]

O Segundo Reinado sustenta a sua estabilidade política nas instituições criadas pelos conservadores, como o Senado vitalício e o Conselho de Estado. Por outro lado, havia um certo inconformismo com essa estrutura de poder, fiadora do trabalho servil, e que produzia em parte da sociedade brasileira um sentimento de embaraço ao livre desenvolvimento de novas forças econômicas que já se consolidavam no país. A tese do autoritarismo de resultados, defendida entre outros, por Visconde de Uruguai[103] e, mais tarde, por Oliveira Viana, pedia paciência para os grupos que encontravam maior legitimidade nessa ordem política. O desafio era conciliar um Estado Imperial centralizado com os interesses das oligarquias locais, que, em parte, auferiam vantagens do aparato administrativo mantido pelo Estado para defender a ordem.[104] No livro *O Império do Brasil,* a certa altura se diz que:

> (...) foi o clientelismo a força propulsora encontrada para fazer a máquina funcionar. (...) Direcionou a preocupação dominante dos políticos do Império para a concessão de cargos oficiais, proteção, e outros benefícios, em troca de lealdade política e pessoal.[105]

A Opinião Liberal, organizada em 1868, insistia na descentralização, no ensino livre, na polícia eletiva, no fim do Poder Moderador, no sufrágio universal e direto; mais tarde deu origem ao Partido Liberal Radical; posteriormente, a uma parte do Partido Republicano. Em 1869, Nabuco de Araújo, Zacarias e Teófilo Otoni, em manifesto, denunciam o esmagamento de toda forma de oposição liberal. No mesmo ano e no seguinte, Saldanha Marinho publicou textos que denunciavam a inexistência de vida política fora do Estado, a ausência

---

[102] PRADO JÚNIOR, 1975, op. cit., p. 78.

[103] FERREIRA, 1999, op. cit., p. 194. Para a autora: "Na verdade, por trás de toda a argumentação de Uruguai sobre a falta de adequação do "caráter nacional" brasileiro ao autogoverno, e da pouca ênfase dada pelo autor aos efeitos políticos da descentralização administrativa, está um elemento central do seu pensamento: a prevalência da liberdade civil sobre a liberdade política.(...) Diferentemente de Tocqueville (e também de Tavares Bastos), Uruguai não encara a liberdade política com um bem precioso pelo qual é preciso lutar como forma de evitar o perigo maior, que é o despotismo. O perigo maior para o Visconde de Uruguai não é o despotismo; é a desordem, a anarquia".

[104] GRAHAM, 1997, op. cit., p. 277. Refere o autor que: "O padrinho que tinha raízes locais agia sobre o sistema nacional do clientelismo tanto quanto o sistema nacional agia sobre ele. (...) Mesmo para um primeiro-ministro, os potentados locais tornavam-se os protetores últimos. Mas um chefe paroquial ou municipal cobiçava cargos, o que também o tornava dependente do governo".

[105] NEVES, Lúcia Maria Bastos Pereira das; MACHADO, Humberto Fernandes. *O império do Brasil.* Rio de Janeiro: Nova Fronteira, 1999, p. 276. Ver também em: SALDANHA, Nelson Nogueira. *História das idéias políticas no Brasil.* Brasília: Senado Federal, 2001. (Biblioteca Básica Brasileira), p. 2.

de representação nacional e o fato de o Parlamento ser uma caricatura de sua face ideal.[106]

Saldanha Marinho, sob o pseudônimo de Ganganelli, nos seus escritos intitulados *A Igreja e o Estado*, acentuava que: "ao contrário da pacata fórmula segundo a qual o 'Rei reina, mas não governa', o nosso Imperador reinava, governava e administrava".[107]

Havia uma reclamação generalizada contra a absoluta falta de condições políticas para o exercício de uma atividade oposicionista no país. A cooptação de parte dos liberais, quando os conservadores estavam vivendo o seu apogeu, não durou tanto tempo – a crítica era principalmente endereçada à estrutura do Estado. Todavia, a transição do Império à República deu-se sob as bases do cientificismo comtista ou executivismo comtista, como desdobramento específico desse pensamento aplicado ao Estado.[108] Benjamim Constant Botelho de Magalhães, figura próxima de Deodoro da Fonseca, era positivista.[109] Daqui se organiza novamente um Estado forte, altamente hierarquizado e com uma disposição burocrática vasta, complexa e que, imediatamente, deverá vivenciar diversos conflitos com a sociedade colonial remanescente, privada e dominada por chefias latifundiárias e patriarcalistas.[110] Desta maneira, a causa do Federalismo encontrou na primeira Constituição republicana um espaço teórico relevante; todavia, para Nelson Saldanha, "(...) no plano dos fatos, porém, as tendências personalistas já vinham (é claro) do Império, e apenas tinham agora outro arranjo e outras regras do jogo. Nessa hora, o Brasil social e concreto atravessava duros transes, e os homens da República tinham tantos motivos quanto pretextos, para justificar a concentração dos poderes em mãos do Presidente".[111]

---

[106] NEVES; MACHADO, 1999, op. cit., p. 278-279. Como exemplo das dificuldades enfrentadas pelos oposicionistas, destacam os autores que: "Nas eleições de janeiro de 1886, em Minas Gerais, o Partido Conservador recompensou todos os indivíduos, que organizaram as demonstrações de força, com a sua nomeação para cargos importantes de delegado, promotor público, coletor de imposto imperial e tabelião".

[107] SALDANHA, 2001, op. cit., p. 233.

[108] Ibid., p. 238.

[109] Ibid., p. 241. O autor destaca que: "O positivismo brasileiro teve no Exército um de seus sustentáculos durante seu tempo de predomínio em nossa vida intelectual (...). Mas fora das classes armadas ele também penetrou, e profundamente, nos círculos mais representativos, durante a quadra final do século. No Governo Provisório, a presença de adeptos – durante cuja vigência se discutiu e elaborou a Constituição de 1891 – era igualmente grande, bem como na Assembléia Constituinte mesma. (....). A fórmula 'ordem e progresso', adotada para a Bandeira Nacional como resumo extraído do sistema comtiano, era um símbolo daquele estado de espírito".

[110] FAORO, 1996, op. cit. Ver também em: SALDANHA, 2001, op. cit., p. 242.

[111] SALDANHA, 2001, op. cit., p. 257.

SEGUNDA PARTE

Elementos condicionantes para o desenvolvimento de uma ideia de partido político no Brasil – bases para uma compreensão desse processo histórico

1. É possível identificar uma origem comum dos partidos políticos brasileiros ("O Estado como princípio, meio e fim dos partidos políticos")

1.1. O início da discussão: o partido dos notáveis, o partido eleitoral de massa, o partido de organização de massa

Os partidos políticos agrupam pessoas que almejam o poder, por diferentes motivos, sendo comum à existência de algum sentimento de capacitação mínima para a proposição de políticas que facilitem a vida de todos os cidadãos. Aqueles nascem amparados por um grupo determinado e tendem, com o tempo, a ampliar a sua base de sustentação, o que, em tese, pode viabilizar a sua ascensão ao poder.

Exercem uma função representativa, que não pode ser absolutizada, visto que há muitos ruídos entre os quereres de diferentes grupos sociais e a capacidade de satisfação desses desejos.[112] Os historiadores utilizam o conceito de partido para identificar toda sorte de agrupamentos sociais, armados ou não, que exerceram qualquer tipo de pres-

---

[112] MOTTA, Rodrigo Patto Sá. *Introdução à história dos partidos políticos brasileiros*. Belo Horizonte: Editora da UFMG, 1999, p. 12. Para o autor: "Nem sempre o povo tem clareza de seus interesses e necessidades e às vezes não sabe expressá-los. Os partidos atuam mostrando as questões, apontando problemas e sugerindo forma de resolvê-los. Eles têm, então, importante papel politizador, quer dizer, com sua atuação ajudam a organizar as demandas populares e as canalizam em forma de propostas concretas de governo". É necessário destacar que o modelo de Estado Brasileiro não é confortador dos partidos que tentam demonstrar a sua importância quando atuam na oposição, fora do Estado. Uma política propositiva parece não produzir tanto efeito quanto as práticas de obstaculização dos atos de governo dos que administram a burocracia.

O Estado Brasileiro e seus Partidos Políticos

são minimamente organizada a favor ou contra o Estado. Atenas, Roma e Inglaterra, por esse critério, já teriam observado os primeiros exemplos desse método de conquista ou de manutenção de poder. Weber entende-os como decorrência óbvia da democracia.[113]

Como características necessárias ao reconhecimento de um partido, mais do que a sua efetiva força, destaca-se a continuidade, uma razoável força de organização no âmbito da região em que se propõe atuar, um desejo de poder, que transcenda a mera influência, e a capacidade de administrar o crescimento natural que decorrerá da repercussão de suas propostas.[114]

Os partidos descendem do esforço feito pela sociedade para recuperar determinados direitos minimizados ou suprimidos pelas diferentes concepções de Estado que se revezaram na História da humanidade, mantendo sempre uma linha de similitude: a restrição das liberdades públicas.[115] A Revolução Francesa, a Independência Americana e os movimentos que ocorreram na Inglaterra representam o embrião de todos esses processos, formadores de novos institutos e instituições. O século XVIII observou a afirmação do pensamento liberal e, com ele, a concretização e a explicitação da necessidade de produção de um documento escrito que representasse ao mesmo tempo a organização do Estado e a afirmação de um conjunto de direitos entendidos como imprescindíveis.[116] Aqui, talvez não se possa vislumbrar uma ampla abertura do processo político à sociedade, mas, de qualquer forma, a experimentação de um novo sistema político, menos adaptado às soluções autoritárias.[117]

---

[113] SEILER, Daniel Louis. *Os partidos políticos.* Trad. Renata Maria Parreira Cordeiro. Brasília: Editora da UNB; São Paulo: Imprensa Oficial do Estado, 2000, p. 10-11.

[114] SEILER, loc. cit. Ver também em: BARACHO, José Alfredo de Oliveira. Legitimidade do Poder. *Revista de Informação Legislativa*, Brasília, n. 86, 1985. Igualmente merece atenção: Id., Teoria geral dos partidos políticos. *Revista Brasileira de Estudos Políticos*, Belo Horizonte, n. 50, 1980.

[115] BONAVIDES, Paulo. *Curso de Direito Constitucional.* 6. ed. São Paulo: Malheiros, 1996, p. 514-531.

[116] DELFA, Norberto Q. Martinez. *Génesis del Derecho Constitucional:* desarrollo histórico de los derechos humanos. 2. ed. Argentina: Editorial Júris, 1995.

[117] MOTTA, 1999, op. cit., p. 16. O autor reconhece esta evolução histórica ao observar que: "Então, a partir do funcionamento dos sistemas parlamentares, foram surgindo os primeiros partidos. No princípio os deputados eram eleitos individualmente, disputando isoladamente as vagas distribuídas pelas diversas regiões do país. Quando os eleitos se reuniam no Parlamento era que procuravam se agrupar, fazer alianças, constituir grupos organizados. Foi a partir de grupos de deputados reunidos nos Parlamentos que surgiram os primeiros partidos modernos". E complementa o autor: "Até então a grande questão eram as liberdades, pouco se falava em democracia. O liberalismo clássico não defendia verdadeiramente a participação popular no poder, tinha uma concepção política elitista. As primeiras constituições liberais não eram democráticas: só as classes altas, principalmente os proprietários, recebiam direitos políticos plenos, direito de votar e ser eleito. Assim, as primeiras reformas liberais beneficiavam quase exclusivamente as classes altas". Ver também em: BONAVIDES, Paulo. *Do Estado Liberal ao Estado Social.* Rio de Janeiro: Forense, 1980.

Com a natural agudização dos conflitos, admitiu-se a necessidade de instituições capazes de administrar tantas emergências: os partidos políticos. Preocupados em atender a interesses objetivos ou pessoais, dependendo do seu grau de vinculação, e até mesmo de dimensão, de sua base social, operam sempre no sentido de aperfeiçoar as suas estratégias de mobilização de novas forças. Nascem, não intencionalmente, com a formação dos primeiros governos representativos.

Desde a *Reform Act* de 1832, que ampliou o sufrágio e trouxe para dentro do processo a classe industrial e comercial, surgiram as primeiras associações locais já motivadas para a disputa política, com repercussões na composição do Parlamento. Eram movimentações transitórias, porque presentes apenas nos momentos de eleição. Um grande comitê se formava em torno do candidato que, eleito, passava a ter grande importância política, visto que era o administrador dos interesses do seu próprio mandato.

Enfim, o partido era exclusivamente um instrumento dos interesses de cada candidato.

Os partidos socialistas, posteriores à Revolução Industrial, surgem para mudar essa realidade, haurindo a sua força dos movimentos sociais em pleno século XX. Cada membro do partido tinha indiscutível relevância, já que era um elemento catalisador de recursos materiais e humanos voltados para a constante disseminação dos ideais justificadores de sua fundação. Neste sentido, o mandato torna-se instrumento de afirmação dos ideais do partido, em uma inversão administrada com rigor pelas subdivisões de cada uma dessas células de poder.

Além disso, o partido herda a massa de protegidos pelas associações civis dos mais diversos caracteres.[118] Esse substrato social amalgamava-se de tal maneira nas instâncias partidárias que ficava impossível o exercício de mandato eletivo com autonomia. Aqui, quanto maior a homogeneidade da base de sustentação do partido, menor a autonomia do mandatário.

Este novo modelo, que tinha como característica principal a capacidade de mobilização de grande quantidade de pessoas, e, por consequência, estava pronto para viabilizar a inserção de um partido e de seus mandatários nos diferentes cenários políticos nacionais, influen-

---

[118] BOBBIO, Norberto *et alii*. *Dicionário de Política*. Trad. Carmem C. Varriale, 7. ed. Brasília: Editora da UNB, 1995, p. 901. Ao caracterizar os partidos de massa, os autores enfatizaram a sua vontade de "(...) aumentar o espaço e a intensidade de adesão ao seu projeto de gestão da sociedade. O momento eleitoral e a conquista de cadeiras no Parlamento era sobretudo importante para a etapa posterior de marcar presença entre as massas e como instrumento para a própria batalha política posterior, mas não constituía o momento principal do partido".

ciou a história dos partidos mais tradicionais, organizados em comitês bissextos.

Como resultado final desse processo, identifica-se uma nova categoria, que não representa necessariamente uma evolução em relação à tradição anterior, mas sim responde aos anseios dos diferentes grupos que tentavam coesão: o partido eleitoral de massa.[119] Os notáveis alcançam, desta maneira, relativo grau de profissionalização, ao estender por todo o tempo a sua propaganda e ao estabelecer estratégias de diálogo com a sociedade.

Como superação do individualismo, os partidos políticos vão surgir para retomar a importância de projetos coletivos de bem comum, apoiados em alguns consensos.[120] O que, aparentemente, não se concretizou ao longo do tempo.

No início, apenas a proximidade geográfica determinava a identificação de interesses comuns, para, em um segundo momento, as ideias, com relativo grau de complexidade, expandirem ainda mais esse potencial.[121] O aumento do colégio de eleitores representou um novo passo rumo ao aprimoramento dos primeiros grupos de reunião, que passaram a se organizar em comitês eleitorais, capazes de viabi-

---

[119] BOBBIO, 1995, op. cit., p. 901-902. Para o autor, "esses partidos tiveram e têm como característica distintiva a mobilização dos eleitores mais do que a dos associados(...)" e mais tarde prossegue " não são dirigidos de um modo geral uma classe ou uma categoria particular, não se propõem uma gestão diferente de sociedade e do poder, mas procuram conquistar a confiança dos estratos mais diversos da população, propondo em plataformas amplas e flexíveis, além de suficientemente vagas, a satisfação do maior número de pedidos e a solução dos mais diversos problemas sociais".

[120] SARTORI, Giovanni. *Partidos e sistemas partidários*. Trad. Waltensir Dutra. Rio de Janeiro: Jorge Zahar Editor; Brasília: Editora da UNB, 1982, p. 36-37. Discordar ou desvalorizar esse esforço pelo consenso não é encontrar no conflito a resposta para confirmar a existência de um regime democrático. Sartori opta pela dissensão, pois "(...) – a dissensão nunca foi compreendida como o oposto do consenso. A dissensão tem tanto do consenso como do conflito, sem coincidir com nenhum deles.(...) O conflito quanto às questões fundamentais não é uma base possível para a democracia, nem, na realidade, para qualquer formação política: esse conflito, isto é, o conflito real, demanda uma guerra interna e a secessão como a única solução. Por outro lado, o consenso não deve ser concebido como um parente próximo da unanimidade. A diferença pode ser descrita da seguinte maneira: o consenso é uma 'unidade pluralista'".

[121] DUVERGER, Maurice. *Os partidos políticos*. 2. ed. Trad. Cristiano Monterio Oiticica. Brasília: Editora da UNB, 1980, p. 21. Na Constituição Francesa de 1789, já se reconhecia este tipo de movimento, porém a Constituinte de 1848 marca com mais intensidade a pré-história dos partidos políticos em face da multiplicidade de grupos que ficaram identificados, inclusive, com os locais dos primeiros encontros "partidários". Assim está descrito em Duverger: (...) na Constituinte Francesa de 1848 encontrava-se o grupo do Palácio Nacional e do Instituto(republicanos moderados), o da Rua de Poitiers (monarquistas católicos), o da Rua de Castiglione e o da Rua das Pirâmides (esquerda). Além disso, no Parlamento de Francoforte podia-se encontrar o partido do Café Milani (extrema-direita), o do Cassino (centro-direita), o do Hotel de Wurtenberg (centro-esquerda, do qual se destacaram o partido da Westendhal e o do Hotel de Augusburgo), o do Hotel da Alemanha (esquerda), enfim, o do Hotel de Mont-Tonnère (extrema-esquerda). Aqui, a origem dos grupos ideológicos, ainda pouco convictos de suas jovens bandeiras.

lizar a vitória do próprio grupo. Nesta segunda fase, a estratégia era demonstrar aos eleitores uma força de organização capaz de vencer o pleito e, ato contínuo, com prodigalidade, aproximar todos os aliados dos cargos existentes no Estado.[122]

Sindicatos, intelectuais, estudantes, a Igreja, os militares, grupos diversos, com práticas mais ou menos heterodoxas, grupos capitalistas, em outras palavras, utilizando o conceito consagrado na obra de F. Lassale, os fatores reais de poder,[123] tendem a ser os responsáveis diretos pelo surgimento dos partidos políticos. Maurice Duverger define como partidos de origem exterior[124] todos aqueles que encontram nas forças vivas da sociedade a sua origem, ou seja, não brotaram dentro do Parlamento, o que, à primeira vista, seria mais natural. Na verdade, o referido autor identifica um conjunto de características que permitem a visualização dos pontos que distam os partidos de organização externa daqueles que nascem dentro do Parlamento. Senão vejamos: a organização externa implica restrições à atuação livre do parlamentar, sempre dirigido por uma cúpula que tenta seguir uma linha de coerência com as ideias do início. Não que a rigidez seja total, porém, mesmo uma mudança acentuada de posição deve ser costurada dentro do partido. A legitimidade é propriedade do partido, porque anterior ao parlamentar.

Caso diferente é o dos partidos que nascem da articulação ocorrida na própria casa legislativa.

As lideranças estão na origem de um movimento que teve consistência desde o início, porque sustentado por alguns mandatos que buscam, na verdade, uma maior afirmação, às vezes, um redireciona-

---

[122] DUVERGER, 1980, op. cit., p. 25. Primeiramente, havia os grupos parlamentares, depois os comitês eleitorais, que dividiam em três momentos o processo de ascensão ao poder: a) arregimentar forças sob o argumento de que existem ideias comuns entre os membros do grupo; b) a definição de estratégias que possam ampliar a base de sustentação destes grupos, inclusive, comprometendo o ideário que motivou a coesão inicial do grupo; c) as ideias aproximam, porém apenas os cargos podem dar estabilidade e força ao partido.

[123] LASSALE, Ferdinand. *A essência da Constituição*. 3. ed. Rio de Janeiro: Liber Juris, 1988, p. 29. Segundo Lassale, os fatores reais de poder podem ser caracterizados como uma "(...) força ativa e eficaz que informa todas as leis e instituições jurídicas vigentes, determinando que não possam ser, em substância, a não ser tal como elas são".

[124] DUVERGER, 1980, op. cit., p. 26. O ideal é que o partido nasça com uma autêntica base popular, numericamente expressiva, sob pena de não ultrapassar a fase da afirmação de traves teóricas que irão perpassar o discurso e, ao mesmo tempo, poderão viabilizar a chegada ao poder. Não é crível que um partido consiga formar-se na ideia de um ou outro e, ato contínuo, propague-se naturalmente, como um projeto viável. Todo início pressupõe um determinado grau de especificidade, uma única categoria, por exemplo, que, mediante alianças descobertas no caminho, pode vicejar.

mento, contudo o espaço de poder já existe, está ocupado, é uma realidade.

Os partidos de massa, por sua vez, incorporam novos discursos, mais genéricos, mais consensuais, visando à ampliação de sua base de sustentação. Nos dias atuais, entre as várias espécies possíveis, identificam-se os partidos de Estado, decorrentes de ações do Executivo, ou de alianças celebradas no Legislativo. Os eleitos agora veem ampliada uma espécie de zona cinzenta, espaço de livre cognição e de decisão, capaz de amenizar o outrora rígido sistema de controle sobre os mandatos dos partidos de massa;[125] tornam-se, deste modo, muitos parecidos os partidos políticos em nome de uma maior viabilidade eleitoral.

Neste quadro, fragiliza-se qualquer tentativa de forjar categorias capazes de congregar todas as idiossincrasias de um sistema partidário, nas feições atuais, ou mesmo afirmar a sua existência. São essas circunstâncias que acentuam a complexidade do caso brasileiro, marcado pela simbiose existente entre o Estado e os partidos políticos.[126]

1.2. O binômio Estado-partidos políticos – flagrantes de um processo de subordinação consentida

No Brasil, a História não destoou das análises de Maurice Duverger, pois, no seu entendimento, a origem dos partidos, com base principal de apoio fora das casas legislativas, representa o ponto final de um processo de desenvolvimento das instituições democráticas. Mesmo assim, o perigo da fragmentação dentro da própria sociedade é muito grande. Os partidos políticos tendem a surgir dentro do próprio

---

[125] BOBBIO, 1995, op. cit., p. 901-902. Esta fluidez, que surge como um elemento novo para os partidos de massa, é identificada claramente pelo autor, ao afirmar que "nesse tipo de partido não existe, ou existe de modo contrastado, uma disciplina de partido ou uma ação política unitária. É muito frequente, na verdade, que o partido apresente várias faces segundo a natureza das camadas e das zonas geográficas a que se dirige, tal como aconteceu muitas vezes em que sua linha política sofreu variações táticas notáveis em conexão com momentos políticos particulares. Por esse conjunto de conotações, o partido eleitoral de massa foi definido também como 'partido pega-tudo' (partito pigliatutto)".

[126] BOBBIO, 1995, op. cit., p. 902. Por fim, conclui-se que: "a persistência dos partidos de aparelho ou vice-versa, a sua transformação em partidos eleitorais de massa, parece estar ligada à qualidade e à intensidade da participação política: onde existir um consenso generalizado sobre certos temas e problemas de base e a participação popular se manifestar através de exigências setoriais e específicas, é provável que prevaleçam estruturas partidárias com tendências 'pega-tudo'; quando, ao contrário, por qualquer motivo de ordem interna ou internacional, surgirem crises capazes de criar fortes conflitos políticos ou de colocar em discussão as relações sociais existentes, a tendência para 'construir máquinas políticas' profundamente homogêneas e organizadas deverá ser mais clara".

Estado, resultado, pois, de uma convergência de forças que já transitam livremente dentro dele ou que lá construíram as suas principais alianças. O inusitado está no esforço empregado pelas outras agremiações políticas que têm a sua origem fora deste circuito, porém somente sobrevivem se, no curto prazo, realizam o seu desejo de aproximar-se do núcleo do poder.

Em uma cultura de Estado Patrimonial, estar fora do Estado significa esvaziar a força da militância.

Desta maneira, o partido cresce mais lentamente no vetor do convencimento pelo acerto de suas ideias, do que nos períodos de presença, mesmo que subsidiária, no governo.

A autonomia das Câmaras Municipais no Brasil, nos anos seiscentos da colonização, inaugurou um espaço de poder consentido pela Metrópole aos chefes locais. Todos tinham o seu mister nas lides rurais e dos desdobramentos de suas atividades fez-se, por exemplo, a ocupação do território. De fato, não havia contradição entre os interesses da Coroa e desses proprietários que apenas se sentiram provocados no momento em que os cargos nas administrações municipais começam a ser pleiteados pela nascente burguesia mercantil.

O momento histórico seguinte esvaziou qualquer possibilidade de acirramento dos ânimos porque, ainda no século XVII, a Coroa assumiu definitivamente as rédeas da política nacional, incluindo as atividades econômicas nessa dimensão, até então matriz de suas maiores ansiedades. Esta transição é descrita por Caio Prado Júnior a partir de uma declaração feita em 1662, por Rui Siqueira, Governador do Maranhão: "(...) que ficasse entendido que daquele dia em diante era ele quem ali no Maranhão governava em nome de el-rei".[127]

O sistema de castas que praticamente vigorou no Brasil nos primeiros anos da dominação lusa não previa a participação popular, de tal sorte que havia uma grande desmobilização da sociedade pela conquista de mais espaços no poder, porque essas posições eram ocupadas a partir de critérios absolutamente circunstanciais.[128] Explicitando os

---

[127] PRADO JÚNIOR, 1975, op. cit., p. 40-41. A evolução política direciona-se à absorção de todas as dimensões da vida em comunidade pelo Estado, pois esse era o entendimento do estamento português, absorto em extrair da nova possessão as riquezas tão necessárias à sua sobrevivência. Caio Prado Júnior confirma que aos poucos "despojam-se as câmaras sucessivamente, como vimos, de todas as suas prerrogativas, e a elas se substitui a onipotência dos governadores. No correr do século XVIII só existe na Colônia uma autoridade: a da Metrópole portuguesa".

[128] VIANA, op. cit., p. 131. Assim ele descreveu o processo: "Era uma verdadeira aristocracia, onde figuravam exclusivamente os nobres de linhagem aqui chegados ou aqui imigrados e fixados, e os descendentes deles; os ricos senhores de engenho; a alta burocracia civil e militar da Colônia, e os seus descendentes. Esta nobreza era acrescida de elementos vindos de uma outra classe – a classe dos 'homens novos', *burgueses* enriquecidos no comércio e que – pela sua conduta, estilo

primeiros momentos da formação do estamento burocrático nacional, Oliveira Viana consegue ilustrar muito bem o processo de agregação nesse grupo que, aos poucos, inovava, com a criação de rituais de passagem à posterior aceitação de novos membros. De acordo com o autor:

> (...) o serviço público da vereança era, com efeito, uma dignidade pública, um múnus, uma honraria: – e só por nobre ou gente de qualificação podia ser exercido. Os pardos e os mestiços, mesmo qualificados, eram impugnados.[129]

Existia realmente um padrão de postura e de vestimenta que, respeitada, sedimentava o caminho do interessado na carreira pública. Bons cavalos e o número de pajens eram decisivos à composição da única forma de governo popular existente na Colônia.[130]

É importante ressaltar que a autonomia das administrações municipais não representou a ascensão das comunidades locais a uma parcela do poder estatal, pelo contrário, reproduziu um modelo de dominação das elites que exercitavam em pequena escala a visão de que o Estado pode funcionar como conveniente instrumento de dominação, capaz de impor desejos privados respaldados pela tradição do espaço público.

A origem das organizações políticas ainda ocorreu no Império, pois, nas primeiras décadas do século XIX, as autoridades locais (juiz de paz, juízes municipais, vereadores e os oficiais da Guarda Nacional), com a alteração da legislação, necessitavam passar pela aprovação das urnas. Naturalmente ocorreram disputas entre as lideranças locais que encontraram, no aprimoramento de uma política de alianças, a manutenção do poder.

Oliveira Viana denomina-os de clãs eleitorais, pequenos agrupamentos que, depois de 1832, vincularam-se aos partidos nacionais, o Partido Conservador e o Partido Liberal. Cabia aos Presidentes de Província direcionar os chefes locais aos grandes partidos nacionais, para, em troca, por exemplo, receber os mais elevados postos na Guarda Nacional.[131] O texto de Oliveira Viana surge em tom de denúncia:

---

de vida e fortuna e pelos serviços à comunidade local ou à cidade – haviam penetrado os círculos sociais desta nobreza de linhagem ou de cargo. Estes 'homens bons' tinham os nomes escritos nos livros da Nobreza, existentes nas Câmaras. Em conseqüência disto, só eles podiam ser eleitos".

[129] VIANA, 1974, op. cit., p. 134.

[130] Ibid., p. 134-135.

[131] Ibid., p. 250. O autor ressalta que: No Império, os postos de oficiais da Guarda Nacional eram dignidades locais tão altas como o eram, na Colônia, a de "Juiz de Fora" ou a de "Capitão-Mor regente" e constituíam uma nobreza local da mais subida qualificação. O título de "coronel" ou "tenente-coronel", que a República desvalorizou, vulgarizando-o, era a mais alta distinção conferida a um fazendeiro do município. O modesto título de "alferes" só era dado a homens de peso e de autoridade local.

O grupo que ficava ao lado do Governador e lhe conseguia a confiança era, logicamente, aquele que dispunha de elementos agremiativos mais fortes, de mais gente disposta a trabalhar por ele, de mais adeptos – e isto pelo fato de dispor da maquinaria de aliciamento, que o Centro punha a seu alcance. Do lado oposto, só ficavam os que estavam fora das graças e não haviam conquistado as simpatias do Governador, que era o distribuidor supremo das propinas, empregos e dignidades locais.[132]

Os oposicionistas viviam um período de ostracismo, com implicações disso em suas bases locais, porque lá ficavam bastante desprestigiados. Em verdade, não existia sequer uma modesta ribalta à atuação oposicionista, especialmente nas localidades mais afastadas. A única alternativa era esperar as modificações de âmbito nacional, o que geralmente provocava uma renovação em todos os setores da política e da burocracia.

O chefe local perdia prestígio em determinados períodos, no entanto conseguia manter a sua base "eleitoral" composta por empregados e pelas famílias dos arredores. Sustentava-se viva a oposição no âmbito nacional, porque se sabia que a qualquer momento a sua base de apoio estava pronta para reconstruir a estrutura de dominação, ou seja, a tensão era permanente.

O sistema partidário brasileiro, nitidamente, desenvolveu-se e propagou-se do andar de cima para os andares inferiores. Movimentos de caráter nacional provocaram alterações na legislação que precipitaram as articulações nas regiões mais afastadas do centro do poder. O período colonial não viu esta estrutura amadurecer, pois a hegemonia estabelecia-se por outros caminhos.

A nova ordem implantada a partir de 1822 não representou uma alteração de rumos tão profunda na História nacional porque o viés democrático do novo sistema foi rapidamente subvertido pelo tradicional sistema aristocrático, arraigado na nossa cultura, e facilitado pela disseminação do medo, fruto da preeminência dos senhores de engenho no âmbito de suas propriedades.[133] Estas organizações locais eram instáveis, sem discurso, sem nenhuma ideologia, e apenas serviam para dar uma dimensão nacional aos conflitos políticos entre liberais e conservadores – emerge disso a diferença de bases eleitorais da maioria dos grandes partidos nacionais, qual seja, nenhuma.

É importante aqui se fazer uma breve distinção entre partidos que descendem do Estado e partidos que pretendem ser o Estado. Em um

---

[132] VIANA, 1974, op. cit., p. 250.

[133] Ibid., p. 256. Oliveira Viana não deixa dúvidas ao insistir que os partidos locais descendiam de interesses bem definidos, qual seja, "eram sempre as ambições, as vaidades e as preocupações de prestígio de família que decidiam da formação destas agremiações".

regime de exceção, quando determinado grupo político ascende ao poder e consegue, por diferentes métodos, exterminar ou deixar na ilegalidade toda a oposição, fica prejudicada qualquer análise que identifique nesse contexto a presença de um partido político. Quando desaparece a oposição, e o Estado confunde-se com o pretenso partido, está-se na presença de uma força política, que não pode extrair a sua legitimidade do livre jogo democrático, e sobreviverá enquanto perdurar esse grau de dominação. É provável, inclusive, que a reversão desse cenário implique uma imediata situação de ilegalidade dessa organização. Assim, partido não é mais parte, e sim todo, compondo uma unidade quase perfeita com o Estado.[134]

A experiência brasileira, contudo, pode ser campo de investigação científica para outro entendimento de partidos-Estado, qual seja, aquelas organizações que nascem do propósito de forças que já estão no poder, contudo eventualmente precisam de outra roupagem para continuar exercendo um papel hegemônico no espaço da luta política. E mais, tendo à disposição todos os cargos de um Estado dimensionado para alimentar essa relação simbiótica estabelecida com um grupo relativamente coeso, é possível lançar mão de estratégias que originem, ao mesmo tempo, organizações que professem ideais contrários.

Existe aqui um amálgama muito forte entre o Estado e os partidos políticos nacionais, uma redução do espaço de interação interpartidária, pois, muito embora múltiplos, não chegam a compor um sistema autônomo.[135]

Com Getúlio Vargas, viveu-se experiência semelhante, porque de sua iniciativa surgiram dois partidos, de perfis antagônicos na superfí-

---

[134] SARTORI, 1982, op. cit., p. 65-66. Sobre o assunto, o autor afirma que: "(...) seria vantajoso que, por amor à clareza, o partido sem contrapartida fosse distinguido do partido que é parte". Logo depois, o autor admite que: "O partido único no poder mata os outros partidos, mas continua sendo uma arma de organização semelhante ao partido. Assim, desde que as *rationales* dos dois tipos estejam claramente discriminadas, há um certo sentido em se falar de *partido único*". Por fim, analisando *a* formação de um sistema de partido de Estado, o partido único, esclarece Sartori que: "Mesmo no mais totalitário dos Estados, a *unidade monolítica só se realiza imperfeitamente*. Num sistema de partido de Estado, o cargo público, é, em geral, um subproduto do cargo partidário. Isso não significa, porém, que todos os funcionários tenham de ser membros do partido. Isso depende muito, entre outras coisas, de ser restritiva ou não a política de admissão de membros do partido único". (grifo nosso). Ver também em: SEILER, 2000, op. cit., p. 22.

[135] SARTORI, 1982, op. cit., p. 67. Esclarece o autor que: "Quando os partidos (no plural) interagem entre si, temos uma situação na qual operam um sistema próprio, isto é, um subsistema independente. Mais tecnicamente, as interações interpartidárias, ao mesmo tempo, levam *à autonomia do subsistema*, e dela resultam. Contrariamente, a característica marcante de um sistema de partido de Estado é que tal sistema não permite essa autonomia". (grifo nosso). Com esses elementos, pode-se pensar na possibilidade de utilizar o conceito *sistema de partido de Estado* para casos-limite de multipartidarismo tutelado pelo Estado e, por óbvio, com baixo grau de institucionalização partidária.

cie, todavia amarrados por compromissos muito semelhantes, isto é, a preservação da mesma tessitura que pouco se renovou desde o Estado Novo. A impossibilidade de frear o processo de redemocratização não constrangeu os inúmeros e eficazes esforços de permanência no poder, arquitetados por Vargas e por seus aliados mais próximos, de tal sorte que, na transição de 1945, surge uma nova agremiação:

> Menos eficaz no plano simbólico e evidentemente menos marcante enquanto oposição, desenvolvia-se, contudo, em linhas paralelas, a atividade da máquina getulista, cuja forma palpável viria a ser o PSD – Partido Social Democrático.[136]

Maria do Carmo Campello de Souza descreve com nitidez as origens desse partido, nascido com todas as vinculações possíveis ao modelo que vive os seus derradeiros momentos:

> Pode parecer estranho mencionar aqui, no capítulo da reativação política para a redemocratização, as origens desse partido, criado, como se sabe, de cima para baixo; ou mais exatamente, de dentro para fora do Estado, através de convocação feita pelos interventores às bases municipais dos estados.[137]

Admitir o funcionamento dos partidos, como manifestação da existência de um Estado Democrático de Direito, em tese, já não agradaria ao grupo getulista, porém isso foi necessário devido à irreversibilidade do processo de abertura.

Até os últimos momentos, Getúlio Vargas tentou tutelar esse processo, propondo alterações na Constituição de 1937 e, ao máximo, fragilizando todos os responsáveis pelo balizamento da transição democrática: os futuros eleitos, juízes e demais cidadãos. No dia 28 de maio de 1945, nesse clima de insegurança, era decretado o novo Código Eleitoral (Decreto n. 7.586/45). O PTB – Partido Trabalhista Brasileiro – não teve dificuldades de crescer no contexto proposto por essa nova legislação, visto que se respaldava no apoio explícito do Presidente da República. Aliás, o PTB beneficiou-se diretamente das estratégias de cooptação da classe trabalhadora, porque mais facilmente pôde estabelecer vínculos com as suas lideranças, cadastradas e identificadas pela máquina do Estado.

De fato, frustrou-se totalmente o processo de 1945 àqueles que imaginavam produzir uma reviravolta, no cenário político nacional, visto que o getulismo comandou durante todo o tempo o processo de renovação. A vitória de Eurico Gaspar Dutra em 1945, a constituição da Assembleia Constituinte em 1946, as eleições estaduais e municipais em 1947-1948 e a seguinte eleição presidencial em 1950 são episódios

---

[136] SOUZA, 1990, op. cit., p. 109.

[137] Ibid., p. 109.

que não representaram, em nenhum momento, ruptura substancial com a estrutura burocrática implantada desde 1930.[138]

As vitórias que se sucederam em todos os níveis representavam nitidamente uma continuidade do modelo, se não em todos os seus delineamentos, pelo menos, ao preservar a raiz fundamental: o papel de controle social exercido pelo Estado – controle que é facilmente identificado na esfera política e na econômica.

Sendo assim, identifica com clareza Maria do Carmo Campello de Souza alguns recursos que servem como indicadores desse cordão umbilical existente entre a estrutura burocrática do Estado e os dois dos principais partidos políticos dos anos 40 a 50; por exemplo, o aproveitamento dos vínculos criados pelo Presidente com determinados setores da sociedade organizada ou núcleos regionais de poder que deviam qualquer ascensão às suas vitórias pessoais na condução da política nacional para formar uma base de sustentação para o PSD e para o PTB. O uso da Constituição Federal e da legislação eleitoral, como balizamento para refrear mudanças maiores no quadro político nacional,[139] e a proliferação de práticas clientelistas, criavam um cenário de relativa estabilidade política. Em outras palavras:

> A prática política clientelística é a prática da troca de favores entre, de um lado, um político e, de outro, um eleitor [é o clientelismo tradicional]. (...) O clientelismo de Estado vai aparecer mais tarde, (...) quando Vargas faz a centralização estatal e fiscal. Quando a centralização fiscal está concentrada nesse Estado forte, e a distribuição dos recursos é uma distribuição política. Quem faz a distribuição política desses recursos é esse político, tradicional, que vai até a fonte, que agora é o Estado, e leva esses recursos até o local onde ele mantém essa dominação.[140]

---

[138] SOUZA, 1990, op. cit., p. 122. A autora comenta: "(...) esta série de eventos foi também, como estamos procurando demonstrar, capítulos de uma transição que preservava, embora com alterações, o padrão de organização estatal e a máquina burocrática erguida após 1930. Menos dramático que a proclamação do Estado Novo, esse processo verdadeiramente camaleônico não tem atraído a mesma atenção dos estudiosos, mas uma breve reflexão permite apontá-lo, sem sombra de dúvida, como um dos períodos mais cruciais na posterior configuração das instituições políticas brasileiras".

[139] Ibid., p. 134. Serviram como instrumento para garantir a permanência do poder de praticamente todas as lideranças estado-novistas : "a) a absorção, através do PSD, das interventorias e bases municipais, e através do PTB, das clientelas urbanas sindicalizadas ou cobertas pelas instituições previdenciárias; b) a emergência do getulismo como formação ou movimento organizado no nível do simbolismo pessoal, condensando e dando forma ativa a suportes de massa até então mais ou menos latentes; c) a garantia antecipada do controle ou pelo menos de um papel decisivo por parte dos remanescentes estado-novistas sobre a primeira legislatura, através da manipulação dos instrumentos de legislação eleitoral; d) a inscrição no próprio texto constitucional de vários dispositivos asseguradores dessa mesma continuidade, notadamente os referentes à representação (artigo 58) e à centralização de poderes no Executivo".

[140] DINES, Alberto (org.). *Histórias do poder*: 100 anos de política no Brasil. v. 3. São Paulo: Editora 34, 2000. (Visões do Executivo), p. 56. Ver também em GRAHAM, 1997, op. cit., p. 271-301.

As verbas públicas tornam-se argumento do Estado para manter o espaço político sob seu domínio – consegue-se, deste modo, manter o atendimento direto à sua base de apoio. Sendo possível reconhecer uma matriz ideológica diversa, ela não é decisiva para garantir o sucesso eleitoral, que depende, no mais das vezes, da implementação de práticas tradicionais, mais eficazes na atração de sustentação popular. Desta maneira, eram decididas as alianças com o enfoque na perenidade da dominação política.[141] Vargas era clientelista para permitir que o estamento pudesse protegê-lo, mas populista[142] para, ao mesmo tempo, demonstrar que ele tinha prestígio político, capaz de enfrentá-los, administrando a máquina do Estado com o apoio popular.

Esses elementos demonstram que tais partidos alcançaram uma projeção nacional e uma certa continuidade, porque foram respaldados desde o início pela máquina do Estado, personificado na figura de um Presidente que sempre comandou pessoalmente os desdobramentos de sua política e competente ao aglutinar a sociedade em torno de bandeiras bastante sedutoras. A morte de Vargas representou, brevemente, o amofinamento dessas organizações que se descobriram sem um norte ideológico que servisse de base para novas batalhas. De acordo com Celina Vargas:

> Ele se elegia mais com o PTB e governava mais com o PSD. Portanto, o PSD era o braço do capital, das chamadas classes conservadoras, e o PTB era o braço do trabalho, das classes operárias, principalmente da indústria, dos bancos e do comércio (...). Possivelmente ele via como uma necessidade ter os dois partidos.[143]

A organização patrimonial-estamental perpassa os momentos significativos da história política nacional, mesmo nas situações de aparente ruptura, visto que se reconhece a existência de um marco comum nos partidos políticos nacionais, um possível atavismo, comprovado pela origem, ou um imediato apadrinhamento, por atuação estatal. O Estado condiciona a sociedade, e age sobre ela por meio de um intrincado processo de dominação. A cooptação e o clientelismo[144] são exem-

---

[141] DINES, 2000, op. cit., p. 67.

[142] Ibid., p. 65. Para Lúcia Avelar: "O populismo é uma política de massas, e cuja base é a relação pessoal do político com o eleitor, de um lado, e de outro, a deste político com a máquina que ele monta com recursos públicos".

[143] DINES, 2000, op. cit., p. 38.

[144] GRAHAM, 1997, op. cit., p. 41-42. Para o autor: "O objetivo da ação política, das eleições e das nomeações para cargos públicos originava-se das diretrizes da organização social brasileira, duas em particular: primeira, prática e prédica infundiam constantemente a ideia de que todas as relações sociais consistiam de uma troca de proteção por lealdade, benefícios por obediência, e que a recalcitrância merecia punição (...) Obediência e lealdade compravam favores". A cultura clientelista contaminou todo o processo político brasileiro, desde os anos iniciais da colonização, porque assim foram selecionados os administradores das capitanias hereditárias.

plos desse agir, que induz a formação de uma pré-compreensão pouco voltada para a qualificação do processo democrático, mas, sobretudo, para gerar um sentimento generalizado de deserção social.[145]

2. O desenvolvimento de uma teoria geral do sistema representativo no Brasil – uma breve síntese-crítica do pensamento de Silvestre Pinheiro Ferreira

A obra de Silvestre Pinheiro Ferreira apresenta a riqueza própria de quem viveu e de quem teorizou sobre os primeiros momentos de instalação da Família Real no Brasil. Crítico da pesada máquina burocrática, que provocava mais males ao Estado do que o inimigo de guerra, vaticinou com grande antecedência o desaparecimento da Monarquia no Brasil, principalmente pela incompetência demonstrada em áreas importantes da Administração Pública, como, por exemplo, as Finanças Públicas. Fez inimigos, especialmente entre os Ministros.

O conceito de Constituição por ele professado exigia a clareza e o detalhamento das atribuições dos diferentes poderes políticos. Na verdade, fazia a defesa de um texto mais minucioso, que pudesse emprestar estabilidade ao sistema. Ferreira preconizava enunciados que não se encerrassem na confirmação de um princípio, mas que fossem capazes de indicar a sua imediata operacionalização. A soberania popular não significava a efetiva participação nas decisões de Estado, senão uma origem de aceitação, pois o poder não poderia ser exercido pelo povo.[146] Essa linha de pensamento originou uma teoria da representação que admite um distanciamento entre o representante e os seus representados. Neste sentido, a representação é da Nação, e não do indivíduo visto isoladamente.

---

[145] LEITÃO, Cláudia. *A crise dos partidos políticos brasileiros* – os dilemas da representação política no Estado Intervencionista. Fortaleza: Tiprogresso, 1989, p. 234. Segundo a autora: "(...) o Estado Brasileiro corresponde a um tipo de dominação política, denominada por Weber de 'organização estatal patrimonial'. O patrimonialismo ou a dominação patrimonial significa a utilização do poder despojada de sua dimensão pública, tratando-se de um poder considerado próprio do soberano, como qualquer outro objeto de possessão (...). A dominação patrimonial é por conseguinte centralizada, fundamentando-se no *estamento burocrático* e na *prebendalização da Administração*. Se se analisar a história política brasileira, da Colônia à República, facilmente se perceberá a tendência a considerar o Estado como princípio ordenador e condicionador da sociedade". (grifo nosso)

[146] MONTENEGRO, 1979, op. cit., p. 120. Se o povo não pode exercer efetivamente o poder, a quem pertence a soberania: "Como a divisão dos poderes não significa para Pinheiro Ferreira apenas independência de uns em relação aos outros, mas também igualdade, não existe qualquer supremacia de um poder em relação aos demais".

Para Vicente Barreto, Silvestre Ferreira realmente queria afastar a população das decisões de Estado. Desta forma, a função da representação política consistiria em:

> (...) através do voto ou da representação virtual, fazer com que os problemas sociais e políticos fossem debatidos por uma elite. (...) A atividade governamental era entendida como uma questão de conhecimento e racionalidade, não se permitindo o predomínio da emoção e de reivindicações personalistas, destituídas de interesse público.[147]

Aqui se identifica uma nítida, porém negada aproximação com o pensamento de Pombal, especialmente a sua atitude modernizadora em relação à burocracia portuguesa. É importante lembrar, aqui, que o primeiro princípio da política pombalina era formar técnicos capacitados para exercer os cargos do Estado.

A representação, desta maneira, estaria focada no interesse nacional que, segundo consta:

> (...) deveria ser determinado em função dos grupos sociais que tivessem mais a proteger na sociedade. Os três estados sociais (comércio, indústria e serviço público) seriam então os fundamentos da representação nacional. Os deputados seriam recrutados em cada um desses Estados (...).[148]

Para exercitar com qualidade as suas atribuições, os escolhidos precisavam dominar certas áreas do conhecimento, considerando-se que os interesses nacionais resultam da especialização de vários temas, todos respaldados pelas preocupações das três seções que compõem o Legislativo, organizado por Silvestre Pinheiro Ferreira. Assim, para ele:

> O que (...) distingue essencialmente o nosso método do que vulgarmente está recebido, é que nós exigimos em cada deputado a especialidade do conhecimento requerido para bem representar cada uma das três sortes de interesses relativos às três seções (...).[149]

Esta compartimentalização da sociedade apontava para uma especialização, a qual só se reconhecia existir em parte restrita da população, isto é, apenas aquela considerada apta para votar. Por ignorância ou mesmo por inaptidão para solucionar questões de ordem pública,

---

[147] FERREIRA, Silvestre Pinheiro. *Idéias políticas*. v. 7. Rio de Janeiro: Editora Documentário, 1976 (Textos Didáticos do Pensamento Brasileiro), p. 16. Na introdução, Vicente Barreto realiza uma pequena síntese do pensamento de Silvestre Ferreira.

[148] Ibid., p. 17. Ainda, de acordo com o autor (em nota de rodapé nas páginas 131 e 132): "(...) os três estados de comércio, indústria e serviço público se acham divididos em número limitado de classes entre as quais todas as profissões atuais ou futuras podem ser facilmente distribuídas. E com efeito, apesar da imensa variedade das profissões conhecidas, elas parecem poderem compreender-se todas nas doze classes seguintes: 1ª agricultura; 2ª minas; 3ª artes e ofícios; 4ª comércio; 5ª marinha; 6ª exército; 7ª obras públicas; 8ª fazenda; 9ª justiça; 10ª instrução pública; 11ª saúde pública; 12ª secretaria de Estado e negócios estrangeiros".

[149] FERREIRA, 1976, op. cit., p. 133.

o eleitor não produz uma vontade nacional que possa influenciar diretamente a produção legislativa do país. E mais, ao cogitar de uma distinção honorífica, definida pelo Estado, entre os cidadãos, e ao tratá-los em escalas de maior ou menor importância, sugeriu uma eleição que percorresse dois graus:

> Recusando o sufrágio universal direto, mas discordando também de um sistema muito claramente censitário, que excluía do direito de voto grande parte da população ativa, parece-lhe mais justo um sistema em dois graus: todos os cidadãos ativos têm direito de voto para a escolha dos eleitores definitivos, ou seja, aqueles que elegem os deputados.[150]

Deste modo, a eleição imediata dos representantes da Nação jamais poderia sustentar-se na opinião crua do povo, passando por alguns filtros de racionalidade, o que indica uma nítida hierarquização da sociedade. O Poder Legislativo, sob uma visão crítica, de acordo com Silvestre Pinheiro Ferreira, funcionaria mal porque seria um nicho reservado exclusivamente ao conflito de interesses, setoriais ou não, e que podem prosperar, conforme seja possível construir maiorias ocasionais em torno dos mesmos desejos".[151] Cogitava, também, uma burocracia mais técnica, se fosse desenvolvida a tese da monarquia constitucional, porque o agente da Administração poderia haurir dos regulamentos todas as respostas necessárias ao desenvolvimento de sua atividade.[152]

Silvestre Pinheiro Ferreira e Hipólito José da Costa representaram a base do pensamento liberal brasileiro, de origem inglesa, que não viam no povo a melhor alternativa para liderar as mudanças que a sociedade cobrava e, de certa forma, essa confiava no Estado como emulador desse processo. Para os autores, o Estado deve ocupar a posição central na vida política do país. Havia um sentimento antirrevolucionário que deveria ser protegido pelo Estado, um agente da reforma, que poderia evitá-la. Mais do que nunca, aqui, a reforma da

---

[150] MONTENEGRO, 1979, op. cit., p. 124.

[151] MONTENEGRO, 1979, op. cit., p. 126. Segundo o autor, ao interpretar o pensamento de Silvestre Pinheiro Ferreira: "No nível do realismo político, o congresso não é mais apresentado como o conjunto de dignos representantes da Nação, mas sim como o local de luta entre os vários partidos". Na mesma linha, prossegue, sempre fiel ao pensamento de Silvestre: "Sem uma ideologia política comum, os partidos de então apareciam-lhe como meros agrupamentos acidentais, em constante mutação".

[152] Ibid., p. 128. Para o autor, Silvestre Pinheiro Ferreira imaginava que a estrutura administrativa só poderia funcionar se mantivesse determinadas características do Antigo Regime, mesclando-se com novas visões, de tal sorte que: "é certo que a hierarquia permanece, mas ela representa unicamente uma escala de promoções, de recompensa de serviços, e não o veículo de uma sucessão de ordens emanadas das esferas superiores. Cada peça da máquina burocrática possui os seus movimentos próprios, regulados por leis específicas, tornando-se a relação funcionário-superior hierárquico muito menos importante do que a relação funcionário-regulamento".

Monarquia, se bem feita, deveria passar ao largo de qualquer aspiração democrática.

Mesmo atuando como um crítico do empirismo de Vervey e de Pombal, direcionado exclusivamente ao conhecimento positivo da natureza, Silvestre Ferreira não conseguiu livrar-se da tradição de um Estado forte. A construção de um modelo excludente e autoritário sempre circulou livremente entre os liberais brasileiros, sendo comum a defesa da intromissão do Estado nas questões sociais, muito embora não se conseguisse divisar o encerramento dessa etapa. É claro que Augusto Comte representa um melhor continuador da obra de Pombal no Brasil – tronco comum do qual descendem os castilhistas, como Getúlio Vargas.

Em uma de suas obras, Silvestre Pinheiro Ferreira estabelece uma comparação entre um procurador particular e um mandatário da Nação. Para ele, o primeiro, por vezes, encontra-se diante de um representado que pode emitir opiniões e inclusive fazer exigências, porque sustentado em conhecimento anterior sobre o tema, assim como (e a lei civil dispõe, em outro momento) proteger interesse de incapaz. O mandatário quase não convive com a exceção, repetindo-se normalmente a lógica da absoluta incapacidade do eleitor.[153] Na verdade, para o autor, o deputado não representa as vontades disformes deste ou daquele cidadão, mas, como autêntico catalisador do desejo da Nação, deve direcionar os seus posicionamentos na convicção do interesse público. A produção legislativa é, em certa medida, o exercício desse conhecimento da vontade geral, que será confirmada pelo estrito cumprimento de todas as disposições legais.

O problema da representação política surge no século XVIII, quando se toma consciência da necessidade de se separar sociedade civil, Estado e soberania. O Estado Patrimonial não admite essa distinção, ao mesclar os três elementos, e, por regra, atribui o exercício da soberania ao supremo governante. Miguel Reale identifica essa confusão de papéis como uma insinuação de concepções monistas.[154] A mediação da relação entre Estado e sociedade e a percepção de que ambos devem ocupar espaços diferentes poderia ser resolvida pela teoria da

---

[153] FERREIRA, 1979, op. cit., p. 121.

[154] FRANCO, Afonso Arinos de Melo *et alii*. *Seminário sobre modelos alternativos de representação política no Brasil*. Brasília: Editora da UNB, 1989, p. 38. Lembra Miguel Reale, após citar Luís XIV, que: "Bossuet, ao tratar do direito divino dos reis, dizia: *'Tout l'État est en lui'* – todo o Estado está nele, ou seja, na pessoa do rei. O rei, por conseguinte, congregava em sua personalidade os três elementos (...) o grande debate que se trava no século XVIII e que nós vamos ver ressurgir em nossa época é sobre a necessidade de organizar os poderes do Estado de tal maneira que o povo esteja presente e seja deles partícipe. (...) Entre a sociedade civil e o Estado, deveria interpor-se algo, que seria o elemento de exercício da soberania".

representação, essa sim, capaz de realizar uma costura que admitisse, ao mesmo tempo, o perpasse de uma sobre a outra, preservando os nichos de atuação de cada um. Em um primeiro formato, a ideia de representação descende do Direito Civil, operando na mesma linha do mandato, que implica uma delegação mitigada de poderes: o mandato imperativo.[155] Para Miguel Reale, esta espécie caracterizar-se-ia por dois elementos fundamentais:

> (...) é uma delegação, através de uma transferência de poderes, e, ao mesmo tempo, uma reserva de poderes que implica a possibilidade de fiscalização daquilo que foi transferido do indivíduo para o representante.[156]

O século XIX assistiu a uma alteração dessa visão, porque o representante apenas retiraria a sua legitimidade do apoio emprestado pela sociedade civil, mas, em verdade, os seus maiores compromissos decorrem do interesse da Nação – Silvestre Pinheiro Ferreira observa essa transição. Quem detém a titularidade da soberania é a Nação. Aqui se observa, pois, uma primeira concepção de mandato representativo, a saber, o eleitor manifesta a vontade nacional e, de certa forma, abandona a cena política. Miguel Reale caracteriza assim o segundo elemento:

> (...) é uma desvinculação quase que radical entre a fonte constitutiva do voto e a ação livre do representante. O deputado não deve contas nem a quem o elegeu nem ao partido sob cuja legenda recebeu o mandato.[157]

No início do século XX e parte do século XIX, estrutura-se um novo pensamento, qual seja, o Estado é a personalidade jurídica de um ente sociológico: a Nação. O soberano é o Estado. O Estado é a sociedade, é a unidade do pensamento da sociedade, porém o seu representante está vinculado ao Estado. Surge, desta forma, uma nova construção: a teoria da representação é pensada como representação de interesses. Miguel Reale caracteriza essa nova corrente:

---

[155] KELSEN, Hans. *Teoria general del Derecho y del Estado*. Trad. Eduardo García Máynez. México: Universidad Nacional Autónoma de México, 1988, p. 345. O mandato imperativo antecedeu a independência do Parlamento na relação com os seus eleitores. Kelsen observa que: "Los miembros de estos cuerpos eran verdaderos representantes, verdaderos agentes de la clase o del grupo profesional que los había electo, ya que se encontraban sujetos a ciertas instrucciones y en cualquier tiempo podían ser removidos por los representados. La Constitución francesa de 1791 fue la que proclamó solemnemente el principio de que no debían darse instrucciones a los diputados, porque el diputado no debe ser representante de ningún distrito especial, sino de toda la nación". Ver também em: BOBBIO, 1995, op. cit., p. 1102. Para Maurizio Cotta, no mandato imperativo: "(...) o representante é concebido como um executor privado de iniciativa e de autonomia, das instituições que os representandos lhe distribuem". É importante destacar que este modelo possui as suas origens na Idade Média.

[156] FRANCO, 1989, op. cit., p. 40.

[157] Ibid., p. 40-41.

(...) o representante age em nome próprio, ou, em linguagem mais clara, age segundo critérios próprios, na apreciação dos problemas sobre os quais lhe cabe resolver. Se resolve por critérios próprios, não resolve em função de seus próprios interesses, mas sim em função dos interesses do povo, em função dos interesses da comunidade.[158]

Contudo, parece improvável que esta coincidência entre vontades originárias e realizações derivadas encontre-se no mesmo lugar. De fato, nenhuma dessas espécies responde completamente os maiores dilemas da representação, entretanto as qualidades de cada uma delas podem oferecer um modelo mais aproximado de um tipo-ideal. O mandato imperativo, no seu rigor, enaltece a importância da fidelidade, que deve estar presente, entre representados e representantes, eleitos e seus partidos, entre esses e a sociedade. O mandato representativo, por sua vez, valoriza a atuação parlamentar como fonte solucionadora de problemas, restringindo essa ampla liberdade de escolha aos interesses maiores da Nação, uma diretiva um pouco fluida.

Por fim, a representação por interesses parece insinuar a necessidade de implantação do sistema proporcional de escolha, viabilizando a presença de diversos segmentos da sociedade no Parlamento. O representante não terá uma atuação tão limitada, porém sabe que a sua base de apoio domina um determinado conjunto de conhecimentos que, muitas vezes, são transformados em propostas concretas de melhoria da qualidade de vida desse setor ou até de toda a comunidade. Não existe uma tutela absoluta, no entanto espera-se que o representante também traga consigo esse caldo de cultura, o que, certamente, transparecerá nas suas diferentes iniciativas em decorrência do mandato exercido. A construção de um modelo que congregue todas essas qualidades não depende exclusivamente de complexas formulações jurídicas, mas sim depende da consolidação de um *ethos*, de uma *paideia*, que resulte do amadurecimento das instituições políticas de um país – transcende, pois, o alcance das soluções jurídicas.[159]

---

[158] FRANCO, 1989, op. cit., p. 42-43.

[159] Ibid., p. 62-63. O Deputado Bonifácio de Andrada, com simplicidade, demonstra que o problema da representação não é propriamente um problema jurídico, ao exemplificar determinados problemas políticos gerados pela Lei Orgânica dos Partidos Políticos vigente durante a ditadura militar: "Então, eu via, quando estava organizando o partido, no interior do Estado, o seguinte fenômeno: (...) em determinado município existem dois grupos, um, digamos assim, de pessoas bem vinculadas à burocracia, à atividade burocrática, que sabem mexer com papel, que sabem se movimentar, (...) mas não têm votos, são até antipatizadas no lugar. (...) certos grupos são tão ativistas, e, em cidades pequenas, de menor importância, eles correm de tal maneira que dominam e fazem, de acordo com a Lei Orgânica atual, o Diretório, digamos, do MDB e o Diretório da ARENA. Então, as lideranças autênticas do lugar (...) ficam de fora (...). De modo que a representação deve ser jurídica, mas o jurídico, em se tratando de questões políticas, não pode ser muito agressivo, não pode ser muito casuístico, não pode ser muito regulamentador".

O Estado Brasileiro e seus Partidos Políticos

Para Kelsen, a representação é uma decorrência natural da complexidade adquirida pela sociedade contemporânea que encontrou na divisão de tarefas uma alternativa de administração das dimensões econômicas, políticas e sociais. Sendo assim, a função de governo e, no caso, a função legislativa são atribuídas pelos cidadãos para órgãos e para representantes especiais. Este processo de divisão de tarefas pressupõe a escolha de algumas pessoas a partir de critérios estabelecidos exclusivamente pela Constituição e pelas leis eleitorais. O Direito é fonte de afirmação do governo representativo, porque garantidor, mediante a positivação de algumas regras, da seleção de um grupo de pessoas que potencialmente reproduzirão, na medida do possível, a vontade do corpo de eleitores. Estabelece-se, desta maneira, um vínculo de responsabilidade política, moral e não jurídica. Kelsen observa, nesse ponto, um falseamento do discurso de afirmação da democracia pelo caminho da teoria da representação, pois, no seu entendimento:

> La independencia jurídica del parlamento frente al cuerpo electoral sólo puede justificarse mediante la opinión de que el poder legislativo se halla mejor organizado cuando el principio democrático de que el legislador debe ser el pueblo, no es llevado al extremo. La independencia jurídica del parlamento frente al pueblo significa que el principio de la democracia es, en cierta medida, remplazado por el de la división del trabajo.[160]

A divisão do trabalho não quer significar a exclusividade da atenção, o monopólio das instâncias de deliberação, pois não se pode perder de vista um ideal de inclusão de todos nas várias dimensões da luta política. A escolha realizada pelos eleitores está centrada nos representantes individualmente considerados ou, por primeiro, debruça-se o eleitor sobre o programa do partido político que endossa a candidatura deste ou daquele cidadão – as regras eleitorais poderiam direcionar o foco dos processos de escolha, exaltando partidos ou pessoas. Não é uma decisão sem consequências, e tudo depende da vontade política que sustenta a produção das regras do jogo.[161] De qualquer forma, algumas limitações são novas, e estão colocadas *a priori* de qualquer engenharia eleitoral: o sufrágio universal, a presença da massa e o seu natural distanciamento dos representantes escolhidos, a discussão sobre a ampliação ou sobre a redução do papel do Estado e a crescente complexidade dos problemas políticos.[162]

---

[160] KELSEN, 1988, op. cit., p. 346.

[161] BOBBIO, 1995, op. cit., p. 1104. Para Maurizio Cotto, o formato escolhido para as eleições pode determinar a criação de uma cultura política que influencia diretamente nas escolhas feitas, pois, segundo ele: "Interpretando as eleições como um 'juízo' e uma 'escolha', devemos observar que juízo e escolha se podem exercer tanto sobre pessoas como sobre programas e atos políticos. (...) Dentro de determinadas margens, o mecanismo eleitoral pode ser construído de modo a reforçar um ou outro destes aspectos". Ver também em: KELSEN, 1988, op. cit., p. 347.

[162] BOBBIO, 1995, op. cit., p. 1104.

A representação, na verdade, está no centro do problema da pré--compreensão, porque a dignidade do processo político pressupõe a publicidade e a honestidade na exposição dos diferentes projetos de governo. Aos poucos se consolida a necessidade do estabelecimento de canais de comunicação entre eleitores e prováveis representantes, os partidos políticos e a sociedade civil, visto que entre esses grupos devem circular todas as informações indispensáveis ao mútuo conhecimento.[163] Contudo, essa comunicação não pode gerar uma simplificação dos temas abordados nesses raros espaços de contato, muito menos, o seu falseamento, pois, mesmo sendo eficaz, é uma comunicação que frustra qualquer ideia de democracia. A informação, neste caso, não pode ser pensada como mera estratégia de sedução, mas sim como um efetivo esclarecimento dos projetos que fazem parte da pauta de governo do partido e dos candidatos que se apresentam para o pleito.[164] O instituto da representação será otimizado, independentemente de tipos-ideais (sob um enfoque weberiano),[165] quando as identidades[166] criadas com o eleitor puderem ser confirmadas posteriormente, em plena gestão de governo. A ideologia, por exemplo, simplifica a formação dessa identidade e produz um sentimento de pertencimento do cidadão ao grupo político que se lhe apresenta. Desse encontro pode resultar uma legitimação mais ampla, porque decorrente de todas as decisões coerentes com a doutrina inicial que atraiu o cidadão ao centro do partido. A construção do consenso descende diretamente do compromisso de todos os agentes políticos, ditos em um sentido amplo, com a circulação das informações corretas, dados de identidade, dados de objetivos, de impressões do contexto – as diferentes visões, próprias de cada partido político. A formação de uma comunidade ideal de fala depende desse agir comprometido, pois o outro caminho, o

---

[163] HABERMAS, 1984, op. cit.

[164] HABERMAS, Jürgen. *Direito e democracia*: entre facticidade e validade. Trad. Flávio Beno Siebeneichler. v. 1. Rio de Janeiro: Tempo Brasileiro, 1997, p. 156. Para o autor: "Liberdade comunicativa só existe entre atores que desejam entender-se entre si sobre algo num enfoque performativo e que contam com tomadas de posição perante pretensões de validade reciprocamente levantadas. Essa característica peculiar da liberdade comunicativa, que depende sempre de uma relação intersubjetiva, explica porque ela se liga a obrigações ilocucionárias. Para alguém poder tomar uma posição, dizendo 'sim' ou 'não', é preciso que o outro esteja disposto a fundamentar, caso se torne necessário, uma pretensão levantada através de atos da fala. Uma vez que os sujeitos que agem comunicativamente se dispõem a ligar a coordenação de seus planos de ação a um consentimento apoiado nas tomadas de posição recíprocas em relação a pretensões de validade e no reconhecimento dessas pretensões, somente contam os argumentos que podem ser aceitos em comum pelos partidos participantes. (...) No entanto, para um ator que toma as suas decisões em força da liberdade subjetiva, pouco importa se os argumentos que são decisivos para ele, também poderiam ser aceitos por outros".

[165] WEBER, 1996, op. cit., p. 172, 710- 711.

[166] FRANCO, 1981, op. cit., p. 53.

que transforma o espaço da política em um jogo de sedução, de equivalência intencional de propostas, de declarações apoiadas em pesquisas quantitativas e qualitativas junto ao eleitor, conspira para o fracasso do sistema político nacional.[167]

3. As transformações no sistema eleitoral brasileiro

Inicialmente, o pensamento liberal serviu como argumento para fortalecer as posições da classe proprietária rural, porque legitimador de todos os cuidados dispendidos pelos primeiros documentos legislativos com relação à defesa da propriedade e da liberdade de ir e vir.[168] A expansão do direito de participação nos processos de escolha, ou seja, o redimensionamento do papel desempenhado pela representação política, que se deu primeiramente na Inglaterra, serviu para desencadear mudanças relevantes na concepção de democracia liberal. O aumento do número de votantes, sem desprezar determinados níveis de renda como critério de participação, marcou profundamente as leis eleitorais que se seguiram nos países que faziam parte da zona de influência da Inglaterra.[169]

A primeira eleição sob a influência da dominação europeia foi para deputado do Reino Unido de Portugal, Brasil e Algarves. A sistemática

---

[167] HABERMAS, Jürgen. *Mudança estrutural da esfera pública*: investigações quanto a uma categoria da sociedade burguesa. Trad. Flávio R. Kothe. Rio de Janeiro: Tempo Brasileiro, p. 103. Mais uma vez, o consenso aparece em Habermas para explicar a função da esfera pública: "Esta deve levar a 'voluntas' a uma 'ratio' que se produz na concorrência pública dos argumentos privados como consenso sobre o praticamente necessário no interesse geral".

[168] PORTO, Walter Costa. *O voto no Brasil* – da Colônia à 6ª República. 2. ed. Rio de Janeiro: Toopbooks, 2002, p. 20. As eleições que antecederam o ano de 1822 objetivavam compor Conselhos ou Câmaras, estas estruturadas pelas Ordenações Filipinas, Livro I, título 66, quando era diminuto o espectro de nomes autorizados a pleitear os cargos eletivos. Segundo o autor: "O disciplinamento das Ordenações Filipinas foi somente substituído em 1828, pela lei de 1º de outubro, conhecida como o Regimento das Câmaras Municipais do Império. Esse texto veio dar 'nova forma às Câmaras', marcar 'suas atribuições e o processo para a sua eleição e dos juízes de paz'. As Câmaras das cidades se comporiam de nove membros, as das vilas de sete; as eleições de seus membros seriam feitas de quatro em quatro anos, no dia 7 de setembro; teriam voto nas eleições dos vereadores os que participassem 'na nomeação dos eleitores de paróquia, na conformidade da Constituição, arts. 91 e 92'".

[169] BARRETO, Vicente. *Curso de introdução ao pensamento político brasileiro*. Primórdios do liberalismo – o liberalismo e a representação política: o período imperial. v. 1-2. Brasília: Editora da UNB, 1982, p. 62. O crescimento do número de votantes deu-se gradativamente, revelando talvez uma certa dificuldade de administrar alguns ideais do liberalismo com a possibilidade real de que certos benefícios do modelo pudessem alcançar toda a sociedade. Sendo assim, o autor comenta: "(...) somente a partir da Reforma de 1884 é que o sistema liberal enveredava pelo caminho de permitir que classes não-proprietárias tivessem acesso à representação e, por essa via, o direito de acesso ao poder".

era de uma eleição indireta, em quatro graus de escolha, regulada por um Decreto de 7 de março de 1821, que, por sua vez, elegia a Constituição Espanhola de 1821 como referência de legislação.[170] A complexidade do sistema impediu que diversas regiões do país se fizessem representar, coroando de êxito a estratégia de frustrar as possibilidades de vitórias políticas a partir de uma forte bancada. Por esse sistema, o Brasil elegeu os seus primeiros 72 deputados. Não se falava em partidos políticos, e a eleição estava organizada em quatro graus:

> (...) o povo, em massa, escolhia os compromissários, estes escolhiam os eleitores da paróquia; por sua vez, esses escolhiam os eleitores de comarca; finalmente, estes últimos precediam à eleição dos deputados.[171]

A peculiaridade dessa eleição estava no primeiro grau, nas Juntas Eleitorais de Freguezias, que, aparentemente, não ofereciam restrições à participação dos cidadãos, visto que não havia um procedimento minucioso de qualificação prévia dos eleitores, pois o art. 35 do Decreto de 7 de março de 1821 determinava que:

> Art. 35. As Juntas Eleitorais de Freguezias, serão compostas de todos os cidadãos domiciliados e residentes no território da respectiva Freguezia, em cujo número serão comprehendidos dos Eccleciasticos seculares.[172]

Nos antecedentes do processo de elaboração da Constituição do Império, procedeu-se nova eleição, essa anunciada pelo Decreto de 3 de junho de 1822 e regulamentada pela Decisão n. 57 do Reino em 19 de junho de 1822. Mais uma vez, a sistemática adotada estabeleceu um sistema de eleição indireta, com voto censitário,[173] agora em dois graus: o povo escolhia os eleitores que imediatamente elegeriam, após, os de-

---

[170] GRAHAM, 1997, op. cit., p 233. Segundo o autor: "As eleições em âmbito nacional começaram no Brasil em 1821, depois que os revolucionários liberais em Portugal reivindicaram às cortes eleitas que elaborassem o anteprojeto de uma constituição. Assim como Portugal adotara provisoriamente a Constituição espanhola de 1812, também retirou da Espanha as diretrizes para esse primeiro ato eleitoral". Ver também em: PORTO, 2002, op. cit., p. 23-24.

[171] LOPES, Adalberto Burlamaqui. *As leis eleitorais brasileiras* – comentários e transcrições (1821-1965). Porto Alegre: Gráfica do Tribunal Regional Eleitoral do rio Grande do Sul, 1975, p. 6. GRAHAM, 1997, op. cit., p. 277.

[172] JOBIM, Nelson; PORTO, Walter Costa. *Legislação eleitoral no Brasil* – do século XVI aos nossos dias. v.1. Brasília: Senado Federal, 1996, p. 26.

[173] GRAHAM, 1997, op. cit., p. 142-143. Segundo o autor, trata-se de um exagero afirmar que apenas a classe dominante participava do processo eleitoral, pois, se é verdade que "(...) o debate centrava-se interminavelmente na exigência constitucional de que cada eleitor tivesse no mínimo uma 'renda líquida' de 100 mil-réis anuais, elevada para 200 mil-réis em 1846 (100 dólares da época aproximadamente). Após meados do século, comentaristas admitiram que o valor estipulado era tão baixo que quase todo mundo podia ganhar aquele tanto, com exceção de 'mendigos' e 'vagabundos'. (...) Na realidade, com dois mil-réis em média por dia, segundo um observador estrangeiro, nos anos 1880, os trabalhadores livres nos cafezais podiam ganhar a quantia exigida em apenas cem dias. (...) Um defensor da restrição do sufrágio argumentou que este deveria ser estendido apenas àqueles cuja remuneração anual, se investida a 5%, rendesse 200 mil-réis". O conceito de

putados – também não se falava ainda em partidos políticos.[174] A restrição que se fez ao Colégio Eleitoral pela valorização da renda do eleitor colaborou à permanência do quadro político da época,[175] até porque se preocupou em ressalvar a participação de parte da burocracia estatal:

> Art. 8º. São excluídos do voto todos aqueles que receberem salários ou soldadas por qualquer modo que seja. Não são compreendidos nesta regra unicamente os Guardas--Livros e primeiros caixeiros de casas de comércio, os criados da Casa Real, que não forem de galão branco, e os administradores de fazendas rurais e fábricas.[176]

Aprovado o projeto da Constituição de 1824, organizado pelo Conselho de Estado, restava agora escolher a primeira composição do poder constituinte derivado, ou mesmo, Assembleia Legislativa. O Decreto de 26 de março de 1824 trouxe detalhadamente a nova legislação eleitoral,[177] alcançando as eleições futuras para a Câmara dos Deputados e Senadores da Assembleia Legislativa do Império do Brasil e, por fim, dos membros dos Conselhos Gerais das Províncias. Em linhas gerais, o processo eleitoral da época funcionava por escolha indireta em dois turnos, pois:

> Os parlamentares, que constituíam o Poder Legislativo e os membros dos Conselhos Gerais da Província, eram eleitos de forma indireta, por colégios eleitorais, que por sua vez eram compostos por eleitores, que haviam sido eleitos em eleições primárias, da qual participavam os cidadãos, que preenchessem as exigências constitucionais.[178]

---

renda líquida nunca foi definido claramente, o que permitiu diferentes interpretações. A exclusão dos "criados de servir", de qualquer forma, já servia como uma espécie de cláusula de barreira.

[174] JOBIM; PORTO, 1996, op. cit., p. 37. Segundo os artigos iniciais da Decisão n. 57 do Reino, essas eleições respeitaram o seguinte andamento: "(...) art. 1º. As nomeações dos Deputados para a Assembléia Geral Constituinte do Brasil serão feitas por Eleitores de Paróquia; art. 2º. Os Eleitores, que hão de nomear os Deputados, serão escolhidos diretamente pelo povo de cada uma das Freguesias".

[175] VIANA, 1974, op. cit., p. 285. Ressalta o autor que: "Em 1822 – ao iniciarmos o novo regime democrático – era esta a organização do povo-massa, que os domínios rurais ofereciam. Nada, como se vê, de *self-government:* nenhuma das suas instituições. Nada de 'aldeias agrárias', nada de *pueblos;* de *mirs;* de *zadrugas;* de townships; de *vestries;* de *gemeinden,* que exprimissem algo de habitualidade democrática e de autogoverno. Nada de espírito de independência e liberdade da massa rural em face dos senhores de terras e das autoridades locais. Nada".

[176] JOBIM; PORTO, 1996, op. cit., p. 37.

[177] LEAL, 1975, op. cit., p. 220. Uma herança bastante destacada pelo autor para o sistema eleitoral brasileiro das primeiras décadas da República e que nasceu nesse período foi a concepção de mesa eleitoral: importância e significado. Segundo ele: "A mesa tinha poderes amplíssimos, desde a qualificação dos votantes e determinação do prazo para o recebimento das cédulas até a apuração dos votos e fixação do número de eleitores da paróquia. Este sistema, no qual a mesa eleitoral era a chave da eleição, perdurou até 1842, com resultados deploráveis. Daí por diante, aliás, até o Código Eleitoral de 1932, a composição das mesas eleitorais continuaria a ter importância fundamental, porque lhes incumbia a preciosa tarefa de apurar os votos".

[178] BARRETO, 1982, op. cit., p. 68. Ver também em: COSTA, Edgard. *A legislação eleitoral brasileira* (histórico, comentários e sugestões). Rio de Janeiro: Departamento de Imprensa Nacional, 1964, p. 5-12.

Todavia, mesmo com a Constituição de 1824, não foi possível assegurar a lisura dos pleitos seguintes, porque, de certa forma, o próprio sistema eleitoral oferecia espaços à proliferação de práticas incorretas. No Capítulo II, artigo 7º, possibilitava-se à Mesa a competência de excluir a partir de critérios bastante subjetivos: "O eleitor deve ser homem probo, e honrado, de bom entendimento, sem nenhuma sombra de suspeita, e inimizade à causa do Brasil".[179]

Em 1º de outubro de 1828, surge lei que determina diferente formato às Câmaras Municipais, marca suas atribuições, o processo à sua eleição e a dos juízes de paz. Por esta, determinou-se a inscrição prévia dos eleitores (arts. 5º e 6º) e a eleição direta (arts. 2º e 3º).

Revogando toda a legislação anterior, a Lei n. 387, de 1846,[180] regulamentou os procedimentos que deveriam ser adotados nas eleições dos diversos cargos existentes no Legislativo e estendeu-se até a nona legislatura, encerrada em 1856. De fato principal, houve uma série de restrições ao poder das mesas eleitorais, fonte, até então, de constante discórdia.[181] A qualificação dos votantes, inclusive prevendo a redação de uma lista final que deveria ser publicizada com antecedência para permitir impugnações, é um exemplo de esforço para minimizar os problemas próprios desse processo, o que, na prática, pouco alterou o quadro de irregularidades.[182] A definição dos eleitores provinciais,

---

[179] JOBIM; PORTO, 1996, op. cit., p. 55.

[180] GRAHAM, 1997, op. cit., p. 141. Segundo o autor: "Todas as normas eleitorais até esse ponto eram resultado de diretrizes ou decretos emitidos pelo Gabinete e não de uma legislação deliberada pelos deputados. Em 1845, contudo, uma vez de novo no controle do Congresso, os Liberais iniciaram a elaboração de uma lei eleitoral abrangente e minuciosamente específica, que tentava antever qualquer contingência. A lei que resultou em 1846 continuou sendo básica até 1881, embora se tenham alterado alguns detalhes".

[181] BARRETO, 1982, op. cit., p. 68. Todo o processo eleitoral caracterizava-se por um certo primarismo e mesmo os procedimentos mais formais e importantes, como a qualificação dos votantes, repetia-se em perigosos descuidos. Naturalmente, ocorriam conflitos de toda ordem nesses momentos, como constatou o autor: "O primeiro ato do processo eleitoral, a qualificação dos votantes, era sistematicamente marcado por grandes perturbações de ordem, tumultos, discussões acirradas, que não raro se transformavam em agressões físicas, sem precisar mencionar o fato de que as fraudes eram mais do que freqüentes, eram uma constante, que iremos encontrar referida e discutida nos anais do Parlamento durante todo o período imperial. Esta confusão permaneceu, perturbando as eleições primárias e trazendo conseqüências funestas às eleições secundárias, até entrar em vigor a lei de 19 de agosto de 1846 – a primeira codificação, que regulamentava de forma sistemática as eleições do Império". Mesmo assim, ela não conseguiu resolver boa parte dos conflitos. Ver também em: BRAGA, Hilda Soares. *Sistemas eleitorais do Brasil* (1821-1988). Brasília: Senado Federal, 1990, p. 24-28

[182] GRAHAM, 1997, op. cit., p. 150-151. Entre outras coisas, "A lei também enfatizava que se anunciassem as eleições por 'editais afixados nos lugares públicos e publicados pela imprensa onde a houver'. A lista de votantes qualificados tinha que ser afixada 'no interior da igreja matriz em lugar conveniente e à vista de todos'. (...) O fato de que se podia falsificar e preparar as atas das juntas eleitorais, até mesmo em total privacidade, não diminuía a expectativa da sociedade de que as eleições seriam enfaticamente públicas. (...) cada chefe local demonstrava sua importância

encarregados de escolher os deputados, senadores e membros dos Conselhos de Província, não possuía nenhuma credibilidade, visto que alguns candidatos nem chegavam ao domínio público por manobras realizadas ainda nas primárias. Cabe destacar ainda que:

> A eleição, por esta nova lei, continuaria, entretanto, a ser indireta, em dois graus; os eleitores do primeiro grau elegiam os do segundo grau, que, por sua vez, iriam eleger os senadores, deputados e membros das Assembléias Legislativas Provinciais. Esta Lei, além da eleição desses representantes, também dava instrução sobre a eleição das autoridades municipais, isto é, os Juízes de Paz e Câmaras Municipais.[183]

Mais tarde, em 19 de setembro de 1955, nasce o Decreto n. 842 (uma profunda alteração na Lei de 1846), conhecido pela introdução do voto distrital e modificado em sua forma inicial pelo Decreto n. 1.082, de 1860 (esse último, eficaz até 1875).[184] Na verdade, o voto distrital (que implicava a subdivisão das províncias – os círculos eleitorais)[185] e o surgimento do instituto das incompatibilidades eleitorais eram novidades.[186] Essas incompatibilidades estavam explicitadas no § 20, alcançando Presidentes de Província, Secretários, Comandantes de Armas, Juízes de Direito, assim como outras autoridades, e buscavam impedir a elegibilidade de todos os que se encontravam nessa condição, para cargos nas Assembleias Provinciais, ou, enfim, nos Colégios Eleitorais dos Distritos em que exercerem autoridade ou jurisdição. Tais votos eram considerados nulos. Deste modo, tal mudança representaria um

---

estimulando os votantes, seus protegidos, a participar de ruidosas manifestações. (...) Quando os chefões políticos reuniam seus agregados e dependentes na cidade, procuravam algumas vezes isolá-los como num curral, para impedir que fossem tentados a aceitar uma cédula de um campo adversário, em troca de dinheiro ou outra recompensa".

[183] LOPES, 1975, op. cit., p. 43.

[184] BRAGA, 1990, op. cit., p. 32-33. Também tratou do assunto: BARRETO, 1982, op. cit., p. 71-74. Essa lei tentava, entre outras coisas, minimizar a força das maiorias provinciais, dando voz aos interesses locais e facilitando a fiscalização, mas sua história terminou em posteriores modificações até total ab-rogação.

[185] LOPES, 1975, op. cit., p. 52. Para Burlamaqui: "(...) a lei de 19 de setembro de 1855, que instituiu 'os círculos' foi inspirada diretamente na lei eleitoral francesa de 22 de dezembro de 1789, cujo artigo 25 estabelecia três escrutínios, exigindo maioria absoluta no primeiro, no segundo, e caso em nenhum houvesse algum candidato obtido a "majorité absolute" (maioria absoluta), no terceiro escrutínio, somente poderiam ser candidatos os dois mais votados na segunda eleição anterior".

[186] PORTO, 2002, op. cit., p. 70. Esclarece o autor que: "Quando o gabinete de 6 de setembro de 1853 – chefiado por Honório Hermeto, o Marquês do Paraná – propôs a Lei dos Círculos, a primeira crítica ao projeto foi, também, a de inconstitucionalidade. Como se disse na Câmara, o texto, em meio a 'disposições de pouco alcance, umas talvez inúteis, outras porém infundadas e até danosas', encerrava 'duas idéias dominantes': a divisão das províncias do Império em tantos distritos eleitorais quantos fossem seus deputados à Assembléia Geral e a proibição de que fossem votados para membros das Assembléias Provinciais, deputados ou senadores, nos colégios eleitorais dos distritos em que exercessem autoridade, ou jurisdição, os presidentes de províncias e seus secretários, os comandantes de armas e generais-em-chefe, os inspetores da fazenda geral e provincial, os chefes de polícia, os delegados e subdelegados, os juízes de Direito e municipais".

fortalecimento das lideranças locais que poderiam cunhar representantes mais identificados com os reclamos da paróquia,[187] perdendo importância, assim, os grandes nomes da província. Permanece a eleição indireta, previsão do art. 90 da Constituição de 1824 e o voto censitário,[188] especialmente o direto.

Também é importante destacar que a atual legislação possibilitava uma intervenção constante do Estado no processo eleitoral que, desde a Colônia procurou preservar a mesma elite no poder. Círculos de um eleito, ou círculos de três, o fato é que essa organização do processo eleitoral em nichos muito restritos estimulava o predomínio dos dirigentes paroquiais. O Decreto de 18 de agosto de 1860 alterou em parte a Lei de 19 de agosto de 1846 e revogou a Lei dos Círculos (na verdade, o Decreto de 19 de setembro de 1855), o que não significou o abandono completo da ideia, mas sim uma evidente restrição aos seus objetivos iniciais.

Em 1875, o Decreto n. 2.675 manteve a eleição indireta, em dois graus, mas inovou ao reservar um terço das cadeiras no Legislativo ao partido derrotado. Aqui, tem-se uma ideia de representação da minoria (vigente até 1881) que foi sustentada por José de Alencar.[189]

O escritor cearense começou a sua obra política imaginando alternativas de processo eleitoral que viabilizassem a participação da mino-

---

[187] GRAHAM, 1997, op. cit., p. 277. A Lei dos Círculos também se prestou às práticas clientelistas, segundo Graham: "A interseção entre os planos do clientelismo reflete-se numa carta do jovem João José de Oliveira Junqueira Júnior que, ao concorrer a deputado pela primeira vez, jactava-se de que um manda-chuva 'compromete-se a me fazer deputado. Basta que o governo não tenha outro candidato e me preste uma sombra de apoio ou aprovação moral e não distribua este círculo para algum outro candidato'. Não é surpreendente, portanto, descobrir que um membro do Gabinete mantinha listas detalhadas das pessoas de influência local em cada distrito eleitoral, pois ele dependia tanto delas quanto eles dele.(...) A estrutura formal do clientelismo encontrava um reflexo preciso na esfera informal. Nas inúmeras cartas de recomendação enviadas por fora dos canais oficiais, os protetores na verdade 'apresentavam' os nomes de pretendentes a cargos". Ver também em LOPES, 1975, op. cit., p. 50-51.

[188] LOPES, 1975, op. cit., p. 53. Compara o autor que: "As nossas leis exigiam para o cidadão ser eleitor de 1º grau, que possuísse 100$000 de renda líquida anual. A Constituição francesa de 4 de junho de 1814 (Restauração), dispunha que o cidadão, para ser eleitor, deve ser contribuinte de um imposto direto qualquer de, no mínimo, 300 francos por ano; e, para ser elegível, essa quantia deveria ser de 1000 francos, e o candidato, tendo acima de 40 anos de idade. Vemos, pois, que a exigência de pagamento de imposto mínimo, na França, foi substituída, entre nós, por renda líquida anual".

[189] PORTO, 2002, op. cit., p. 95. Para o autor: "O decreto n. 2.675, de 20 de outubro de 1875, chamado de Lei do Terço, trazia uma limitação ao voto do eleitor, com vistas a deixar à oposição parte dos representantes. (...) O voto limitado fora cogitado em um jornal inglês, em 1836; dele se utilizara, em 1839, a Pensilvânia, Estados Unidos, e o Governo da Inglaterra o propusera, em 1858, para as eleições na Austrália. Mas quando a República o reintroduz, no Brasil 'é um instrumento desde tanto tempo desacreditado'. Entre nós, José de Alencar o sugerira em artigo publicado no *Jornal do Commercio* de 1859. Mas, em 1874, nas discussões da Lei do Terço, ele preferia a eleição direta (...)".

ria, visto que a Lei dos Círculos não tinha alcançado esse desiderato. A qualificação dos eleitores também era um problema que lhe atormentava, em face da insegurança vivida pelo eleitor, que, por vezes, de súbito, era excluído do pleito, por impedimentos apontados pelas mesas paroquiais – esses eram os dois pontos que lhe motivavam a propor uma reforma eleitoral. De fato, os defeitos reconhecidos na proporcionalidade e na qualificação do eleitor prejudicavam uma plena realização dos ideais do sistema representativo. Se o povo entendeu melhor delegar o seu poder, a sua vontade de constituição, a sua vontade de legislação, aquele deveria ser retratado por uma representação coerente com esses pensamentos. Esta coerência, para Alencar, jamais viria da absoluta opressão por parte dos grupos de maioria sobre os grupos de minoria. O consenso social não estaria bem representado se a lógica que permeia as relações políticas cogitasse da exclusão de determinadas facções. O contrário também pode significar uma anomalia, porque se desenvolve a tirania quando poucos conseguem assumir o comando do Estado. Para José de Alencar, todavia, os extremos são inválidos e deve residir a soberania. No seu entendimento:

> (...) solidariamente em toda a Nação e formando-se da consubstanciação de todas as opiniões que agitam o povo, é evidente que um paiz só estará representado quando seus elementos integrantes o estiverem, na justa proporção das forças e intensidade de cada um.[190]

O modelo vivenciado na época, no seu entendimento, não contemplava o ideal da representação, significando delegação, porque, para José de Alencar, o consenso não poderia ser construído sem a presença da minoria. O Decreto n. 2.675, de 1875, em parte, contempla os seus escritos, porém, por outro lado, esquece que o mesmo autor já tinha feito algumas ressalvas ao método baseado na restrição do voto da maioria. Por exemplo, destaca nos seus textos de 1868 que:

> (...) um paiz onde a opinião se divida em quatro seitas diversas; a maioria formando cincoenta por cento, a mais forte minoria trinta por cento, e as duas minorias inferiores dez por cento. Occupando a primeira minoria o terço da chapa, restringindo a maioria, não ficaria margem para as outras opiniões, que entretanto proporcionalmente deviam também ter seus representantes.[191]

O maior inconveniente apontado, no entanto, é a supervalorização da minoria, que, em determinadas circunstâncias, não merecerá o espaço reservado, ou seja, um terço das vagas existentes. É necessário ressaltar que disso pode derivar-se uma desproporção entre a repre-

---

[190] ALENCAR, José de. *Systema representativo*. Edição fac-similar. Brasília: Senado Federal, 1997. (Memória Brasileira), p. 36.

[191] ALENCAR, 1997, op. cit., p. 50.

sentação nacional e a vontade do país. E, realmente, a minoria, neste contexto, pode paralisar o país, exercendo uma força política que lhe é incabível.[192]

Na verdade, em 1887, através do Decreto n. 3.340, de 14 de outubro, a Princesa Isabel altera o processo das eleições dos membros das Assembleias Legislativas Provinciais e dos vereadores das Câmaras Municipais; faz, ainda, retornar a mesma sistemática de classificação dos eleitos, adotada pela Lei do Terço (desaparecida entre os anos de 1881 a 1887), e respeitar, também, a divisão em distritos. Aqui, não havia propriamente uma preocupação com a proporcionalidade, frustrada pelas coligações de momento, adaptadas apenas para o modelo de disputa oferecido.[193] O Decreto n. 2.675/1875 igualmente incluiu o Poder Judiciário mais diretamente no processo eleitoral, conforme previsão do § 30, o que permitia ao juiz de Direito, em condições excepcionais, anular a escolha dos juízes de paz ou de vereadores das Câmaras Municipais.

A Lei Saraiva, de 9 de janeiro de 1881 (Lei 3.029/1881, regulamentada pelo Decreto n. 8.213/1881), escrita na verdade por Rui Barbosa, foi importante porque reverteu uma história de sessenta anos de eleições indiretas. Havia uma convicção da inconstitucionalidade dessa proposta, porque a Constituição não deixava dúvida em afirmar a necessidade de adoção do procedimento de dois graus (que formava o colégio eleitoral provincial). Neste sentido, as eleições diretas e o alistamento eleitoral realizado agora pelo Poder Judiciário aproximavam ainda mais o sistema antigo do modelo atual. A aplicação desse sistema, deste modo, consagrou a força do grupo liberal. Para Tavares Bastos:

> A Lei Saraiva viria consagrar o estabelecimento final das instituições liberais no Império. Passava o regime a ser fundado na *eleição direta e censitária*, onde todos os participantes do processo político, os *cidadãos ativos*, encontravam-se em igualdade de condições jurídicas para escolher os governantes, desde que satisfeitas as exigências econômicas para participar do processo político.[194] (grifo nosso)

---

[192] ALENCAR, 1997, op. cit., p. 51.

[193] BRAGA, 1990, op. cit., p. 34-39. Ver também em: LOPES, 1975, op. cit., p. 66-67. Esse último autor explica detalhadamente o sistema de eleições proposto pela Lei de 20 de outubro de 1975 e regulamentada pelo Decreto de 12 de janeiro de 1876: "(...) cada eleitor somente podia votar em um número de nomes que fosse os dois terços a eleger. Assim, por exemplo, São Paulo tinha o direito de eleger 9 deputados à Assembléia e 36 à Assembléia Provincial. De acordo com a lei, os eleitores de (2° grau) deveriam organizar suas chapas com 6 nomes – (dois terços de 9) e 24 nomes – (dois terços de 36), respectivamente. O partido vitorioso (ou coligação) somente poderia preencher dois terços dos cargos eletivos. O resto, isto é, o terço que faltasse, seria preenchido pela minoria, ou seja, o partido (ou coligação) que tivesse obtido menos votos".

[194] BARRETO, 1982, op. cit., p. 77-78. Ver também em: JOBIM; PORTO, 1996, op. cit., p. 213. Está no artigo 1°: "As nomeações dos Senadores e Deputados para a assembléia geral, membros das Assembléas Legislativas Provinciaes; e quaesquer autoridades electivas, serão feitas por eleições directas, nas quaes tomarão parte todos os cidadãos alistados eleitores de conformidade com esta lei".

De fato, o Império testemunhou uma série de mudanças nas leis eleitorais, quase todas motivadas por iniciativas do Executivo que tentava intermediar as constantes desavenças entre liberais e conservadores. O processo eleitoral resultava dessas combinações de força entre o poder central e o chefe local, muitas vezes, a *longa manus* do Imperador. O voto censitário, além de excludente por definição, tornava bastante sutis as diferenças entre aqueles que poderiam votar e os não habilitados, o que conferia ao processo um ar de descrédito, e, o que é pior, tornando previsível o desfecho das eleições. É bem verdade que o artigo 6º da Lei Saraiva tentava enfrentar o problema do alistamento eleitoral; o artigo 11 amplia as incompatibilidades; o artigo 15 impõe procedimentos formais para o momento da votação, sendo que, no parágrafo 3º (do mesmo artigo), impede o uso desnecessário da força pública nesses dias e, no parágrafo 16, faculta a designação de fiscal para o acompanhamento do processo eleitoral pelo candidato. Em verdade, o Império deixou como legado a experiência adquirida na manipulação do sistema eleitoral, que, a partir de constantes modificações, quando bem arquitetadas, amplas ou pontuais, podem determinar os rumos de uma eleição, atrasando, por exemplo, a afirmação de um pensamento diferente, na época, que brotava de um Brasil urbano em plena expansão.[195]

A Constituição de 1891 consagrou o voto direto (a eleição do Congresso Nacional Constituinte foi regulada pelo Decreto n. 200-A/1890 e determinou a hegemonia dos republicanos, ocasionada também por um processo eleitoral que temporariamente deixou de ser administrado pelo Poder Judiciário), aboliu o censitário, porém excluiu os analfabetos da possibilidade do pleno exercício dos seus direitos políticos.[196]

---

[195] BRAGA, 1990, op. cit., p. 46. Assim conclui a autora, ao dizer que, durante o Império, houve uma diversidade de sistemas eleitorais, determinados pelas circunstâncias políticas do seu tempo: " (...) o sistema majoritário de listas completas por províncias, voto distrital de um deputado por distrito, voto distrital de três deputados por distrito, o voto limitado ou de lista incompleta e, finalmente, a Lei Saraiva restabeleceu o voto distrital de um deputado por distrito. Essas reformas foram feitas nas vésperas das eleições para garantir a maioria para o governo e o entendimento entre os dois partidos que se alternavam no poder – Conservador e Liberal". Aprofundando o argumento, afirma ainda que: "As eleições no Império eram controladas pelo Imperador através dos presidentes das províncias e dos coronéis da Guarda Nacional. Havia intervenção do poder central e do poder local no processo eleitoral". Por fim, encerra: "Apesar dos requisitos estabelecidos na Constituição para o cidadão poder votar, ninguém conseguia ser votante ou eleitor contra a vontade do Governo, e de seus agentes locais que decidiam do direito de voto dos cidadãos, incluindo ou excluindo das listas de qualificação, conforme o interesse do chefe político local".

[196] JOBIM; PORTO, 1996, op. cit., p. 373. A afirmação categórica que exclui todos os analfabetos do processo eleitoral admite algumas exceções, qual seja: " (...) art. 69. Os cidadãos actualmente alistados eleitores, em virtude da lei de 9 de janeiro de 1881, serão incluídos *ex officio* no alistamento eleitoral pelas commisões districtaes e municipaes, salvo si tiverem perdido a capacidade politica, fallecido ou mudado de domicilio para municipio ou paiz differente". O analfabeto já registrado, neste caso, é recepcionado pela nova legislação, portanto continua votando.

A confirmação do alistamento era fiscalizada por comissões distritais que, em segundo grau, poderiam ter as suas decisões revertidas por uma comissão municipal (antiga paróquia) e, por fim, havia o recurso para um juiz de Direito.

Assim está previsto no artigo 4º do Decreto:

Art. 4º. São eleitores, e teem voto nas eleições:
I – Todos os cidadãos brazileiros natos, no gozo dos seus direitos civis e políticos, que souberem ler e escrever (Decreto n. 6 de 19 de dezembro de 1889).
II – Todos os cidadãos brazileiros declarados taes pela naturalisação.
III – Todos os cidadãos brazileiros declarados taes pelo decreto da grande naturalisação.[197]

A Lei de n. 35/1892 traz de volta a experiência do voto limitado, o que reservava espaço às minorias, à divisão do país em distritos, repetindo assim escolhas passadas. A República tenta reescrever a história do Direito Eleitoral no país, entretanto os interesses a serem preservados respeitavam a mesma filosofia do Império, de tal sorte que o poder local manteve uma forte influência sobre os procedimentos de contagem de votos. Havia uma mudança de nomes, de homens, contudo uma insistência em determinados vícios e uma pouca renovação nos espíritos. O voto a descoberto, surgido posteriormente, apenas corrobora essa mentalidade que seguiu até a legislatura encerrada em 1905.

A Lei Rosa e Silva (Lei 1.269/1904) repetiu os principais institutos, porém foi modificada mais tarde pelas seguintes leis: Lei 3.139/1916 e a Lei 3.208/1916. Apontando os rumos das mudanças futuras, tais leis reconduziram determinadas competências ao Poder Judiciário, mas nem mesmo esse poder estava livre das pressões dos demais – desta forma, foram eleitos os legisladores até o ano de 1930.[198] Mais uma vez, os resultados das eleições dependiam diretamente de costuras do poder central (o Chefe do Executivo) com o poder local (os Governadores), já institucionalizado e conhecido como o poder político dos governadores. Os movimentos urbanos, de qualquer forma, fortaleciam-se e reivindicações de voto secreto e voto feminino insinuavam novos tempos.

---

[197] JOBIM; PORTO, 1996, op. cit., p. 365. Ver também em: LOPES, 1975, op. cit., p. 84-85.

[198] BRAGA, 1990, op. cit., p. 60-66. Em sua minuciosa pesquisa, citando constantemente as análises de Ferreira (1976), Kinzo (1980) e Leal (1975), a professora Hilda Soares Braga encerra essa fase da História nacional, concluindo que: "Na República Velha, como no Império, foram adotados vários sistemas eleitorais: o sistema majoritário de listas completas por Estado, o voto distrital de três deputados por distrito combinado com o voto limitado ou de lista incompleta e o voto distrital de cinco deputados por distrito com o voto limitado ou de lista incompleta combinado com o voto cumulativo. Essas mudanças tinham a finalidade de garantir a vitória dos candidatos oficiais do Governo nas eleições".

O Estado Brasileiro e seus Partidos Políticos

É importante também destacar que a Revolução de 30 tinha como um de seus principais enfoques a reforma do sistema eleitoral, visto que boa parte da indignação dos revoltosos estava na aparente fraude eleitoral que impedira a vitória de Getúlio Vargas. Representantes do pensamento nacional admitiram que o enfoque da entrada do país nos anos 30 deveria ser a organização, mesmo que em detrimento da participação.[199] Sendo assim: "Ninguém melhor que os militares – organizados e disciplinados por formação profissional – predispunham-se tanto à tecnocratização da Burocracia Patrimonial".[200]

Além do mais, "(...) no Manifesto-Programa da Aliança Liberal constava a moralização do sistema eleitoral através da punição das fraudes, implantação do voto secreto e sistema de representação proporcional".[201]

A Constituição de 1934 deu forma à Justiça Eleitoral, o que apenas confirmava, na verdade, o Código Eleitoral (Decreto n. 21.076/32), detalhista em revelar todas as competências dessa nova Instituição, que alcançava, por exemplo, crimes eleitorais e crimes comuns, quando conexos. A reforma no sistema eleitoral brasileiro, materializada no Código Eleitoral de 1932, pareceu uma conquista da sociedade, descrente da possibilidade de efetiva participação na escolha dos seus representantes. Na verdade, era acima de tudo uma vitória do pensamento liberal, mesmo que contivesse algumas concessões, por exemplo, à possibilidade de uma representação classista. Diga-se também que a exigência à inscrição de um partido político era mínima (500 eleitores). Além disso, o reconhecimento e a declaração dos eleitos deixavam de ser uma competência dos órgãos legislativos, sempre com fortes ligações com o Poder Executivo, transferindo-se ao Poder Judiciário, mais especificamente, à Justiça Eleitoral.[202] Essa, segundo o Decreto n. 21.076/1932, teria a seguinte conformação:

---

[199] MONTENEGRO, 1979, op. cit., p. 11. Para Vamireh Chacon, além de Alberto Torres, "Oliveira Viana, Jackson de Figueiredo, Francisco Campos, Agamenon Magalhães, Lindolfo Collor e Azevedo Amaral declaravam e repetiam ser a Organização mais importante e urgente que a Participação, na fase de mudança em que o Brasil começava a entrar".

[200] Ibid., p. 14.

[201] BRAGA, 1990, op. cit., p. 68.

[202] PAIM, 1998a, op. cit., p. 125. Os liberais, aparentemente contrastando com os positivistas, apostaram no aperfeiçoamento do sistema eleitoral, sem, contudo, salvo as teses levantadas por Silvestre Pinheiro Ferreira, discutir com profundidade o tema da representação. Antônio Paim procurou enfatizar que "(...) o pensamento liberal logrou consolidar a grande conquista do Código de 1932 que era a Justiça Eleitoral. A Constituição de 1946 a consagraria como parte do Poder Judiciário. Desde essa época a instituição deu passos significativos para a lisura dos pleitos, graças, sobretudo à introdução da cédula oficial".

Art. 5º. É instituída a Justiça Eleitoral, com funções contenciosas e administrativas. Parágrafo único. São órgãos da Justiça Eleitoral: 1º) um Tribunal Superior, na Capital da Republica; 2º) um Tribunal Regional, na Capital de cada Estado, no Distrito Federal e na séde do Governo do Territorio do Acre; 3º) juizes eleitorais nas comarcas, distritos ou termos judiciarios.[203]

Do mesmo modo, a escolha do princípio da proporcionalidade, referendada por essa legislação, desencadeou uma proliferação de alianças que transformaram a lisura e a seriedade dos pleitos em conquistas formais.[204] A tradicional força dos partidos estaduais deu lugar a coligações artificiais, admitidas pelo mecanismo das alianças de legenda. Como fazer ressuscitar o ideal da representação, centralizado no interesse, quando grupos com pendores tão diversos conspiravam ao fortalecimento de um e de outro? O voto secreto, o voto feminino e o reconhecimento da existência dos partidos políticos, estas sim, eram conquistas visíveis. É necessário destacar que o ano de 1937, ano de nova Constituição, foi o último que obedeceu a essa conformação.

Os ideais da Revolução de 30 perderam-se no meio dos seus vícios. Este diagnóstico pode ser conhecido no pensamento de Hilda Soares Braga, que "O Governo Revolucionário que tinha ideais liberais e modernizantes, segundo os princípios do tenentismo, quando no poder tornou-se centralizado e autoritário".[205]

Nessa análise, prossegue:

Na convocação da Constituinte, o governo estabeleceu um grande casuísmo eleitoral, que foi a representação classista, isto é, parte dos membros da Constituinte foram eleitos indiretamente pelos sindicatos recém-criados, sob a tutela do Estado.[206]

A cooptação da classe trabalhadora podia ser sentida nas posições desses parlamentares, sempre coligados em pensamento com as ações mais polêmicas do governo.[207] Forjava-se uma maioria e, ao mes-

---

[203] JOBIM; PORTO, 1996, op. cit., p. 190-191.

[204] BRAGA, 1990, op. cit., p. 70. Uma explicação dessa ideia pode ser encontrada, a seguir, nas observações da professora: " (...) este Código, embora dissesse ter instituído a representação proporcional, estabeleceu, na realidade, um sistema misto: proporcional no primeiro turno e majoritário no segundo". Ver também em: JOBIM; PORTO, 1996, op. cit., p. 198-199. O Decreto n. 21.076/1932, no seu artigo 56, apresenta as principais características do novo sistema: "O sistema de eleição é o do sufrágio universal direto, voto secreto e representação proporcional". O artigo 58, por sua vez, demonstra a visão abrangente do conceito de representação naquele momento histórico: "Processa-se a representação proporcional nos termos seguintes: 1º) É permitido a qualquer partido, aliança de partidos ou grupo de cem eleitores, no mínimo, registrar, no Tribunal Regional, até cinco dias antes da eleição, a lista de seus candidatos, encimada por uma legenda. Parágrafo único. Considera-se avulso o candidato que não conste de lista registrada".

[205] Ibid., p. 82.

[206] Ibid., loc. cit.

[207] MARTINS, Heloisa Helena Teixeira de Souza. *O Estado e a burocratização do sindicato no Brasil*. São Paulo: Hucitec, 1979, p. 47-48. Para a autora: "Com as mudanças econômico-sociais e com as

mo tempo, criava-se uma aparência de legitimidade e de democracia. Logo após, Getúlio Vargas faz a crítica desse sistema de representação classista com assento no Legislativo, pois, segundo ele, o objetivo dessa integração poderia ser alcançado se os espaços disponibilizados estivessem mais próximos das decisões do Executivo.[208] O Decreto n. 21.076/32 surpreendeu, ao afirmar no artigo 99 que:

> Art. 99. Consideram-se partidos políticos para os efeitos dêste decreto: 1) os que adquirem personalidade jurídica, mediante inscrição no registro a que se refere o art. 18 do Codigo Civil; 2) os que, não a tendo adquirido, se apresentarem para os mesmos fins, em carater provisorio, com um minimo de quinhentos eleitores; 3) as associações de classe legalmente constituidas.

A Constituição de 1937, rica em peculiaridades, fez retroceder em alguns aspectos as disposições do Código de 1932 quando, surpreendentemente, fez desaparecer a Justiça Eleitoral, algo que seria resgatado pela Constituição de 1945. Aliás, desapareceram também as eleições durante esse período (1937-1945). O discurso tentava sustentar um espírito reformista, contudo todas as alterações anunciadas representavam um recuo de muitos anos. Os argumentos já apresentados no passado eram o despreparo da população para realizar as escolhas corretas e o superficialismo de uma campanha eleitoral em decorrência da quantidade de assuntos que precisam ser debatidos em tão curto tempo. O debate político só alcança a sociedade em momentos de rede-

---

transformações ocorridas no nível do Estado, no tocante a sua interferência nas relações de trabalho, redefiniram-se também as funções do sindicato, bem como suas relações com o Estado e o patronato. O Estado, que até 1930 atuara em relação aos sindicatos de forma meramente repressiva, passou a organizar e controlar as associações sindicais, no sentido de integrá-las à Administração Pública, como órgãos de colaboração". Era uma prioridade de Getúlio Vargas a cooptação do movimento sindical, imaginando transformá-lo em órgão de defesa das instituições do Governo Provisório, órgão de colaboração, não de luta. Para operacionalizar essa manobra, três decretos (1931, 1934 e 1939) foram produzidos, sendo que o terceiro, de forma mais contundente, produziu substanciais mudanças no entender da autora: "Com o Estado Novo houve a elaboração de uma concepção da organização e da função do sindicato na sociedade brasileira, que retirou do sindicato, em primeiro lugar, a sua principal arma política, que é a greve; ao mesmo tempo, limitou a atuação política das entidades sindicais à área das relações de trabalho. A partir do Decreto de 1939, coube ao sindicato uma atuação essencialmente administrativa, com funções delegadas do Estado. A ação política, entretanto, não desapareceu, mas ficou restrita, se processando não mais através da ação direta contra o patronato, mas dentro da área do Estado, que aparece como uma instituição interposta no confronto entre patrão e operário. Este não ocorreria mais diretamente, mas sim através da Justiça do Trabalho, criada precisamente com essa finalidade".

[208] CAMPOS, Francisco. *O Estado nacional*. Brasília: Senado Federal, 2001. (Biblioteca Básica Brasileira), p. 49. Para o autor: "As associações profissionais, que o espírito jacobino demitiu das suas funções públicas e do seu direito de cidade devem participar dos conselhos do Governo, por um processo adequado, em que possam exercer a sua influência segundo a atmosfera, os métodos, os instrumentos próprios da sua natureza, do seu espírito e do seu ângulo visual, a fim de que as decisões que interessam à economia nacional provenham de algum centro de vontade qualificado para isso, e não, como sucedia em virtude do errôneo sistema de representação adotado em 1934, de poderes não-qualificados, e, por isso mesmo, irresponsáveis".

finição dos postos no poder, e essa sazonalidade volta-se contra o sistema visto que os assuntos do Estado adquirem maior complexidade.[209] O afastamento do cidadão da luta política ou a sua inclusão possível pelo caminho da cooptação – em espaços intencionalmente reservados e sob controle – decorriam de uma forma de agir dos homens do estamento. Neste sentido, as restrições impostas ao sufrágio universal apenas refletiam, na convicção desse grupo, a confirmação de um fato indesmentível: nos moldes atuais não havia participação política consequente da sociedade. A Constituição de 1937 apenas revela o que está consolidado, reservando um nicho de participação em momentos pontuais, como, por exemplo, a eleição do Presidente da República. Mesmo assim, essa eleição direta só ocorreria em uma situação excepcional, qual seja, quando o Presidente da República sugerir um nome para sucedê-lo que contrarie a vontade do Colégio Eleitoral. O art. 84 da Constituição Federal de 1937 oferece o plebiscito como solução ao impasse. Para Francisco Campos:

> O sufrágio universal mostra-se, desta maneira, um meio impróprio à aferição e à crítica. Estas passam-se em regiões remotas ou inacessíveis à competência ordinária do corpo eleitoral. (...) Trata-se, ao contrário, de organizar o sufrágio, reduzindo-o a sua competência própria, que é a de pronunciar-se apenas sobre o menor número de questões, e particularmente apenas sobre as questões mais gerais e mais simples.[210]

É importante assinalar a convicção dos estado-novistas na total incongruência entre o sufrágio universal e uma competente administração dos assuntos do Estado. A formação do convencimento em torno das prioridades do governo na realização de suas políticas é tema de alta indagação, e não pode ser partilhada com a população, sob pena de abrir-se espaço para argumentos demagógicos, o que tornaria o debate superficial e comprometeria o interesse público. A técnica baseia a exclusão, e os problemas do governo deixam de ser competência do eleitorado. Esse é o entendimento que sustentou o Estado Nazista e seduziu, ou ainda seduz, uma parte das lideranças políticas nativas.

---

[209] CAMPOS, op. cit., p. 51. Enfatizando a complexidade nos debates políticos no século XX, o que, inclusive, poderia justificar o afastamento da sociedade desses processos, Francisco Campos lembra que: "Cada vez mais os problemas em torno dos quais se fere a luta dos partidos tendem a ser problemas técnicos. As grandes questões, que, no século passado, se debatiam no campo da política, eram questões gerais, suscetíveis de interessar ao maior número e quase todas participando da natureza do dogma político – a universalização do sufrágio, a extensão de franquias constitucionais, as liberdades públicas, questões em que a emoção tinha maior lugar do que a razão. (...). As questões econômicas e financeiras, as de organização da economia nacional, as do comércio interno e externo, questões sobretudo técnicas, e, por sua natureza, incapazes de despertar emoção, passaram ao primeiro plano".

[210] CAMPOS, 2001, op. cit., p. 60.

O Estado Brasileiro e seus Partidos Políticos

O Legislativo, por sua vez, sofre do mesmo mal da sociedade, até porque dela resulta a sua incapacidade técnica para o enfrentamento dos problemas contemporâneos do Estado. Mais do que nunca, aqui, capacidade política e capacidade técnica podem não surgir ao mesmo tempo. Impõe-se, nesse caso, a criação de mecanismos de delegação legislativa. Sublima-se a centralização, por fim, retirando em grande parte a competência do Parlamento para legislar.[211]

As mobilizações favoráveis à redemocratização desaguaram na Lei n. 9/1945, que, entre outras conquistas, propiciou um processo eleitoral mais equilibrado e que contemplava, entre outras coisas, a maior densidade populacional de alguns Estados. Conforme o artigo 38 do Decreto-Lei n. 7.856/45:

> Art. 38. O sufrágio é universal; o voto, obrigatório, direto e secreto.
> § 1º. A eleição para a Câmara dos Deputados e as Assembléias Legislativas obedecerá ao sistema de representação proporcional.
> § 2º. Na eleição do Presidente da República, dos Governadores dos Estados, dos membros do Conselho Federal, ou para o preenchimento de vagas nas Câmaras Legislativas, prevalecerá o princípio majoritário.[212]

De qualquer forma, a Lei previa um máximo de 35 deputados e um mínimo de 5 deputados, o que produzia uma disparidade sentida até hoje. Os Estados menos populosos conseguem exercer um poder maior do que se poderia prever, coligando-se com os menores, e, principalmente, pelo pequeno número de representantes dos Estados mais populosos. Com o êxodo ocorrido às grandes cidades do país, um fenômeno dessa época, agravou-se ainda mais o problema, de grave significado nos dias atuais. O sufrágio universal estava confirmado e o voto era obrigatório, direto e secreto. Uma repetição do modelo de 1937 era encontrada no processo de alistamento *ex officio*, mecanismo de provocação da filiação, que tinha como uma de suas funções controlar o eleitorado. A inscrição era solicitada e completava-se sob os olhos da Administração, o que, sem dúvida, evidenciava a importância da fidelidade, sempre vigiada e cobrada. Assim está expresso no artigo 23 do Decreto-Lei n. 7.856/45:

> Art. 23. Os diretores ou chefes das repartições públicas, das entidades autárquicas, paraestatais ou de economia mista, os presidentes das secções da Ordem dos Advogados e os presidentes dos Conselhos Regionais de Engenharia e Arquitetura enviarão ao Juiz Eleitoral, dentro de 15 dias antes da data fixada para o início do alistamento, relação completa dos funcionários e extranumerários, associados das entidades paraestatais,

---

[211] CAMPOS, loc. cit. Para o autor: "A iniciativa de legislação cabe, em princípio, ao governo. A nenhum membro do Parlamento é lícito tomar iniciativa individual de legislação. A delegação de poderes não só foi permitida, como se tornou a regra (...)".

[212] JOBIM; PORTO, 1976, op. cit., p. 374.

advogados, engenheiros e arquitetos, com as respectivas indicações de função, idade, naturalidade e residência.[213]

Pode-se considerar que todos esses eleitores já estavam qualificados para o pleito, pois o artigo seguinte (artigo 24) do mesmo Decreto-Lei impõe ao juiz a produção e a remessa de tantos títulos eleitorais quantos forem os listados.

Diferentemente da previsão do Código Eleitoral de 1932, que reservava algumas vagas para os candidatos individualmente mais votados, a Lei Constitucional n. 9/1945, posteriormente regulamentada pelo Decreto-Lei n. 7.586/45, em tese, procurava fortalecer os partidos, senão apenas o mais votado, porque para esse se destinariam as vagas não absorvidas pela comparação do número de votos de cada partido com o número de votos exigido à obtenção de cada cadeira.

Os grandes partidos da época (PSD, PTB e UDN) dividiriam entre si essas últimas cadeiras. A dimensão nacional dada aos partidos por exigência da própria lei, que impunha requisitos à fundação e à existência legal, diga-se de passagem,, foi favorável ao governo que procurou articular uma complexa rede de relação, ao pensar o Brasil na sua real dimensão, e ao combater, desta forma, o regionalismo, marca primeira dos partidos políticos existentes nos anos iniciais da República. Esta transmudação do sistema, aparentemente uma evolução, surge para consolidar as estruturas de dominação sedimentadas no período getulista. Deturpa-se, neste sentido, um pouco o pensamento de Silvestre Pinheiro Ferreira que concebia a representação como instrumento de defesa de interesses, porém, em um sentido amplo, transcende as mesquinharias políticas do nosso tempo. Os artigos 109 e 110 do Decreto-Lei n. 7.586/45 impõem essa dimensão nacional aos partidos políticos:

Art. 109. Tôda associação de, pelo menos, dez mil eleitores, de cinco ou mais circunscrições eleitorais, que tiver adquirido personalidade jurídica nos têrmos do Código Civil, será considerada partido político nacional.

Art. 110. Os partidos políticos serão registrados no Tribunal Superior e os seus diretórios – órgãos executivos estaduais – nos Tribunais Regionais.

§ 1º. Só podem ser admitidos a registro os partidos políticos de âmbito nacional.[214]

A atualização do sistema eleitoral brasileiro começava pela instituição do Código Eleitoral (Lei 4.737/65) e pela formulação da Lei Orgânica dos Partidos Políticos (Lei n. 4.740/65), obra do Senador Milton Campos. O Código Eleitoral, de certa forma, já reproduzia institutos consagrados posteriormente pelo regime militar, como, por exemplo, a eleição indireta, que voltava à cena política nacional:

---

[213] JOBIM; PORTO, 1996, op. cit., p. 372.

[214] Ibid., p. 386.

O Estado Brasileiro e seus Partidos Políticos

Art. 2º. Todo o poder emana do povo e será exercido, em seu nome, por mandatários escolhidos, direta e secretamente, dentre candidatos indicados por partidos políticos nacionais, ressalvada a eleição indireta nos casos previstos na Constituição e leis específicas.[215]

O Ato Institucional n. 2/65, de 27 de outubro, entre outras coisas, revela que o movimento golpista ainda procurava encontrar uma mais adequada moldura jurídica para trabalhar em sua obra. O poder constituinte revolucionário estava constituído em tempo integral a fim de maximizar as potencialidades do golpe, criando condições à "salvação nacional". Nesse Ato Institucional, descreve-se o procedimento da eleição presidencial:

Art. 9º. A eleição do Presidente e do Vice-Presidente da República será realizada pela maioria absoluta dos membros do Congresso Nacional, em sessão pública e votação nominal.
(...). § 3º. Limitados a dois os candidatos, a eleição se dará mesmo por maioria simples.

O Ato Institucional n. 2/65, no seu artigo 18, extinguiu os partidos políticos então existentes a partir do cancelamento dos seus registros. O artigo 30 do mesmo Ato Institucional atribuiu ao Presidente da República competência à produção de legislação apta a complementar o próprio Ato Institucional. Com a extinção dos partidos políticos, tornou-se necessário legislar sobre o que viria posteriormente. Assim:

Art. 1º. Aos membros efetivos do Congresso Nacional, em número não-inferior a 120 deputados e 20 senadores, caberá a iniciativa de promover a criação, dentro do prazo de 45 dias, de organizações que terão, nos têrmos do presente ato, atribuições de partidos políticos, enquanto êstes não se constituírem.

Aparentemente, a vontade de Castelo Branco era retomar o caminho democrático, contudo as suas medidas eram contraditórias, porque o Ato Institucional n. 2 praticamente inviabilizava as possibilidades de vitória da oposição. Presidente, Vice-Presidente e Governadores seriam eleitos indiretamente. E mais, o artigo 15 do Ato Institucional deixava todos os detentores de mandato sob risco, visto que:

Art. 15. No interesse de preservar e consolidar a revolução, o Presidente da República, ouvido o Conselho de Segurança Nacional, e sem as limitações previstas na Constituição, poderá suspender os direitos políticos de quaisquer cidadãos pelo prazo de 10 (dez) anos e cassar mandatos legislativos federais, estaduais e municipais.

Representando uma continuidade em relação ao Ato Institucional n. 1, o Ato n. 2, para extinguir os partidos políticos, contou com a elaboração de alguns membros da UDN, a ala civil dos golpistas, que já se encontrava dividida. O Congresso não aprovou o documento, que precisou ser proclamado unilateralmente. É verdade que Castelo Bran-

---

[215] A Lei 4.737 de 15 de julho de 1965 instituiu o Código Eleitoral.

co utilizou o novo Ato para alcançar alguns membros da linha dura, ao mesmo tempo em que tratava de reorganizar o novo sistema eleitoral. É importante ressaltar também que o Ato Complementar n. 4/65, de 20 de novembro estabeleceu as regras para o ressurgimento dos partidos políticos. Segundo Thomas Skidmore:

> Embora o total de cadeiras no Congresso (409 deputados e 66 senadores) desse para a criação de três partidos, os organizadores da agremiação pró-governo rapidamente aliciaram 250 deputados e 40 senadores. A sobra deu para a formação de apenas um partido, no qual se abrigaria toda a oposição parlamentar. O partido governamental foi a ARENA (Aliança Renovadora Nacional) e o da oposição, o MDB (Movimento Democrático Brasileiro).[216]

A ARENA foi composta por udenistas e membros do PSD, enquanto que o MDB congregou petebistas e os membros não governistas do PSD.

O Ato Institucional n. 3 (5 de fevereiro de 1966), surgido logo a seguir, estabeleceu eleição indireta para governador e vice-governador e, limitando ainda mais os espaços democráticos, alterou o processo de escolha dos prefeitos dos municípios das capitais dos Estados (arts. 1º e 4º).[217] A sucessão de Atos Institucionais antecedeu o cronograma eleitoral de 1966, que só começou em setembro. O balanço final dessa nova conformação legislativa resultou no seguinte:

> Todos os candidatos apoiados pelo governo ganharam, embora no Rio Grande do Sul Castelo tivesse que expurgar alguns deputados para garantir a eleição do seu candidato, Walter Peracchi Barcellos. A 3 de outubro, o Congresso Federal elegeu, como convinha, o General Costa e Silva para sucessor de Castelo Branco por 295 votos contra 41. Os votos contrários foram principalmente abstenções do MDB.[218]

A UDN, depois ARENA, não transmitia segurança ao Presidente Castelo Branco, que encontrou, nas alterações da legislação eleitoral, o remédio para minimizar os prováveis insucessos do partido situacionista. A estratégia era exercitada através das cassações, que constantemente redesenhavam o quadro eleitoral. O Ato Complementar n. 16/66, de 18 de julho, trouxe disposições protetoras de fidelidade partidária, decisão tomada com o claro objetivo de assegurar os votos da maioria do governo nas eleições indiretas (art. 1º, a, b).

---

[216] SKIDMORE, Thomas E. *Brasil*: de Castelo Branco a Tancredo Neves (1964-1985). 4. ed. Trad. Mário Salviano Silva (coord.). Rio de Janeiro: Paz e Terra, 1988, p. 105.

[217] Ato Institucional n. 3, de 5 de fevereiro de 1966. No seu artigo 4º, lê-se que: "Respeitados os mandatos em vigor, serão nomeados pelos Governadores de Estado, os Prefeitos dos Municípios das Capitais mediante prévio assentimento da Assembléia Legislativa ao nome proposto".

[218] SKIDMORE, 1988, op. cit., p. 113.

O Ato Institucional n. 5, durante o Governo Costa e Silva, colocou o Congresso em recesso indefinidamente.[219] Vários artigos atingiam diretamente o pleno exercício dos direitos políticos, ampliando ao extremo as competências presidenciais. De acordo com o texto do último Ato:

Art. 2º. O Presidente da República poderá decretar o recesso do Congresso Nacional das Assembléias Legislativas e das Câmaras de Vereadores, por Ato Complementar, em estado de sítio ou fora dele, só voltando os mesmos a funcionar quando convocados pelo Presidente da República.

§ 1º Decretado o recesso parlamentar, o Poder Executivo correspondente fica autorizado a legislar em todas as matérias e a exercer as atribuições previstas nas Constituições ou na Lei Orgânica dos Municípios.

A suspensão dos direitos políticos, sem motivação, por 10 anos, e a cassação dos mandatos eletivos nos níveis federal, estadual e municipal (art. 4º) reforçam uma lógica de repressão máxima aos militantes da política. Nem mesmo a garantia do *habeas corpus* foi preservada, porque suspensa no caso de condenação por crime político contra a segurança nacional (art. 10).[220] Na verdade, a base política do governo resumia-se a poucos udenistas, golpistas de primeira e última hora, e aos próprios militares, que, por delegação, admitiam a presença de civis em postos-chaves, em função dos seus desempenhos técnicos. A doença de Costa e Silva demonstrou, contudo, que a UDN não tinha qualquer força política, visto que o Vice-Presidente, Pedro Aleixo, não conseguiu assumir; além disso, por alguns dias, ficou proibido de ausentar-se do Rio de Janeiro.

A continuidade da dominação golpista encontrou em Médici um presidente que podia governar sem oposição, porém ele investiu novamente no fortalecimento da ARENA, de imagem desgastada pela sua atuação nos períodos anteriores. O Congresso permanecia em recesso (desde dezembro de 1968), e a maioria obtida pela ARENA em pleitos passados precisava ser mantida. A estratégia adotada não foi criativa: alterar novamente a legislação eleitoral, o que possibilitava um processo eleitoral sem riscos, porém com a mesma força legitimadora. Uma das principais mudanças foi a alteração do número de votos necessários à conquista de cadeiras no Parlamento, que deixava de ser pela população residente, mas sim pelo número de eleitores registrados. É necessário frisar que a participação do MDB colaborava para esse simulacro de democracia representativa, o que ficou confirmado nas

---

[219] SILVA, Hélio. *O poder civil*. Porto Alegre: L&PM, 1985, p. 303. Na reunião do Conselho de Segurança Nacional, apenas o Vice-Presidente, Pedro Aleixo, era contrário ao Ato Institucional n. 5.

[220] SKIDMORE, 1988, op. cit., p. 166-167. Refere o autor que: "O Congresso foi expurgado, primeiro de 37 deputados da ARENA, depois de outros 51 parlamentares, começando com Márcio Moreira Alves e Hermeto Alves. Carlos Lacerda, um dos principais defensores da Revolução de 1964, foi finalmente privado dos seus direitos políticos".

eleições parlamentares de 1970, vencidas por ampla margem pelo partido do governo.[221] Ainda, em 21 de julho de 1971 nasce a Lei Orgânica dos Partidos Políticos (Lei 5.682/71).

O Presidente mantinha o controle sobre a ARENA (seus ex-udenistas e ex-pessedistas), contudo tinha certos temores em relação à eleição marcada para 1974, conforme previsão da Emenda Constitucional de 1968.[222] A solução foi adiar a eleição direta, via Emenda, para 1978, realizando em 1974 eleição indireta. Em 1972, com a eleição municipal, houve outra vitória esmagadora.[223] Em 1974, o MDB alcança as suas primeiras vitórias,[224] e Geisel era o novo presidente.[225]

Em diversas Casas Legislativas, o MDB conquistou maioria, o que provocou imediata reação, a saber, a Lei Falcão de 1976, tendo como escopo uma série de restrições à propaganda política; além disso, houve uma nova Emenda Constitucional, que, legitimada pelo Ato Institucional n.5, fechou novamente o Congresso em 1977. Thomas Skidmore enumerou então as principais modificações realizadas:

> Doravante as emendas constitucionais exigiriam maioria simples apenas; todos os governadores de Estado e um terço dos senadores seriam escolhidos indiretamente em 1978 por colégios eleitorais estaduais (que incluiriam os vereadores, ficando assegurado o controle da ARENA); os deputados federais teriam o seu número fixado à base da população e não do total de eleitores registrados (como fora nas eleições de 1970 e 1974); e o acesso dos candidatos ao rádio ou à televisão ficava rigorosamente limitado nos termos da Lei Falcão já aprovada pelo Congresso em 1976.[226]

---

[221] SKIDMORE, 1988, op. cit., p. 229. Thomas Skidmore observa que a vitória da ARENA foi avassaladora: "No Senado, o mais alto cargo federal ainda preenchido por eleição direta, a ARENA ganhou 40 cadeiras, enquanto o MDB apenas 6. (...). Na Câmara dos Deputados a ARENA conquistou 220 cadeiras contra 90 do MDB. (...) A vitória da ARENA foi ainda mais ampla no nível municipal, onde o poder federal era maior sobre os eleitores cuja única esperança de obter recursos de que precisavam imensamente para suas comunidades era votar na ARENA".

[222] SILVA, 1985, op. cit., p. 303. O autor comenta: "Em 3 de abril é promulgada a Emenda Constitucional n. 2, que modifica o art. 13, inciso IX, § 2º da Constituição, alterando o processo de eleição dos governadores previsto para outubro de 74. (...). Em conseqüência, a eleição dos governadores não seria mais pelo sufrágio universal e por votos diretos e secretos, mas por votação indireta. (...). Quanto à ARENA foi estabelecida a cláusula de fidelidade ao partido, fortalecendo a disciplina partidária".

[223] SKIDMORE, 1988, op. cit., p. 297. O autor atesta a inevitabilidade do resultado, "(...) dada a atmosfera de contínua intimidação contra o MDB e tendo-se em conta a vantagem da ARENA no controle da clientela governamental".

[224] SILVA, 1985, op. cit., p. 323-324. Descrevendo o gigantismo da eleição de 1974, Hélio Silva recorda que: "No dia 15 de novembro de 1974, mais de 23 milhões de eleitores foram convocados para escolher, em 22 estados e 3 territórios, 22 senadores, 364 deputados federais e 787 deputados estaduais, na terceira eleição geral em que se defrontaram a ARENA, como partido governista, e o MDB, como partido de oposição. (...). Uma inovação desse pleito foi a aplicação da Lei Etelvino Lins que proporcionou o transporte e alimentação dos eleitores das zonas rurais de catorze Estados".

[225] Ibid., p. 313. Ulisses Guimarães, mesmo sem chances, concorreu sob a denominação de "o anticandidato".

[226] SKIDMORE, 1988, op. cit., p. 373.

A abertura gradual ainda reservara espaço para um último presidente militar: João Figueiredo. O General Golbery do Couto e Silva articulava a distensão política, concebendo uma estratégia que imporia sutis obstáculos à ascensão da oposição ao poder: surge o pluripartidarismo (Lei 6.767/79). Com ele, o Brasil terá os seguintes partidos: o Partido Democrático Social (PDS), o Partido do Movimento Democrático Brasileiro (PMDB), o Partido dos Trabalhadores (PT), o Partido Trabalhista Brasileiro (PTB), o Partido Democrático Trabalhista (PDT) e o Partido Popular (PP), esse, com vida breve, porque logo foi incorporado pelo PMDB, preparando a disputa no Colégio Eleitoral. Em 1982, realizam-se as eleições diretas para governador, já com os novos partidos.

Em 1985, por 480 votos contra 180 votos, no Colégio Eleitoral, Tancredo Neves, com o apoio de dissidentes do PDS, consegue superar o número de votos obtidos por Paulo Maluf. Morre aquele, antes de ser empossado, sendo substituído, após certa tensão, pelo Vice-Presidente, José Sarney, ex-Presidente do PDS.

A Emenda Constitucional n. 26[227] convocou a Assembleia Nacional Constituinte, marcando o seu início para o dia 1º de fevereiro de 1987, na sede do Congresso Nacional. Instalada pelo Presidente do Supremo Tribunal Federal (art. 2º), será promulgada depois da aprovação do seu texto, em dois turnos de discussão e de votação, pela maioria absoluta dos membros da Assembleia Nacional Constituinte.

Paulo Bonavides manifesta uma posição bastante crítica em relação às instituições políticas brasileiras, glosas, por muitas vezes, de modelos europeus que não foram forjados em uma realidade tão especial como a nossa. Neste sentido, o referido autor reflete, demonstrando um certo desencanto, porém sem desconsiderar o valor dessa tentativa, pois:

> Constitui proeza de tenacidade manter em países subdesenvolvidos uma estrutura partidária de moldes democráticos. A massa postulante e analfabeta, que antes de reivindicar o voto reivindica o pão, é realmente infra-estrutura humana de difícil acomodação ao modelo ocidental de democracia. Esta, em seus mecanismos liberais de proveniência européia, chega ao porão da sociedade como imposição ininteligível das elites dirigentes. A crosta leve e superficial dos institutos da democracia recobre, pois, um organismo social, em cujas artérias circula menos o diálogo das idéias do que um pensamento de indiferença ou desapreço aos princípios expostos e propagados nas ocasiões de cruzada eleitoral.[228]

---

[227] CUNHA, Alexandre Sanches. *Todas as constituições brasileiras.* Campinas: Bookseller, 2001, p. 364-365.

[228] BONAVIDES, 1980, op. cit., p 33.

TERCEIRA PARTE

A evolução do sistema partidário brasileiro

1. A fase colonial foi o berço dos primeiros movimentos

1.1. A Revolta de Beckman (1684)

Sabendo-se que o Brasil Colônia assistiu ao nascimento de vilarejos em diferentes pontos do seu território, como resultado de uma política do Estado Português executada diretamente por seus representantes-funcionários, tem-se a dimensão desta mentalidade oficial de antecipação dos movimentos sociais espontâneos. No Brasil, insiste-se, o Estado sempre chegou antes da sociedade.[229] Com relação à formação das primeiras cidades, a burocracia e o centro religioso indicavam a escolha do local e, imediatamente, entrava-se na fase das convocações dos dispersos, com os mesmos rigores de um alistamento militar.[230] Eram cidades artificiais com governos sem legitimidade, que tentavam buscar na força da tradição de Portugal um argumento de aproximação entre os indivíduos. A experiência da colonização demonstrou posteriormente que apenas a motivação econômica produziu o surgimento das primeiras comunidades, com o consequente desenvolvimento da urbe. O açúcar e a mineração são exemplos de processos econômicos que determinaram modificações nas organizações sociais.

---

[229] SOUZA JÚNIOR, Cezar Saldanha. *O consensus no constitucionalismo ocidental*. São Paulo: USP, 1984. Tese de Doutorado (não publicada).

[230] VIANA, 1974, op. cit., p. 112. Estudando o tema, o autor observa que: " (...) o núcleo urbano, constitutivo da povoação agregadora dos 'moradores dispersos', não vinha, como se vê, de um sincretismo partido do povo. Este, embora sentisse necessidade da povoação, não tinha modo, nem jeito de mover-se, espontaneamente, para criá-la. Esta vinha de uma ordem da Metrópole ao seu capitão-general ou ao seu governador, que a transmitia, por sua vez, ao 'capitão povoador ou fundador', logo investido no governo dela". A força de coesão em torno desta cidade era diretamente proporcional ao tempo previsto à permanência do capitão-povoador. Não havia um argumento histórico ou a possibilidade da aproximação pelo imponderável. Projetava-se artificialmente uma cidade, completamente despersonalizada, na esperança de que o tempo determinasse uma costura social, que legitimasse a existência da cidade e do seu governo.

O Estado Brasileiro e seus Partidos Políticos

Sérgio Buarque de Holanda identificou a necessidade de uma força exterior a fim de manter a coesão social como característica herdada do Estado Português.[231] E mais, nestes primeiros anos da colonização, valorizou-se a atuação do homem-autarquia, em detrimento da noção de solidariedade social, o que repercutiu diretamente na nossa vida política, dimensão da existência do ser humano, absolutamente refém da presença desse sentimento.[232] Neste sentido, não havia uma noção de *ethos* e, por conseguinte, de *eudemonia*.

Sem este encantamento por um *telos* de construção de vínculos decorrentes de uma vida em comunidade, que ultrapasse os laços familiais, a aproximação dos indivíduos sempre esteve ligada à sedução, à troca, ao interesse particular nas suas diversas formas. Esses traços já podem ser flagrados na Revolta de Beckman, movimento sem maiores idealismos ou ideologias, motivado sim pela falta de braços para o trabalho escravo e pelo bloqueio econômico comandado pela Companhia do Maranhão. Na obra coordenada por Sérgio Buarque de Holanda,[233] quando as inquietações vividas pelo norte do país são estudadas, verifica-se que os pesquisadores exageram ao identificar demonstrações de civismo ou de luta pela liberdade.[234] No caso, o tema central dos debates sempre foi a restrição imposta pelo Estado à escravidão dos indígenas, uma vontade dos jesuítas.[235]

A Coroa, pressionada pelos jesuítas, proibiu a escravização dos indígenas no Maranhão, base da mão de obra local. Os índios trabalhavam na coleta de "drogas do sertão" e na agricultura de subsistência. Visando a melhorar a situação da Capitania, o governo português criou, em 1681, a Companhia de Comércio do Maranhão, a qual recebia

---

[231] HOLANDA, 1995, op. cit., p. 38.

[232] VIANA, 1974, op. cit., p. 124. Esta também é a constatação de Oliveira Viana ao se perguntar "como, pois, no meio desta dispersão – que vem desde os primeiros dias da Colônia – as estruturas de solidariedade social e os 'complexos culturais' correspondentes poderiam ter ambiente para se formar, e se desenvolver, e se cristalizar em *usos, costumes e tradições*"? (grifo nosso). Nesta linha, o autor constata que: "É claro que os laços de solidariedade social, os hábitos de cooperação e a colaboração destas famílias na obra do bem público local não podiam formar-se".

[233] HOLANDA, 1995, op. cit.

[234] Ibid., p. 380. Note-se o contexto em que foi inserida a Revolta de Beckman, considerando que o subtítulo refere "o despertar da consciência cívica", como característica primeira deste movimento: "Nos anos seguintes, a inquietação prosseguiria, significando que a sociedade local não era apenas turbulenta, mas profundamente dominada pelo espírito de liberdade. Não admitia a interferência do poder público limitando seus interesses ou dificultando o exercício de suas atividades materiais naquilo em que elas significavam criação de riqueza e portanto de bem-estar material".

[235] AQUINO, 2000, op. cit., p. 297. Segundo os autores: "O descontentamento se agravou quando, a 1º de abril de 1680, a Coroa estabeleceu a liberdade incondicional dos indígenas, proibindo taxativamente que fossem escravizados. Além disso, confiou-os aos jesuítas, que passavam a ter a jurisdição espiritual e temporal das aldeias indígenas".

o monopólio do comércio maranhense e em troca deveria promover o desenvolvimento da agricultura local.[236] A má administração da empresa gerou uma rebelião de colonos, em 1684, sob a chefia dos irmãos Manoel e Thomas Beckman.[237] Carmelitas, franciscanos, o clero secular e, até mesmo, o bispo se solidarizaram com o objetivo dos rebeldes: o fechamento da Companhia. Contudo, também era desejo do movimento a expulsão dos jesuítas. Por breve período, o governador foi deposto, os jesuítas expulsos e a Companhia suspendeu as suas atividades (1684); ainda, a revolta foi logo depois sufocada pela Coroa (1685). No caso, não houve qualquer defesa de ideal ou mesmo uma profunda renovação dos espíritos, pretensamente unidos em favor de uma causa nacional. O problema era bastante regionalizado, pois o movimento decorreu da iniciativa de lideranças ocasionais[238] e não obteve a solidariedade de outras regiões do país.

---

[236] HOLANDA, 1995, op. cit., p. 383. O trabalho desenvolvido pela Companhia não agradou desde o início, seja pelo não-cumprimento de seus dos compromissos anteriormente firmados com a comunidade ou mesmo pelas constantes irregularidades nos seus negócios. Na coleção "História da Civilização Brasileira", o diagnóstico é semelhante: "O suprimento de negros e a aquisição da produção local não se efetuaram, porém, conforme as obrigações da concessão monopolística. E o resultado foi que, sem a possibilidade do braço indígena, sem o braço africano e sem condições financeiras para progredir nos seus trabalhos de lavoura, os maranhenses começaram a dar demonstrações de insatisfação".

[237] VARNHAGEN, Francisco Adolfo de. *História geral do Brasil*. 9. ed. v. 2. t. 3-4. São Paulo: Melhoramentos, p. 251-254. Refere o autor que: "Reunidos em grande número os conspiradores na cerca do convento de Santo Antônio, na véspera da sexta-feira de Passos, em que o povo em massa se reunira na cidade, 24 de fevereiro de 1864, foi aí lançado o grito, sendo os principais cabeças da sedição o português Manuel Bequimão, senhor de Engenho no Meari, e cuja palavra era fascinadora para o povo, e seu irmão, Tomás Bequimão, poeta satírico, advogado por inclinação (...)" Se esse pode ser destacado como um primeiro grande momento de integração da comunidade nacional em torno de um projeto comum, deve-se comentar que não havia uma efetiva participação de todos no movimento e, sequer, um consenso sobre o caminho posterior a ser seguido, com a primeira vitória militar, qual seja, a expulsão dos jesuítas. O esvaziamento do levante culminou com a chegada do novo governador, Gomes Freire de Andrada, que se encarregou de sufocar os diminutos focos de resistência que ainda persistiam, inclusive, com a execução de Manuel Bequimão e a deportação de Tomás, seu irmão. Desta maneira, mesmo que os jesuítas retomassem os seus lugares, o seu poder restou arranhado. Na verdade, os acontecimentos pós-revolta demoraram a encontrar um ponto de equilíbrio em função da reordenação de forças dentro do próprio Estado, surpreendido com a capacidade de mobilização de seu povo, de tal sorte que, "enfreada a revolução e restituídos os jesuítas, foi mandado que ficasse por nula uma nova lei, promulgada em 2 de setembro do próprio ano em que rebentara a revolução (1684), e que concedia aos moradores a administração dos descidos do sertão(...)". Logo depois, surge nova lei, abril de 1665, em favor dos jesuítas, as quais, em virtude das novas queixas dos povos, vieram daí a pouco a sofrer modificações. O regimento de 21 de dezembro desse mesmo ano regulou as distribuições, e os alvarás de 22 de março e 28 de abril de 1688 admitiram as declarações feitas acerca dele no Maranhão. Seguiram-se a esse respeito repetidas ordens; umas a favor e outras contra, mas através delas, a escravidão dos índios descidos foi prosseguindo".

[238] AQUINO, 2000, op. cit., p. 300. Assim foi composta a Junta de Governo: "(...) chamada de Três Estados, integrada por Inácio de Assunção, frade carmelita; Manoel Beckman e Eugênio Ribeiro Maranhão, grandes proprietários, Francisco Dias Deiró e Belquior Gonçalves, representantes das camadas populares".

O Estado Brasileiro e seus Partidos Políticos

Temos nesse exemplo um embrião de futuros levantes no país, porém ainda distante da construção de uma consciência nacional, que já possibilite a identificação de um corpo relativamente homogêneo – em uma palavra, o nativismo. Sem essa definição, não há como inaugurar o espaço público de discussões sustentado no ideal de participação popular pela via do mandato representativo.

1.2. A Inconfidência Mineira (1789)

Não era forte o vínculo existente entre os inconfidentes. Havia alguns indicativos de nacionalismo econômico e, por influência dos literatos, uma exaltação da beleza de nossa vegetação e de suas potencialidades.[239] Este regionalismo incendiava todas as reuniões, alcançando até mesmo a importância do papel do índio, mesmo diante do constrangimento do grande número de portugueses ligados aos inconfidentes. Apesar destes apoios, existia uma forte convicção de que todos os males do país estavam no sistema predatório de colonização implantado por Portugal que, entre outras coisas, tinha transformado líderes importantes da região em malfalados devedores.[240]

A classe dominante era significativa também do ponto de vista numérico, uma diferença em relação ao contexto da área açucareira. A população livre era então numerosa, tinha algum poder aquisitivo e, inclusive, já produzia cultura. As *Cartas Chilenas,* documento político, e *Marília de Dirceu,* documento literário, rompem, ao mesmo tempo, com uma estética estrangeira, muito embora também dele descenda: atacam-se as autoridades locais e permite-se um certo lirismo que contrasta com o modelo árcade. Contudo, a verdadeira ruptura não decorreria da produção cultural da elite, mas sim da espontânea elaboração de alguns párias dessa nova sociedade.[241]

---

[239] FURTADO, João Pinto. *O manto de Penélope* – história, mito e memória da Inconfidência Mineira de 1788-9. São Paulo: Companhia das Letras, 2002, p. 40. Para ilustrar a composição do grupo que deu origem ao movimento, é importante lembrar que: "(...) até a Inconfidência, muitos dos nossos agentes ocuparam, com idas e vindas, os mais importantes postos na administração da América portuguesa. Cláudio Manuel da Costa, Tomás Antônio Gonzaga, Inácio José de Alvarenga Peixoto foram, além de poetas, bacharéis em Direito e, nessa condição, gestores efetivos de um poder organizado em bases elitistas e estamentais até praticamente às vésperas do levante. (...) O alferes Tiradentes, bem como Francisco de Paula Freire de Andrada, militares da tropa regular, tampouco se eximiram de exercer com zelo as atividades de controle da população, incluindo a repressão aos negros e índios que insistiam em não reconhecer em sua plenitude a autoridade da 'louca', porém augusta soberana dona Maria I sobre as Minas".

[240] AQUINO, 2000, op. cit., p. 358.

Na verdade, a causa da Inconfidência é muito menos nobre que possamos imaginar. No entender de Kenneth Maxwell, "a conspiração dos mineiros era, basicamente, um movimento de oligarcas e no interesse da oligarquia, sendo o nome do povo indicado apenas como justificativa".[242] Essa não é a posição unânime dos historiadores brasileiros, pois, outros, como Fernando de Azevedo, atribuem ao desenvolvimento da mineração a exacerbação do sentimento nativista republicano, um nivelamento das classes sociais e o consequente amadurecimento de ideias igualitárias e democráticas. Ainda presos, em grande parte, aos ideais árcades na atividade literária, demonstraram-se revolucionários na sua retórica política.[243] Todavia, posições mais atuais a respeito dos inconfidentes e o contexto setecentista mineiro em geral – se ainda conflitantes em alguns aspectos – apontam de forma contumaz para o seguinte: "Os envolvidos (...) pouco avançaram rumo à criação de um sistema de governo que fosse mais participativo e aberto nos termos de uma democracia direta.",[244] pois havia uma consciência elevada da elite mineira de seu compromisso com a manutenção de uma estrutura estamental avessa a qualquer burocratização, e, ao mesmo tempo, à preservação das práticas de dominação patrimonialista, exemplificadas na escravidão.[245]

A bandeira da luta contra a dominação portuguesa materializada pelo quinto real[246] tinha a função de seduzir outras camadas da sociedade. A ideia era fortalecer internamente o movimento, arregimentando

---

[241] SODRÉ, Nelson Werneck. *Síntese de história da cultura brasileira*. 9. ed. Rio de Janeiro: Civilização Brasileira, 1981, p. 29-31. Para o autor, referindo-se à produção artística de alguns artesãos: "Nas obras destes é que está, pela primeira vez, o traço original, brasileiro. Deles parte o fio da autêntica e específica cultura, aquilo que, ao longo do tempo, virá a ser nacional, e que só ainda não pode ser – no caso deles – porque nem existe a Nação".

[242] MAXWELL, Kenneth R. *A devassa da devassa*: a Inconfidência Mineira: Brasil e Portugal (1750-1808). 3. ed. v. 22. Trad. João Maia. São Paulo: Paz e Terra, 1995. (Estudos Brasileiros), p. 156.

[243] AZEVEDO, 1996, op. cit., p. 317-318. Ver também em: AQUINO, 2000, op. cit., p. 338-340.

[244] FURTADO, 2002, op. cit., p. 221.

[245] FERNANDES, Florestan. *A revolução burguesa no Brasil* – ensaio de interpretação sociológica. 2. ed. Rio de Janeiro: Jorge Zahar Editor, 1976, p. 52.

[246] FURTADO, 2002, op. cit., p. 15-16. Segundo o autor: "Foram de três tipos os principais métodos adotados para a arrecadação do quinto ao longo do século XVIII, tendo sido, na maior parte do período, aplicados alternadamente. Em primeiro lugar, destaca-se a cobrança mediante a simples separação de 20% do peso total e a 'aposição' do selo real a todo o ouro que passava nas famigeradas casas de fundição. (...) Outro sistema se utilizava do método da 'capitação', estimativa que supunha um valor fixo a ser pago pelo proprietário de cada escravo (por cabeça, daí o termo capitação), e partia do pressuposto de que a produção aurífera e, por conseqüência, a arrecadação eram diretamente proporcionais ao número de empregados na atividade mineradora. Por fim, fez-se uso de outro método por estimativa, em que os moradores da região assumiam, através das câmaras municipais e numa espécie de contrato de risco, o compromisso de remeter pelo menos cem arrobas de ouro anuais (o equivalente a 1500 quilos) à Coroa Portuguesa. Nesse caso, o que excedesse a quantia estipulada ficaria em poder dos mineiros. Por outro lado, se não se arrecadas-

---

O Estado Brasileiro e seus Partidos Políticos

populares, ao prever uma possível reação da Metrópole. Além disso, parecia adequado qualificar o discurso, atribuindo-lhe uma consistência ideológico-revolucionária.[247]

O recuo do governo e a não imposição da derrama, imposto a ser pago por cada habitante da capitania, distendeu a crise, evidenciando que a base do movimento era débil, pois não se confirmou posteriormente. De fato, não havia um consenso de programa,[248] mas sim apenas a possibilidade de uma aliança entre diferentes grupos, com diferentes motivações, dispostos a encerrar a dominação portuguesa. O próprio Silvério dos Reis não tinha uma clara posição sobre a questão da libertação dos escravos, o que não surpreende, visto que se trata de um movimento que possui na elite a sua origem; também contou, pois, com o apoio discreto de outras camadas da população.[249]

Na verdade, não existe uma visão nacional, mas sim a preponderância do elemento regional.

O que se tem é uma espécie de golpe do estamento, o que, neste aspecto, tornava essa tentativa de ruptura institucional um projeto viável. O escudo protetor da Metrópole, o próprio estamento, agora se voltava contra o Rei. Magistrados, mineradores, fazendeiros, padres, advogados, funcionários públicos, o Comandante dos Dragões, todos eram membros da elite. A criatura volta-se contra o seu criador por alguns momentos; contudo, após uma ação rápida dos portugueses para debelar os focos golpistas, o movimento viveu um período de autofagia, até sucumbir de vez.

---

se o montante estimado pela Coroa, as câmaras se comprometiam a completar o volume previsto através da cobrança adicional, a famigerada derrama".

[247] MAXWELL, 1995, op. cit., p. 168. De acordo com o autor: "A coalizão de magnatas comprometidos com a revolução mineira não era monolítica, tendo na multiplicidade de motivações e de elementos envolvidos uma debilidade potencial. Os magnatas esperavam alcançar seus objetivos sob a cobertura de um levante popular". Avançando no argumento, o autor afirma que: "(...) os abastados empresários que estavam nos bastidores inclinavam-se por uma república e pela independência – mas não chegavam a esta posição por ideologia ou por nacionalismo, e sim porque a revolução parecia o melhor meio de proteger seus interesses".

[248] FURTADO, 2002, op. cit., p. 13. Na verdade, existem diferentes interpretações sobre o levante, porém é necessário reconhecer que a visão crítica de Maxwell pautou os últimos trabalhos. Sobre o assunto, Furtado constrói a seguinte metáfora: "Assim como Penélope fazia, desfazia e refazia seu manto para tentar manter e reavivar seus votos nupciais com Ulisses, a historiografia da Inconfidência Mineira também parece refazer e reinterpretar, a cada geração e a partir das perguntas de cada conjuntura, as linhas gerais do levante (...)".

[249] FURTADO, 2002, op. cit., p. 58. Para o autor: "O processo que se prenunciou em 1788-9 estava inscrito em uma tradição sediciosa, fragmentária que envolveu no Brasil – e, às vezes, também em Portugal – fidalgos, potentados, homens do povo, escravos, 'desclassificados' e índios (...)".

1.3. A Conjuração Baiana (1798)

Em 12 de agosto de 1798, a Bahia era a França, a França negra.[250] As ideias dos revolucionários franceses, com o exemplo dos *sans culottes* de liberdade, de igualdade e de fraternidade, geraram uma onda de rejeição às formas existentes de dominação. A Igreja, os ricos e os portugueses enfrentavam o espírito revanchista de negros e pardos, dos alfaiates, dos excluídos em geral, que sonhavam com a democracia e com a República.[251] Mais do que qualquer motivação ideológica, a mobilização que alcançou, pelo menos espiritualmente, parte considerável da população pobre de Salvador, alimentava-se do descontentamento nascente em um período de graves problemas sociais.

A Proclamação da República, os fins do monopólio comercial e da escravidão eram pontos recorrentes em todas as manifestações. E mais, os rebeldes contavam com o apoio de militares de baixa patente que reclamavam dos baixos salários. Na época, foram encontrados textos de Voltaire e Condillac nas mãos dos principais líderes do movimento, sendo que a sua principal estratégia era canalizar o estado de miséria e de revolta da população analfabeta contra os colonizadores.

Entretanto, os alfaiates não ultrapassaram a fase panfletária, e os líderes do movimento foram severamente punidos. A origem popular do movimento,[252] a tentativa de ideologização do processo ou de racionalização das propostas, que acontece fora do estamento burocrático, demonstram a peculiaridade dessa mobilização. Nasce da sociedade, fato que apresenta um valor simbólico, que afirma um sentimento do homem nacional, que discute a escravidão, os direitos sociais, que tenta delimitar um conjunto de propostas que possam atrair o apoio da população. Se considerarmos que o movimento visava à chegada ao

---

[250] AQUINO, 2000, op. cit., p. 358. Não só a Revolução Francesa influenciou o movimento mas também a "(...) luta pela independência do Haiti, iniciada em 1791 (...), sobretudo quando se divulgou a notícia da abolição da escravidão de negros e mulatos naquela colônia francesa, 1793".

[251] MAXWELL, 1995, op. cit., p. 248. Com relação ao acontecido na Conjuração Baiana, Maxwell identificou um liame de sentimento entre os revolucionários, pois, segundo ele: "as causas do problema baiano estavam num amálgama de ressentimento social, de preços altos dos gêneros alimentícios e do impacto das palavras de ordem da Revolução Francesa".

[252] AQUINO, 2000, op. cit., p. 359. Enaltecendo a base popular da Conjuração Baiana, afirma o autor que: "(...) dentre os 33 presos e processados, havia 11 escravos, cinco alfaiates, seis soldados, três oficiais, dois ourives, um pedreiro, um professor, um carpinteiro, um bordador, um negociante, um cirurgião. A maioria esmagadora era formada por 11 escravos, e dez artesãos, quase todos negros ou mulatos". Ver também em TAVARES, Luís Henrique Dias. *História da sedição intentada na Bahia em 1798*. São Paulo: Pioneira Editora, 1975.

poder e o seu contexto político-social, faltam, aqui, poucas características para a identificação de um partido político.[253]

2. O Império já demonstra a existência de grupos organizados, porém sem consistência ideológica – liberais x conservadores (os partidos no espelho)

Pernambuco apresenta uma história peculiar de longa gestação
de uma visão do liberalismo que destoou do ocorrido no restante do
Brasil. O Iluminismo francês influenciou diretamente nomes como Frei
Caneca[254] e Cipriano Barata, mas aqui não chegou puro, porque resultado de releituras lhe impuseram certo ecletismo. Aliás, a incorporação
de estruturas de pensamento de outras culturas comumente se mani-
festou no Brasil de forma híbrida, um comportamento, pois, atávico.[255]

O segundo nome – Cipriano Barata –, inclusive, destacava-se pelas preocupações com o concerto político mundial, vendo, por vezes,
na atuação da Santa Aliança, uma área de influência negativa aos políticos brasileiros, em especial, àqueles ligados ao clã dos Andrada. De
certa forma, pode-se dar credibilidade a algumas das insinuações de
Barata que denunciou as distorções do liberalismo defendido por Andrada – na prática, o mais comum dos absolutismos.[256] Sem se referir à
necessidade de uma oposição organizada, com ânimo sempre renova-
do para chegar ao poder – enfim, um partido político –, Barata realiza o

---

[253] MOTA, Carlos Guilherme *et alii*. *Brasil em perspectiva*. 21. ed. Rio de Janeiro: Bertrand Brasil, 2001, p. 84-86.

[254] AQUINO, 2000, op. cit., p. 438. A atuação de Frei Caneca deu-se de várias formas, por exemplo, com a criação de um jornal: "(...) em 1823 surgiu o jornal *O Tífis Pernambucano*, de circulação restri-ta ao Nordeste (...). Expoente das idéias liberais, Frei Caneca expôs nas páginas de *O Tífis Pernam-bucano* suas idéias sobre a melhor forma de governo para o Brasil, e que acabou por influenciar o movimento da Confederação do Equador em 1824".

[255] TORRES, 1991, op. cit., p 13. Para o autor: "(...) a filosofia luso-brasileira sempre demonstrou a tendência para o ecletismo, muito antes mesmo da chamada corrente eclética no século XIX. O iluminismo, o empirismo e o liberalismo denotam o traço característico do sincretismo, realçado pelas permanência das raízes escolásticas".

[256] MONTENEGRO, 1979, op. cit., p. 138. Conforme o autor: " (...)registre-se sob o despotismo dos Andrada a tentativa pioneira, aliás exitosa, de reorientar o liberalismo no país, conferindo-lhe um suporte autoritário, privilegiador da organização monárquico-constitucional sob o controle do poder encarnado no Império. Nisso se descortina o ponto essencial da contenda no Parlamento, na imprensa, nas agitações de rua, o do confronto entre dois princípios, o da liberdade e o da au-toridade. Cipriano Barata entendeu muito bem que aquela reorientação do liberalismo o expun-giria ou o deslocaria do campo da democracia para outro em que interesses de facções poderosas, naturalmente esteiadas no poder econômico, sobrepujariam os do povo. Este se veria reprimido no exercício político, arbitrariamente tolhido na participação nos negócios da Nação, e se colocaria como agente passivo do processo político".

papel de fiscalizador e de contestador dos rumos tomados pelo governo. Ele cobra a boa vontade que deve ter o grupo palaciano em admitir pensamentos diversos, rechaçando a política orientada ao medo, ao constrangimento, ao amassamento de forças de oposição. Defende, ainda, uma Constituição promulgada, definida por representantes eleitos, apresentando certa uniformidade ideológica. Adepto das ideias que já circulavam na Europa, especialmente na França, João Alfredo Montenegro comenta:

> A grande opção do período é a afirmação da liberdade, com a vitória sob qualquer forma de despotismo, no melhor modelo da independência política. A pureza desse modelo é violada pelo despotismo sobrevivente. E os que disso dão conta, como Cipriano, iniciam o movimento de retificação do grande desvio político. Tal só foi possível no encontro vivo das duas posições.[257]

Esta face combativa do liberalismo radical, contudo, não possuía condições de quebrar uma tradição conservadora que contaminava, até mesmo, os movimentos populares.

As lideranças mais destacadas de alguns desses levantes eram, no mais das vezes, homens abastados, que, por sua origem, controlavam os ímpetos mais revolucionários e minimizavam as mudanças propostas pelo grupo. Cipriano Barata envolveu-se na Conspiração dos Alfaiates (1798), na Revolução Pernambucana (1817), com suas ramificações na Bahia, e, através do seu texto, dirigia-se ao povo, tentando sempre desmitificar a legitimidade tradicional que sustentava o Imperador. Foi preso em 1823 e liberto em 1830. Daí para frente, algumas prisões, o que lhe prejudicou a carreira que desenvolvia, porém o seu papel merece destaque pela atuação desvinculada do Estado, inaugurando uma espécie de embrião da ideia mais autêntica de representação popular. Sua atuação política não era, pois, institucional, mas sim carbonária.

A abdicação de Dom Pedro I deu início ao Período da Regência. Sem a força da tradição do soberano, ainda muito jovem, e com a falta de uma liderança carismática[258] (no sentido weberiano), a unidade do país viveu sob constante risco. Em um tempo relativamente curto, viveu-se uma fase de grande efervescência, que serviu para iniciar o debate sobre que modelo de Estado os diferentes grupos, em aberta disputa pelo poder, ofereciam como proposta. Sem uma noção clara a respeito do ponto de chegada, a tentativa de descentralização do poder, contrastada pelo reforço de uma convicção centralizadora, principiou uma aproximação de forças políticas ainda dispersas. Aos poucos, todos optavam por um dos lados postos em antagonismo, em uma au-

---

[257] MONTENEGRO, 1979, op. cit., p. 146.

[258] WEBER, 1996, op. cit., p. 172; 710-711.

O Estado Brasileiro e seus Partidos Políticos

têntica simplificação do processo de renovação política que parecia estabelecer-se.

A revelação desses contrastes ensinou cautela aos liberais e equilibrou a relação pragmatismo-programa no universo conservador. Os vínculos fortaleciam-se sem o encontro das ideias como uma prioridade, mas sim na identificação do inimigo comum e do interesse casado. Neste contexto, o sistema político pouco avançou, e o todo sucumbiu às práticas regionais, autênticos feudos que não mais respeitavam rotinas administrativas impostas pelo centro. Muito embora sustentadas na visão viciada do patrimonialismo, a burocracia havia se desenvolvido no país. É preciso que se observe que as primeiras decisões do Regente enfraqueceram ainda mais a estabilidade do novo Estado, diante do aumento do prestígio dos chefes locais, que passaram a acumular a chefia dos regimentos da Guarda Nacional, presentes em quase todos os municípios.[259] Talvez nessa atitude se explique o número de rebeliões provinciais, autêntica sinestesia, e, ao mesmo tempo, a capacidade de controle desses espasmos de revolta e de quase-nacionalismo.

O fato é que não havia consenso nem mesmo força à fabricação de uma hegemonia em decorrência da frágil legitimidade da estrutura executiva. A vitória do Padre Diogo Feijó indicou uma possibilidade de valorização da ideia de liberdade, o que significava, entre outras coisas, a consolidação da Independência.[260] Os Exaltados pregavam o Federalismo e até a República, como Cipriano Barata, mas isso sem unanimidade. Os Restauradores, alguns portugueses, vivendo a aflição da mudança, com a nostalgia do tempo do Imperador, não possuíam

---

[259] GRAHAM, 1997, op. cit., p. 130-131. O autor caracteriza a distribuição dos cargos pertencentes à Guarda Nacional da seguinte maneira: "Em alguns aspectos, o uso convencional do patronato, a concessão de cargos como prêmios e recompensas pelo apoio eleitoral demonstravam ser até mais eficientes que a indicação para cargos que controlassem diretamente o processo de votação ou que pudessem pressionar os votantes. Os interesses dos chefes locais visavam esse tipo de benefício, e, portanto, as colocações atraíam de forma mais imediata aqueles que sempre exerciam a autoridade do sistema sobre os votantes e sobre todos os demais. Os cargos mais cobiçados ampliavam a autoridade do nomeado, que, pelo simples fato da nomeação, já angariava cliente para si. Para um protetor, a procura de cargos e a luta eleitoral formavam dois lados de um único esforço: ampliar a clientela. (...) Postos na Guarda Nacional eram especialmente procurados. (...) Na verdade, as nomeações para oficiais da Guarda Nacional eram feitas de forma tão consistente para os que possuíam proeminência eleitoral que a própria palavra *coronel* passou a ser sinônimo de chefão político".

[260] FAUSTO, Boris. *História do Brasil*. 4. ed. São Paulo: USP, Fundação para o Desenvolvimento da Educação, 1996, p. 171. Segundo o autor: "Nas eleições para a regência única, realizadas em abril de 1835, o Padre Feijó derrotou seu principal competidor, Holanda Cavalcanti, proprietário rural de Pernambuco. O corpo eleitoral era extremamente reduzido, somando cerca de 6 mil eleitores. Feijó recebeu 2.826 votos, e Cavalcanti, 2.251. Pouco mais de dois anos depois, em setembro de 1837, Feijó renunciou".

forças para controlar por mais tempo os espaços de poder que sempre tiveram.

No Ato Adicional de 1834, reformou-se a Constituição Imperial com o objetivo de eliminar as figuras do Poder Moderador e do Conselho de Estado. Surgem as Assembleias Provinciais, responsáveis por aprimorar o sistema tributário e por distribuir os cargos no âmbito regional. A consequência imediata desta descentralização foi a intensificação das tensões existentes entre os principais líderes locais. A disciplina que sempre conteve as fileiras, apoiada na liderança tradicional, havia sido substituída por um governo impalpável – sala de espera da Maioridade do próximo Imperador. Não se reconhece a legitimidade dessa construção, e justamente dessa precariedade brota a força dos revoltosos do Pará (Cabanagem, 1835-1840), da Bahia (Sabinada, 1837-1838), do Maranhão (Balaiada, 1838-1840) e do Rio Grande do Sul (Farroupilha, 1835-1845).

Malgrado todos esses conflitos, no aspecto político houve um relativo aprimoramento. Quando no dia 7 de abril de 1831 Dom Pedro abdicou do trono em favor do seu filho, Dom Pedro II, inicia-se o Período da Regência, e os liberais moderados, com forte representação em São Paulo, Rio Grande do Sul e Minas Gerais, mobilizam-se para chegar ao poder. Alguns proprietários rurais de áreas periféricas, no clero, na elite intelectual-nacional e na pequena classe média urbana uniram esforços para alcançar o objetivo anteriormente almejado.

Nesse momento, as duas grandes forças políticas organizadas que determinariam os rumos do Estado Brasileiro nos próximos anos afirmavam aos poucos a sua personalidade e, de forma mais profunda, a sua existência singular. O Partido Liberal, com vocação urbana, e o Partido Conservador, com apoio nas tradicionais famílias rurais, marcariam um período da História nacional, mais precisamente, de 1836 até 1889.

Em 13 de outubro de 1831, nasce o Partido Liberal com a marca de uma proposta de Emenda Constitucional. Aproveitando o vácuo de poder decorrente da Abdicação, os membros desse partido buscavam: a) a monarquia federativa; b) a extinção do Poder Moderador; c) a bienalidade de eleição dos deputados; d) a eletividade do Senado e a sua temporariedade; e) a supressão do Conselho de Estado; f) a bicameralidade das assembleias provinciais e g) a criação de intendências municipais.[261]

---

[261] SALDANHA, 2001, op. cit., p. 152. Mais adiante tentou chegar o Partido Liberal Radical de 1868 que ainda propunha: "(...) a descentralização, o ensino livre, uma polícia eletiva, a abolição da Guarda Nacional, o sufrágio direto e geral, a abolição da escravidão e outras medidas".

O Estado Brasileiro e seus Partidos Políticos

Desde o início, ficava evidente um ânimo de mudança no grupo liberal, o que contrastava com a prudência do Partido Conservador. Enquanto os conservadores lutavam pela consolidação da jovem Constituição, os liberais forçavam a concretização de um ideal de mudança. A centralização política e a volta do Conselho de Estado sintetizavam uma visão que caracterizava o modo conservador de pensar o país.[262] O Partido Liberal era devotado ao conflito, insistindo com propostas irrealizáveis, à espera de um acordo. A chegada de Araújo Lima ao cargo mais elevado da estrutura político-administrativa desenhada para a fase regencial representou a consolidação de um predomínio que já se desenhava, quase uma hegemonia conservadora, que tentava impor a sua convicção: a necessária centralização política para manter a unidade nacional.

Na verdade, já se identifica uma evolução em relação ao quadro político do Primeiro Reinado. A disputa não se dava apenas no universo do governo e da oposição, estando deslocada à confrontação de projetos diferenciados de administração e de controle do Estado. Os Moderados, que são a origem do Partido Liberal, defrontavam-se com os Exaltados,[263] defensores da descentralização administrativa, e, ao mesmo tempo, os Conservadores, nostálgicos da figura de Dom Pedro I. A morte do antigo Imperador precipitou um reordenamento das forças, revelando com mais nitidez a formação de uma base importante de resistência aos ideais liberais, assumidos por Feijó durante o seu tempo de governo. A força do café foi, na verdade, a situação nova que precipitou a organização do grupo conservador. Bernardo de Vasconcelos assume a liderança de um movimento que sempre encontrou apoio nos agentes econômicos ligados à terra. Aqui, em relato de Afonso Arinos, tem-se a origem do Partido Conservador:

> Era chegado o momento de liberais da direita e antigos restauradores da esquerda se unirem num pensamento comum de ordem pública e de defesa dos grandes interesses econômicos ligados à lavoura. Esse é o movimento de formação do Partido Conserva-

---

[262] CHACON, Vamireh. *História dos partidos brasileiros*: discurso de práxis dos seus programas. 2. ed. Brasília: Editora da UNB, 1985. (Temas Brasileiros), p. 36. O autor evidencia este ânimo de não-mudança, o que justifica o nome *conservadores*, visto que defendiam, entre outras coisas: "(...) centralização política, interpretando de modo restritivo o ato adicional que dera atribuições às Assembléias Provinciais, e restabelecimento do Conselho de Estado, medida realizada em 1841, durante até 1889".

[263] AQUINO, 2000, op. cit., p. 451. Os liberais exaltados compunham um grupo formado normalmente por: "(...) militares, jornalistas, bacharéis em Direito, sacerdotes (...) não podendo ser considerados jacobinos, uma vez que não possuíam um programa eminentemente social, apesar da postura popular, principalmente se comparados às outras facções (...) uma minoria era francamente republicana, incluindo-se Antônio Borges da Fonseca, Cipriano Barata e Miguel Frias de Vasconcelos."

dor, que, tendo à frente o inquieto Vasconcelos, nasceu sob o signo mais feliz para um partido de ordem: o signo da conservação que não rejeita o progresso.[264]

Não se pode negar, apesar da atitude coerente de trabalhar pela mudança ou de impor todo o tipo de obstáculo para que aquilo se concretize, que não havia um forte vínculo ideológico entre esses grupos. Aliás, a própria Conjuração Baiana foi mais vibrante, porém menos efetiva, em explicitar o seu ideário renovador, o que talvez tenha representado os primórdios do liberalismo radical.

É evidente o progresso ocorrido no sistema político brasileiro desde o ano de 1822 até o surgimento do Partido Liberal e do Partido Conservador. Se, em 1822, convivíamos apenas com facções políticas, lutando pela Independência ou tentando evitá-la, o que produziu o desencontro de estrangeiros e nacionais, mais tarde ocorrerá um deslocamento do foco de discussão.

Com ação restrita ao Parlamento e sem legitimidade popular, surgem algumas correntes políticas com baixo grau de coesão e de organização, a saber, os Monarquistas (ou Restauradores),[265] os Moderados[266] e os Exaltados (ou Radicais). Estas correntes ainda vão evoluir para algo mais aproximado da ideia de partidos políticos, a partir da formação de sociedades de práticas pouco ortodoxas, ao atuarem na defesa de seus princípios. Permanecia, contudo, a luta pelo poder, pelos cargos, pelo controle do estamento.

Nos anos de 1837 até 1853, ocorreu uma acomodação daquelas duas forças, que, no auge de sua afirmação, chegaram próximas de uma ideia de bipartidarismo.[267] Consolida-se um espírito de aceitação

---

[264] FRANCO, Afonso Arinos de Melo. *História e teoria dos partidos políticos brasileiros*. 3. ed. São Paulo: Editora Alfa-Ômega, 1980, p. 34. Também podemos encontrar referências sobre o assunto em: PAIM, Antonio. *História do liberalismo brasileiro*. São Paulo: Mandarim, 1998b. (Biblioteca Básica Brasileira), p. 80. Revela-nos Antonio Paim, ao falar dos regressistas, que: "(...) seus elementos, granjeando o apoio de antigos caramurus e outros descontentes, dariam origem ao Partido Conservador".

[265] AQUINO, 2000, op. cit., p. 452. Seus membros estavam vinculados "(...) à nobreza burocrática, ao clero, ao grupo de comerciantes portugueses e a setores militares, reuniam-se em torno de uma associação denominada *Sociedade Conservadora da Constituição Jurada no Império do Brasil*, também chamada de *Sociedade Militar*. (...) Entre as figuras centrais deste grupo estavam José Bonifácio de Andrada e Silva e seu irmão Antônio Carlos (...)*". (grifo nosso).

[266] Ibid., loc. cit. Para os autores: "Principal grupo da fase inicial da Regência. Estavam reunidos na Sociedade Defensora da Liberdade e da Independência Nacional e representavam basicamente a aristocracia agrária. Apesar de adeptos da Monarquia, temiam basicamente a possibilidade de retorno do autoritarismo, se D. Pedro II, quando assumisse, contasse com as prerrogativas conferidas pela Constituição de 1824. (...) Um dos principais integrantes do grupo, o padre Diogo Antônio Feijó, foi escolhido pelo governo regencial para o posto de Ministro da Justiça (...)"

[267] CASTRO, Therezinha de. *História da civilização brasileira*: do descobrimento à Proclamação da República. v.1. Rio de Janeiro; São Paulo: Record, 1969, p. 175. Em ciclos, assim ocorreu o predomínio dos liberais e dos conservadores: Regência de Feijó (1835-37) – liberal; Regência de Araújo

do outro, e a disputa política aperfeiçoa-se, entretanto, sem perder a raiz personalista – antes da ideologia, o homem, seu nome e prestígio. Não há como negar que a elite agrária comandava esse processo. E mais, uma análise mais detida do fenômeno da mobilidade social poderá revelar traços de um sistema de castas, também analisado por Weber.[268] A existência de dois partidos estava mais relacionada a uma discordância dentro daquela classe, o que afasta de imediato qualquer expectativa de mudança a partir de uma simulação de alternância no poder.

Durante o Período da Regência, os liberais alcançaram o poder e não conseguiram se manter; no entanto, em silêncio, colaboraram decisivamente à antecipação da Maioridade do Imperador – uma forma de abreviar a estada dos conservadores – que, em pouco tempo, reverteram a tendência de repartição de atribuições com os Estados, reafirmando a sua autoridade. Não há consciência partidária, e a maior ou menor capacidade de cooptação política sempre estará na dependência do número de cargos que o partido pode oferecer.

A conturbada passagem de Feijó pela Regência foi contrastada pela ascensão de Paulino José Soares de Sousa (Visconde de Uruguai, 1807-1866) que trabalha pelo reforço do papel do Estado. A debilidade do governo regencial gerou uma onda de insegurança no país, visto que se considera que nunca foi possível contemporizar as diferenças entre os grupos em disputa pelo poder nesse período. Para Ubiratan de Macedo:

> A forte polarização ideológica, patente nas eleições para a regência una, dava ao Regente o caráter de chefe de um grupo, quando muito um pouco superior numericamente ao outro. A imediata conseqüência desse partidarismo das instituições é a crise de autoridade.[269]

Lima (1837-40) – conservador; 1840-41 – liberal; 1841-43 – conservador; 1843-48 – liberal; 1848-53 – conservador; 1853-58 – conciliação; 1858-61 – liberal; 1861-62 – conservador; 1862-68 – liberal; 1868-78 – conservador; 1878-85 – liberal; 1885-1889 – conservador; os últimos momentos antes da Proclamação da República – liberais.

[268] WEBER, 1996, op. cit., p. 689.

[269] MONTENEGRO, 1979, op. cit., p. 205. A transição dependia do concerto entre os dois grupos políticos em disputa, que, ao contrário, acentuaram as desavenças. Em 1830, a descentralização provocada por um governo liberal é imediatamente contrastada pelo grupo conservador, com o ânimo acirrado para defender instituições importantes ao seu entendimento. Por outro lado, ver: SANTOS, Wanderley Guilherme dos. *Décadas de espanto e uma apologia democrática*. Rio de Janeiro: Rocco, 1998. p.22. Para esse autor: "A reação centralizadora surgiu no início dos anos 40. Uma elite conservadora e unida, em oposição aos liberais, assumiu o governo central, declarando o Príncipe Herdeiro, então com 15 anos, capaz de reinar. Em contrapartida, esta mesma elite conservadora foi recrutada pelo novo monarca para formar e dirigir o governo. A polícia e todos os dispositivos de repressão foram postos sob controle do governo central. Os postos políticos importantes das províncias – como, por exemplo, o de Presidente, de funcionários da polícia e os cargos municipais judiciários – passaram a ser ocupados por designação do governo central".

O fortalecimento do poder central é o primeiro efeito da política de Paulino José Soares de Souza que, através de uma produção legislativa marcadamente centralizadora, retoma o controle, via poder central, de parte da polícia e da magistratura. As províncias são as primeiras vítimas do retrocesso. A restrição da autonomia das províncias era uma resposta aos ataques sofridos pelo Poder Moderador, à vitaliciedade do Senado, ao Conselho de Estado, entre outras instituições da Monarquia. Esta retomada do papel centralizador do Estado, tradição brasileira desde o início da colonização, apresenta feições mais técnicas, a partir das costuras políticas do Visconde de Uruguai. Assim está devidamente retratado no texto de Ubiratan de Macedo:

> À frente da pasta da Justiça, Paulino monta a máquina da centralização. Toda a polícia do país é subordinada ao Ministro da Justiça; um rígido controle da legalidade dos atos das autoridades inferiores estabelece-se e monta-se a armadura administrativa que possibilitará a uma pequena e despreparada população (5.520.000 em 1850) controlar uma área continental face à cupidez internacional, além de superar os fermentos internos de desagregação.[270]

Os negócios mais importantes deveriam ser submetidos ao controle do poder central, que tentava assim emprestar uma certa homogeneidade nas decisões de caráter político, especialmente, no âmbito da política econômica. A Administração deveria estar descentralizada, presente em todos os lugares, porém as decisões políticas e a condução dos negócios do Estado ficariam atreladas às deliberações do poder central.

Neste ponto, surge um impasse retratado nos debates acadêmicos, pois, se, de um lado, é possível acusar a política do regresso, conduzida na sua implementação pelo Visconde de Uruguai, de antiabolicionista, porque sustentada no apoio dos latifundiários, ou, em uma palavra, dos conservadores, liderados por Bernardo de Vasconcelos, autores como Faoro e Simon Schwartzman, não reconhecem aqui uma corre-

---

[270] MONTENEGRO, 1979, op. cit., p. 211. Esse debate aparece também em Gabriela Nunes Ferreira (1999, op. cit, p. 78, 83). A autora, revelando o pensamento do Visconde de Uruguai, atribui todas as suas decisões a uma análise anterior das condições reais do país, chegando a pensar que: "Em um país como o Brasil, sem tradição de autogoverno, sem educação cívica, o mundo da política era um mundo desvirtuado e perigoso, sujeito às paixões mesquinhas das facções nascidas nas localidades – onde faltavam homens públicos capazes de agir, visando ao interesse público. Em tal país, descentralizar o poder, em detrimento do poder central e de seu 'braço', o aparato administrativo, era gerar a anarquia e eliminar a única garantia dos cidadãos contra os ataques aos seus direitos individuais". Sendo assim, há o despreparo da sociedade em lidar com os temas inerentes ao Direito Público e a falta de tradição e vocação para as lidas públicas. A autora, abordando algumas das convicções do Visconde de Uruguai, afirma que: "Tomando, então, como eixo de sua argumentação o fato de não ser o brasileiro um povo habilitado para o *self-government*, Uruguai propõe um modelo de Estado próximo ao francês, muito embora reconheça que esse sistema é, em muitos pontos, excessivamente centralizado". Ver também em: SOUZA, Paulino José Soares de. *Ensaio sobre o Direito Administrativo*. Brasília: Ministério da Justiça, 1997.

lação necessária. Raymundo Faoro não admite essa vinculação direta entre o Partido Conservador e os latifundiários, e, de seu lado, Simon Schwartzman jamais encontrou evidências de uma coerência entre os vínculos profissionais e a atuação política no grupo conservador ou liberal.

De fato, o grande compromisso do Partido Conservador (leia-se Bernardo de Vasconcelos, Paulino José Soares de Sousa (o Visconde de Uruguai), Rodrigues Torres, Eusébio de Queirós, Duque de Caxias, João Alfredo) não era dar continuidade ao governo parlamentar inaugurado na Regência, até porque esse sistema não era real. Para Raymundo Faoro:

> A realidade era outra. O Sistema se apoiava sobre pés de barro frágil, todos sabiam que as eleições pouco tinham a ver com a vontade do povo. O *tifo eleitoral*, na palavra de um marquês e senador, não passa de uma comédia, onde a opressão das classes miseráveis do interior e a violência das autoridades levam aos pés da Coroa números e nomes, todos tão falsos como o gesto de depor nas urnas cativas o voto escravizado.[271]

A tendência não era o amadurecimento das instituições políticas. Havia forte controle sobre a base eleitoral, o que emprestava uma legitimidade fragilíssima para os eleitos, de tal maneira que a luta não terminava nunca, pois se havia de buscar a todo o momento apoio no centro do poder, no interior do estamento, para se suportar as idas e vindas da política nacional. Preponderará, nessa conjuntura, o poder tradicional do monarca, a única legitimação que oferecia estabilidade, pois, para Faoro:

> Daí, das eleições inautênticas, dos partidos formados pelos grupos sem raízes populares, estamentalmente autônomos, projeta-se sobre o país a vontade *augusta*, o *imperialismo*, refugiado constitucionalmente no poder moderador, tenazmente vivo.[272] (grifo nosso)

Sendo assim, fica difícil definir o perfil de Paulino José Soares de Souza, que, ao que parece, transitou ideologicamente nesses dois mundos e, com pragmatismo, procurou conciliar centralização e liberdade.[273] Pensa-se aqui em um exercício autoritário e centralizador do

---

[271] FAORO, 1996, op. cit., p. 343.

[272] Ibid., loc. cit.

[273] SANTOS, 1998, op. cit., p. 22. A elite regressista já havia definido a prioridade para o país, qual seja: "A elite central acreditava que República, descentralização política, autonomia das províncias e municípios levariam à fragmentação nacional – e isso, ela estava disposta a evitar. Para se ter um Estado Liberal seria necessário em primeiro lugar que se tivesse um Estado Nacional – o que não existia na época. A construção de um Estado Nacional deveria ser a preocupação básica de qualquer ação política no Brasil, além de ser o critério fundamental para distinguir entre ação governamental legítima e ilegítima". O tema é explorado em: MONTENEGRO, 1979, op. cit, p. 230. Em um texto desse mesmo livro, Ubiratan de Macedo revela que: "(...) a tese de que o Partido Conservador representaria os interesses do latifúndio, supostamente válida por Mercadante e

Estado, propugnando em um futuro distante o alcance das condições ideais para a consolidação das instituições liberais em um verdadeiro e coeso Estado Nacional.

João Francisco Lisboa (1812-1863), responsável pelo *Jornal de Timon*, mesmo contemporâneo aos eventos da política nacional daquela época, jamais se furtou em dizer, pelo refinamento de suas ironias, ou mesmo na clareza de um texto jornalístico baseado em relatos de historietas conhecidas na tradição oral, do seu desencanto pelo funcionamento do sistema partidário no Segundo Império, uma continuação dos vícios encontrados no Primeiro Reinado e durante a Regência. Para ele, citado por Nelson Saldanha:

> Depois dos tumultos, distúrbios e espancamentos que procederam e acompanharam a conquista e a formação das mesas, começaram as operações eleitorais (...) Antes, durante e depois das violências e espancamentos, a falsificação trabalhava em larga escala.[274]

Com relação aos partidos políticos, Lisboa preocupava-se em dizer que:

> (...) aos partidos que mudam de nome com a maior leviandade, ou que, mudando de linha, mantêm o nome, sendo sempre, todos eles, menos partidos do que agremiações passageiras.[275]

Para ele, não apenas por um certo ceticismo, mas sim por relatos críveis, comparados algumas vezes com figuras da História universal, obriga-se a concluir que:

> (...) diante da intensíssima ocupação política da *"camada superior"*, as *"massas da população"* eram indiferentes. Via ele na política (entendida como atividade partidária voltada para a manutenção de vantagens) a principal atividade da classe alta (...) por ser toda a política ocupação da classe dominante, não havia *"motivos sérios de divisão"*; os homens da classe dominante vivem atrás de empregos e utilizam as vinculações partidárias para isso.[276] (grifo nosso)

João Camilo, sofre um rude impacto com o trabalho de Raymundo Faoro, expressa em *Os donos do poder*, na qual os conservadores representavam os interesses da burocracia estatal. Pesquisas quantitativas orientadas por Simon Schwartzman, na *Revista Dados*, de 1970, não apontam correlação entre profissões e áreas geográficas com os partidos imperiais". Sobre o assunto, é importante o estudo de FERREIRA, 1999, op. cit., p. 172. Em conclusão, a autora afirma que: "Uruguai, no entanto, não chegou a esclarecer de que maneira o Estado agiria a fim de superar os fatores sociais que nos afastavam do *self-government*, deixando a impressão de que a consolidação da autoridade do poder central era, para ele, um fim em si mesmo. (...) Observei acima que o seu nacionalismo não podia ser compreendido sem levar em conta a sua crença no Estado forte e centralizado como base necessária à própria existência da Nação. No campo econômico, alinhou-se com os conservadores na defesa dos interesses fundamentais da lavoura, atribuindo ao governo central a função de manter as rédeas da economia".

[274] LISBOA *apud* SALDANHA, 2001, op. cit., p. 154-155.

[275] SALDANHA, loc. cit.

[276] LISBOA *apud* SALDANHA, 2001, op. cit., p. 155.

Com a chegada de Dom João VI, viabiliza-se o desejo de parte da elite nacional de fundar, no Brasil, em bases mais sólidas, um Estado unitário e centralizado – uma versão melhor acabada do Governo-Geral. A livre nomeação dos Presidentes de Província pelo Conselho de Ministros, órgão importante do Segundo Reinado, e a manutenção da propriedade das terras, de fato, comprovavam que o Estado, nesses anos, havia-se fortalecido, aprimorando os seus traços patrimonialistas.[277] Neste contexto, que caminhos restavam aos partidos políticos? Que espaços lhes foram oferecidos? Quais eram as suas alternativas de sobrevivência? A relação Estado-partidos políticos, nesta conformação, foi de simbiose, porque as trocas mútuas produziam benefícios compartidos.

3. Os partidos políticos no período republicano (baixa institucionalização e inconsistência programática)

3.1. Os partidos de ocasião na República Velha (os estamentos regionais e a retomada dos paradigmas de intervenção na economia)

Com o objetivo de inaugurar uma nova fase da História brasileira, todos aqueles que contribuíram na Proclamação da República sentiam-se extremamente comprometidos com os novos tempos. Buscando exaltar a superioridade da forma de governo adotada, e não repetir os vícios do modelo passado, negou-se o centralismo político, condenou-se a falta de representatividade do Parlamento e, ao mesmo tempo, fortaleceu-se a figura do Presidente, de Chefe do Estado e do Governo.

Se é verdade que o Partido Republicano não demonstrava uma consistência de propostas e repetia em grande parte a fórmula dos partidos do Império, que, a rigor, esgotavam toda a sua força de agregação após alcançar o objetivo proposto, é obrigatório admitir-se uma linha mais coerente de discurso, impotente, todavia, para produzir qualquer solidariedade entre os nacionais. O importante neste momento era retirar de cena agentes em pleno declínio econômico que permaneciam ocupando postos-chave da burocracia do Estado. No Governo de Prudente de Morais, não se realizou o projeto de consolidação de um partido republicano (o Partido Republicano Federal), porque, de fato, a

---

[277] PAIM, Antonio. *Momentos decisivos da História do Brasil.* São Paulo: Martins Fontes, 2000. (Temas Brasileiros), p. 241.

122

dinâmica desse grupo era oferecer sustentação ao Presidente, mas sem projetos claros de institucionalização do novo regime. E mais, a concentração de poderes nas mãos do Presidente inibia qualquer manifestação do Poder Legislativo, que vivia sob a tensão de uma decretação de estado de sítio.[278]

A Federação foi pensada a partir de um sistema representativo que rompesse com o anacronismo e que contornasse o mal social gravíssimo da deserção do cidadão dos processos de decisão política. Sem partidos nacionais, fabricou-se rapidamente uma espécie de consenso em torno dos republicanos, na dimensão de cada região. Glorificou-se o medo e institucionalizou-se materialmente o regime de partido único, fragmentado e com líderes paroquiais.

A autonomia estadual tornou-se a antítese da tese liberal de uma representação qualificada. O poder continuou nas mãos dos liberais--oligárquicos, que aproveitaram a fragilidade de um Estado Republicano sem instâncias de poder afirmadas.[279] Havia uma simbiose perfeita entre o líder da região e o novo Estado, pois um não invadia a esfera de competência do outro. A preservação dos mesmos nomes no estamento federal indicava uma estabilidade na base estadual e uma hegemonia no âmbito municipal. A força política do coronel era medida em votos, base das relações de fidelidade e de reciprocidade dos governos e dos estamentos de todos os níveis.[280] O sistema político não estimulava o surgimento de grupos de pressão, forças dissidentes do *status quo*. O liberalismo estava presente na exportação, no direito de propriedade, nas eleições democráticas.

O próprio eleitorado não passava de uma contingência, de uma necessidade formal do sistema representativo. Como seduzir uma massa de analfabetos com propostas acadêmicas de governo baseadas em europeísmos desvinculados de nossas tradições? A manipulação era a regra, porque todos deviam favores ao benfeitor. Mesmo assim, o sistema resguardava-se de traições por não prever o voto secreto, o que assegurava uma estabilidade para o sistema. As propostas caracteri-

---

[278] PAIM, 2000, op. cit., p. 227-228.

[279] LEAL, 1975, op. cit., p. 2. Para o autor: "(...) a rarefação do poder público em nosso país contribuiu muito para preservar a ascendência dos coronéis, já que, por esse motivo, estão em condições de exercer, extra-oficialmente, grande número de funções do Estado em relação aos seus dependentes".

[280] Ibid., p. 43. Revelando essa relação, Vitor Nunes Leal é categórico ao afirmar que: "(...) o prestígio próprio dos coronéis e o prestígio de empréstimo que o poder público lhes outorga – são mutuamente dependentes e funcionam ao mesmo tempo como determinantes e determinados. Sem a liderança do coronel – firmada na estrutura agrária do país –, o governo não se sentiria obrigado a um tratamento de reciprocidade, e sem essa reciprocidade, a liderança do coronel ficaria sensivelmente diminuída".

zavam-se por ser um conjunto de frivolidades, contrastando com as ideologias consistentes que defluiam do contato diário com os desejos de um eleitorado em estado de potência. Neste sentido, somente a industrialização conseguiu modificar o perfil do eleitor.

A República que implantou a Federação não afastou a condição do poder central de principal agente econômico do país. A União manifestava-se através de intervenções no domínio econômico que, algumas vezes, geravam recursos importantes. Sendo assim, o Estado Brasileiro, nos primeiros anos da República, não era tão frágil, pois:

> Com o crescimento dos recursos à disposição do governo federal, também o funcionalismo público aumentou. De 1890 para 1930 o número de funcionários aumentou em torno de 250 % (...) O total de funcionários públicos federais, estaduais e municipais em 1920 era de aproximadamente 200 mil. Era este também o número de votos necessários para ganhar a eleição presidencial de 1919.[281]

O Estado mantinha grande força política, visto que o próprio sistema eleitoral propiciava uma sensação de continuidade; além disso, vários mecanismos já estruturados conspiravam contra qualquer iniciativa de alteração da circunstância conhecida.[282] O apoio do funcionalismo, decorrente de vínculos de fidelidade, era criticado pela sociedade, porém significava a garantia de permanência no poder pela força que o sistema eleitoral lhe emprestava.[283] A ascensão aos quadros do Estado não decorria de necessário aprimoramento técnico. Mesmo que Steven Topik discorde da posição aqui sustentada de que o Brasil tinha todos os elementos esperados de um Estado Patrimonial, a certa altura, ele admite que a elite dominante no Brasil era pequena e permeada por raízes de parentesco, o que produzia algumas representações de Estado que, em todos os níveis, municipal, estadual e federal, identificava-se a mesma origem familiar, o mesmo patrimônio, de fato, uma aristocracia. É difícil não reconhecer a mistura entre público e privado em um

---

[281] TOPIK, Steven. *A presença do Estado na economia política do Brasil* (de 1889 a 1930). Trad. Gunter Altmann. Rio de Janeiro: Record, 1987, p. 29-30.

[282] SKIDMORE, 1988, op. cit., p. 21. A prática política na República Velha não criava condições favoráveis para qualquer tipo de renovação nos quadros políticos, regionais e nacionais, visto que, na prática: "Uma vez acertada a indicação, contudo, isso já equivalia à eleição, de vez que os governos estaduais tinham poder para dirigir as eleições e não hesitavam em manipular os resultados para enquadrá-los nos seus arranjos pré-eleitorais. Com o apoio dos líderes políticos de um número de Estados suficiente para assegurar a maioria eleitoral, o candidato indicado, amparado pelo regime vigente, temia muito pouco a derrota".

[283] TOPIK, 1987, op. cit., p. 31-33. Para o autor: "Os funcionários do Estado eram tidos como parasitas improdutivos, *bacharéis* inúteis sem qualquer habilidade, sem função, e que obtiveram suas posições por nepotismo. É certo que muitos funcionários de alto nível não eram "modernos" administradores no sentido weberiano. (...) As pessoas conseguiam suas posições através de contato com personalidades importantes ou em troca de favores". (grifo nosso).

contexto tão marcado pela política do compadrio, fenômeno que até hoje pode ser flagrado na política brasileira.[284]

Desde 1906 o Estado intensifica a sua atuação na ordem econômica, e a política dos governadores representa uma dinâmica que retoma o caminho da centralização. A classe média começa a ser absorvida pelo aparelho do Estado, tornando-se dependente, o que assegurava o apoio necessário à manutenção da hegemonia do estamento. O Estado ressignificou-se, assumindo o papel de base econômica de parte importante da sociedade, o que, nessas circunstâncias, fortalecia o sistema de defesa da atual política.[285]

Esta aparente inoperância dos partidos políticos, grupos dispersos pelo território nacional, atuantes no limite dos seus Estados, não impediu que o governo central demonstrasse um relativo interesse pela manutenção do Estado como árbitro e como participante do processo de desenvolvimento econômico do país. Neste sentido, três exemplos afastam teses absenteístas em relação ao novo Estado Brasileiro: a política financeira, a defesa do café e os investimentos no setor ferroviário. É necessário frisar, aqui, que o Banco do Brasil exerceu disfarçadamente esse papel intervencionista do Estado na economia:

> O capitalismo de Estado era vantajoso para o Tesouro. Só em dividendos ele recebeu em torno de 80 mil contos (perto de $ 9.300.000) entre 1923 e 1930; (...) A reserva (de lucro) assegurava ao Tesouro um lucro fora de proporção para sua cota de ações.[286]

A história do café no Brasil conta também as diferentes ocasiões em que parte da sociedade, com presença no estamento, conseguiu imprimir um ritmo de intervenções na economia, em um momento em que o pensamento liberal parecia significar um consenso. Frequentes valorizações do produto, a partir de técnicas artificiais de controle do mercado, com elevados custos ao Estado, indicavam que a política econômica estava à disposição de certos grupos de pressão, na verdade, parcelas relevantes do próprio grupo que colaborou na Proclamação da República. Para a intervenção nesse setor, nascem em São Paulo e em Minas Gerais, novas pessoas jurídicas de Direito Público, introduzindo elementos de descentralização funcional, o que, para a época, era inusitado, ou seja, eram figuras híbridas, que restavam com característi-

---

[284] TOPIK, 1987, op. cit., p. 35. O autor comenta que: "No estudo de Levine, Love e Wirth sobre 753 mineiros, paulistas e pernambucanos que chegaram a altos cargos políticos ou administrativos em áreas estaduais ou federais, 70 % eram formados em Direito, sendo a maioria pelas faculdades de Direito de São Paulo ou Pernambuco. (...) E 40 % eram parentes de outros membros da elite no seu respectivo Estado".

[285] FAUSTO, Boris. O Brasil republicano – sociedade e instituições (1989-1930). In: —— (org.). História geral da civilização brasileira. t. 3. v. 2. 2. ed. Rio de Janeiro; São Paulo: Difel, 1978, p. 20-21.

[286] TOPIK, 1987, op. cit., p. 29-30.

cas de pessoas jurídicas de Direito Privado, exercendo, explicitamente, funções públicas. Desta maneira, o Estado, aos poucos, tenta reverter a impotência que o sistema constitucional republicano lhe havia reservado.[287] Em 1926, a Reforma Constitucional atribui ao Congresso, via competência privativa, novas possibilidades de intervenção.

O governo imperial, desde 1850, encarregou-se de assumir os principais custos de implantação do sistema ferroviário no Brasil não só a Estrada de Ferro Central do Brasil, mas também algumas ferrovias privadas em estado de falência. Aos poucos, o Estado foi assumindo totalmente esse encargo, que, durante certo tempo, colaborou no desenvolvimento da economia nacional, seja pela nacionalização dos lucros, incentivando a construção civil, porque houve uma aceleração da expansão das ferrovias, mais empregos de nível superior, seja porque propiciou, com velocidade, a expansão das fronteiras internas. Sendo assim:

> (...) até no auge do *laissez-faire*, o governo federal não só administrava a mais importante ferrovia do país, mas ainda a ampliava. Entre 1889 e 1915 a rede da Central cresceu 176 %, principalmente através de novas obras financiadas pelo próprio governo (em lugar de assumir linhas fracassadas); a taxa de crescimento foi a mesma da rede nacional no seu todo. Entre 1915 e 1930 a Central teria um crescimento de 28 %, contra apenas 22% da rede nacional inteira.[288]

Lentamente passa a existir um predomínio dos princípios estatais sobre as regras movediças do mercado. São representações hierárquicas, que produziam inter-relações de caráter mutualístico, totalmente apropriadas para criar condições de estabilização do sistema. Mais do que nunca, o compromisso com a manutenção do estamento era o ponto de atração. Criava-se um clima de solidariedade que excluía a existência dos partidos políticos, pretensamente, emuladores da discórdia, autênticas facções.[289] Estimula-se a integração, leia-se cooptação, com o Estado, pelo Estado, jamais se incentiva a formação de movimentos na sociedade que conspirem por maior espaço político. Não há, pois,

---

[287] VENÂNCIO FILHO, Alberto. *A intervenção do Estado no domínio econômico* – o Direito Público Econômico no Brasil. Edição fac-similar. Rio de Janeiro: Renovar, 1998, p. 31. Segundo o autor: "As repercussões da Primeira Guerra Mundial, desequilibrando de forma ponderável a vida econômica do país, levaram, também, o Estado a intervir na vida econômica, na base de novas normas legais, como foi o caso em 1918 da criação do Comissariado de Administração Pública (Decreto n. 13.069 de 12 de junho de 1918)".

[288] TOPIK, 1987, op. cit., p. 118. Em suma: "O Estado Brasileiro tornou-se um dos mais ativos do mundo na operação de ferrovias em 1930; ele chegou a ser proprietário de 2/3 da rede ferroviária do país, operando mais da metade. E isso ocorreu apesar da forte oposição, dentro do Brasil e na comunidade financeira internacional, contra empresas públicas, geralmente consideradas ineficientes".

[289] FAUSTO, 1978, op. cit., p. 369-370.

como imaginar o abrandamento das defesas do Estado, raramente tocado pela sociedade.

3.2. Os primeiros partidos ideológicos (ebulição política em um momento em que o capitalismo orientado se revela com grande força)

A Primeira Guerra Mundial colaborou para a efervescência política do Brasil nos anos de 1922 até 1930, marcada por momentos históricos muito importantes, como a Semana de Arte Moderna, o nascimento do Partido Comunista do Brasil, o fortalecimento da Igreja Católica e a Revolta do Forte de Copacabana. A fragilidade da nossa economia diante de todos os problemas advindos dos conflitos bélicos ocorridos em nível internacional alertaram para uma espécie de vácuo de poder no cenário nacional. O nascimento do Partido Comunista em 1922, o movimento organizado pelos tenentes, além de setores do grupo econômico dominante que estavam excluídos do governo já denotavam uma reação da sociedade e uma tentativa de participação mais direta dos destinos do Estado Brasileiro. Aliás, pode-se dizer que as ideias liberais vivem uma fase de queda e de posterior renascimento, que se inicia com a morte de Rui Barbosa em 1923, e que termina com os sucessivos mandatos de Borges de Medeiros (conquista liberal), e o fortalecimento da figura de Getúlio Vargas (fase crepuscular). Posteriormente, os ideais liberais florescem novamente, agora em São Paulo, com a criação do Partido Democrático em 1926[290] e do Partido Libertador, no Rio Grande do Sul. Aprimorando o sistema político representativo, cogitavam os dissidentes do grupo econômico dominante, a viabilidade de sua participação no poder. A verdade, contudo, é que os liberais ficam sem rumo durante a crise de 1929 e sem cargo durante o Estado Novo.

O liberalismo brasileiro é predominantemente inglês, tendo a sua base no Rio Grande do Sul e em São Paulo. No Rio Grande do Sul, por exemplo, a Revolução Farroupilha (1835-1845) defendia a autonomia das províncias. Gaspar Silveira Martins, Assis Brasil e Raul Pilla representavam um desafio ao Partido Republicano Rio-Grandense (PRR). Em 1928, inclusive, surge o Partido Libertador, resultado de todas as lutas

---

[290] PAIM, 1998, op. cit., p. 159. João Arruda destaca-se neste momento como importante teórico do pensamento liberal, descende, pois, da linha de Pedro Lessa, atuando decisivamente na defesa, por exemplo, "da soberania e da representação". Ao aprofundar este mesmo tema, João Arruda mostra-se "partidário da representação que resulte do sufrágio universal e contrário à representação profissional". E mais: "preconiza mandatos curtos", muito embora admita eleição indireta aos postos mais importantes da República.

pós-22 e do trabalho de Assis Brasil. Inaugura-se a ideia de partidos nacionais, com um projeto nacional. Esta reação desencadeia uma profunda modificação no discurso e nas propostas desse grupo, que tem Assis Brasil no comando. Em 1926, por sua vez, surge o Partido Democrático (PD)[291] e, logo depois, o Partido Democrático Nacional (PDN), resultado do conjunto de apoio obtido por Assis Brasil nos Estados de São Paulo, Rio Grande do Sul e Rio de Janeiro. Malgrado tantos ideais, era impossível negar as raízes desse partido, de base econômica predominantemente agrária. É importante destacar que a iniciativa de construir um partido com um projeto para o país, a fim de se superar os regionalismos, a rigor, não prosperou, considerando que a postura adotada entre os membros dos diferentes partidos liberais (ou democráticos, como se intitulavam), quando reunidos, era de total autonomia.

Aqui, tem-se um primeiro elemento que pode tentar explicar o esfacelamento do projeto liberal antes mesmo de viver o desgaste natural do confronto com a realidade. Diga-se que esta fragilidade permitiu uma transição segura à mudança de rumo da oposição no Brasil. Paulatinamente, começa a transparecer um projeto de Estado autoritário no Brasil, com referências teóricas e força de coesão forjada nos campos de batalha de um Estado eternamente dividido. Nasce e solidifica-se um projeto de Estado que não tenta repetir o modelo fascista, contudo utiliza-se muito bem da força do poder público para determinar políticas de desenvolvimento à região e, simultaneamente, estabelecer canais de comunicação com a sociedade.

Vargas, aos poucos, foi consumindo toda a estrutura do Partido Democrático Nacional, ao institucionalizar as intenções realizáveis e minar ao mesmo tempo o quadro partidário dos liberais que já estavam cansados de permanecer longe do poder. A cooptação revela-se neste momento como técnica de ocupação e de posterior manutenção de espaços políticos importantes,[292] aliás, regra de sobrevivência

---

[291] VIZENTINI, Paulo Gilberto Fagundes. *Os liberais e a crise da República Velha*. São Paulo: Brasiliense, 1983, p. 42-43. Segundo o autor: "o Partido Democrático Paulista foi organizado por dissidentes do PRP, que estavam descontentes com a trajetória do partido e com a política financeira do governo federal, juntamente com outros grupos menores. Foi constituído a partir da fusão do Partido Popular de Antonio Prado, Partido Evolucionista de Marrey Júnior, Partido Liberal de Waldemar Ferreira, contando ainda com a adesão de dissidentes do PRP e o apoio do Partido da Mocidade. A sua organização representou a iniciativa de uma fração da burguesia agrária e financeira paulista".

[292] SOUZA, 1990, op. cit., p. 32. A fraqueza do sistema partidário brasileiro é evidente, porém, de acordo com Maria do Carmo Campello de Souza, decorre da não "instituição da participação política no Brasil". A mesma autora prossegue: "A efetiva institucionalização de uma organização, ou sistema de organizações, depende de sua capacidade de efetivamente oferecer alguma coisa à sua clientela. Em Estados centralizados, essa falta de substância – resultante do baixo grau de controle exercido pelo sistema partidário sobre os recursos do Estado – deixa poucas alternativas, condu-

número um para vários partidos políticos brasileiros: monopolizar o maior número possível de cargos na esfera pública. Liberais e nacionalistas semi-autoritários (os tenentes) formavam esse amplo espectro de forças que levariam Getúlio Vargas ao Catete. Especialmente os liberais, no momento seguinte, estariam na oposição novamente, cobrando do Presidente a implantação de um sistema representativo mais autêntico.[293] A Revolução de 1932, em um aspecto, teve importante consequência: demonstrou ao Presidente que o país exige uma solução partidária à continuidade do seu mandato, se assim fosse a vontade das urnas. A Constituição de 1934 surge desse barroquismo, pois, de um lado, são valorizados os partidos políticos, de outro, contudo, impôs-se a convivência com as representações classistas dos trabalhadores e empregadores. Era uma Constituição estruturada em bases fragilíssimas.

Mesmo não existindo uma institucionalizada organização estamental, em face do alto grau de desintegração política vivida pelo Brasil, durante as primeiras décadas dos novecentos, era possível visualizar atuações esporádicas do chamado "grupo de dentro", ou seja, do estamento que tentava no âmbito nacional organizar a cena política. Ao buscar consolidar uma comunidade política, capaz de agregar parte das forças com poder de mobilização no país – talvez imaginando recuperar certas características do centralismo imperial –, paulistas e mineiros foram mais hábeis em provocar o surgimento de grupos de contraste às suas articulações, inclusive nos seus próprios Estados.[294]

Surge a Aliança Nacional Libertadora (formada em grande parte pelo Partido Comunista) que, com o Integralismo (1932), comporão uma dualidade que não terá a densidade de um conflito entre dois partidos políticos, mas sim de grupos com relativa consistência ideológica

---

zindo, seja a um sistema de pseudopartidos, como no Brasil e México atuais; seja a um sistema de partidos clientelísticos, indiferenciados, cujo custo social (por exemplo, empreguismo, inflação) pode ser extremamente alto; (...)".

[293] SKIDMORE, 1992, op. cit., p. 35. A Era Vargas encontrará apoio entre os liberais paulistas, descontentes com a escolha de Júlio Prestes como candidato de situação à Presidência da República. Além deles, os nacionalistas semi-autoritários, que acreditavam em um governo formado por : "tecnocratas apolíticos, totalmente não-comprometidos, e dotados de um senso inflexível de missão nacional". Dois anos depois, os mesmos liberais (13 de janeiro de 1932) organizaram a Frente Única Paulista, formada pela Liga de Defesa Paulista e por parte do antigo Partido Republicano Paulista (PRP), que passou a atuar na oposição, "por não terem sido contemplados com os proventos do poder que os seus rivais do PRP haviam desfrutado no passado".

[294] SKIDMORE, 1992, op. cit., p. 31. Os líderes da Aliança Liberal não aceitavam a imposição de outro paulista (Júlio Prestes) para ocupar a Presidência da República, ou seja: "Eles apoiavam a 'revolução', não porque quisessem modificações sociais ou econômicas básicas, mas como uma justificativa para o seu recurso à revolta armada contra os 'de dentro', que não haviam atendido aos seus interesses nas negociações para a escolha do candidato 'do governo' em 1929".

e com desejo de chegar ao poder pelo caminho democrático.[295] Em grau de complexidade e de amadurecimento político, esses grupos mostravam maior consistência que a Aliança Liberal, no entanto tinham as suas divergências internas. A eleição programada para 1938, já sob a égide do Código Eleitoral de 1932, apresentava um candidato liberal, Armando de Salles, representando a União Democrática Brasileira, um nacionalista, José Américo de Almeida, o candidato oficial, e Plínio Salgado, representando os Integralistas. A "descoberta" do Plano Cohen, um pretenso projeto de golpe comunista, propiciou condições para uma ruptura institucional – o Golpe de 1937. Aqui, a democracia significaria, para o Presidente da República, na leitura de Skidmore, o seguinte:

> (...) o Brasil deveria deixar de lado a "democracia dos partidos" que "ameaça a unidade da pátria". Descreveu o Congresso como sendo um "aparelho inadequado e dispendioso", cuja continuação era "desaconselhável". (...) Todos os partidos políticos foram abolidos a 2 de dezembro e começou a nova consolidação do poder federal.[296]

O Presidente Getúlio Vargas alonga o seu mandato sem contar com o apoio de partidos políticos ou de agremiações de características semelhantes. O seu estamento era formado basicamente por membros das Forças Armadas, que criaram as condições à implantação de um novo modelo econômico, pautado pela intervenção do Estado na economia com o consequente inchamento da burocracia. Aqui, abre-se a porta ao reinício do processo de cooptação dos grupos alijados temporariamente do poder e que estavam disponíveis para retornar. Os anos 30 vão representar um período de reforço da ideia de constituição de um Estado Nacional unitário, centro nervoso da política do país, especialmente na sua dimensão econômica.[297]

A Revolução de 30 trouxe consigo um redimensionamento do papel do Estado, como, por exemplo, a criação de novos ministérios (Trabalho, Educação e Saúde). Segundo Alberto Venâncio Filho:

---

[295] DINES, 2000, op. cit., p. 162-163. Não há como identificar todo o movimento ou partido, integralista, com sua versão fascista, muito embora seja parte relevante. Para Miguel Reale, a organização não era homogênea. Tinham as suas alas, assim distribuídas: "Havia a ala mais conservadora, de Plínio Salgado, que defendia uma tese correspondente à doutrina social da Igreja. Havia uma ala anti-semita, pequena, reduzida, mas infelizmente, anti-semita, de Gustavo Barroso. E uma terceira ala, que era dos mais moços, como San Tiago Dantas, Giovan Mota, Antônio Galotti, eu e o Padre Hélder Câmara (...)".

[296] SKIDMORE, 1992, op. cit., p. 50.

[297] PAIM, 2000, op. cit., p. 237-238. Para o autor: "Os sessenta anos transcorridos entre 1930 e 1990 têm em comum o fato de que, nesse período, se constitui o Estado Unitário, com a singularidade de que acresce enormemente os seus poderes tradicionais ao tornar-se, diretamente, e não por mecanismos de controle, o senhor absoluto da vida econômica do país".

> (...) em dois setores principais, o Governo Provisório vai estabelecer regime inteiramente novo, prenunciadores do Direito Público nascente, o regime das águas e energia elétrica, e o regime das minas. Em ambos os casos, os novos códigos, regulando a matéria, afastam-se claramente das simples disposições privatistas, para dar ao Estado poderes mais amplos, (...).[298]

A crise de 1929 abalou fortemente o mercado do café, o que ensejou a intervenção do Estado nesse setor, de forma mais pontual, a partir do Decreto n. 22.542/33, responsável pela criação do Conselho Nacional do Café, incumbido da regulamentação do embarque, do transporte, do comércio e da exportação de café. Estabelece-se imediatamente uma discussão jurídica sobre os termos dessa intervenção, que, admitida pelo Supremo Tribunal Federal,[299] entusiasmou o Governo a produzir a Lei 1.779/52, que criou novo órgão executor da política econômica pensada para o café: o Instituto Brasileiro do Café. O mesmo governo, por motivações semelhantes, também interveio no setor do açúcar. Os Decretos n. 20.401/31 e 20.761/31 aparentavam uma transitoriedade dessa política intervencionista; entretanto, os Decretos seguintes (22.779/33, 22.981/33) significaram um aumento dessa atividade de regulação não só a produção mas também as relações de comércio no setor, desenvolvidas entre produtores agrícolas e industriais, mereceram limitação legislativa, no caso, decorrente da Lei 178/36. Existe uma conjuntura de queda dos preços agrícolas, o que provocou a definição de políticas ao setor por parte do Governo Provisório. O Decreto n. 22.626/33, a Lei da Usura, sintetiza todas essas preocupações, atacando uma das principais consequências da crise mundial: o endividamento dos agricultores. De fato, estas chamadas Leis do Reajustamento Econômico tentaram proteger a economia nacional, mostrando que o Estado Brasileiro sempre agiu a fim de proteger os interesses privados, que, por diversas vezes, podem se transformar em questão de ordem pública, o que, em contrapartida, produz um consenso em torno da figura do Presidente, que passa a contar com o apoio de alguns grupos, que, paulatinamente, são chamados para integrar o governo, ou mesmo dele já fazem parte.[300]

---

[298] VENÂNCIO FILHO, 1998, op. cit., p. 33.

[299] Ibid., p. 99. Destaca o autor que: "O *leading case* sobre a matéria é, porém, o mandado de segurança 356 (DF) de 16-4-1937, sendo impetrante o espólio de VICENTE DIAS JÚNIOR, e que confirma a sentença do então Juiz Federal CASTRO NUNES, e assim dispõe na sua ementa: Mandado de Segurança contra ato do Departamento Nacional do Café – Departamento Nacional do Café – Quota de sacrifício – As medidas autorizadas no Decreto n. 22.121, de 1932, e adotadas pelo Departamento, encontram assento no artigo 5º, XIX, I, da Constituição, que autoriza adotar normas gerais sobre produção e consumo, podendo estabelecer limitações exigidas pelo bem público. (...) o sacrifício de direito de propriedade está pressuposto nas medidas de economia dirigida, previstas naquele inciso constitucional".

[300] Ibid., p. 104-111; 126-130.

3.3. Os partidos do Chefe – o Estado Novo ("o Governo tudo sabe, administra e provê")

O Estado Varguista queria projetar um novo Estado,[301] com novas prioridades econômicas. A importância das decisões do Estado no rumo da política econômica nacional, neste ponto, tornou-se tão decisiva, que estar próximo ou ocupar espaços de poder de alguma relevância poderiam determinar o sucesso ou a ruína de qualquer atividade comercial.[302] Por outro lado, parte dessas decisões vai depender dos níveis de pressão exercidos por setores da economia nacional, ou seja, o grau de organização desses grupos para disputar os seus interesses. A ampliação do papel do Estado, as suas participações na proposição das leis, em grau maior que o próprio Poder Legislativo, a sua divisão de competências com o Poder Judiciário, inclusive assumindo certa primazia no controle da constitucionalidade das leis, a sua inserção nos sindicatos, o controle sobre o ensino, enfim, representam uma série de iniciativas que passam a exigir uma nova disposição do governo.[303] Prevalecerá, aqui, o princípio da concentração. Francisco Campos oferece em seu livro as ideias básicas que nortearam essa reestruturação:

> Toda ela é construída em torno de uma idéia central, favorável à ação eficaz do governo: o governo gravita em torno de um chefe, que é o Presidente da República. A este cabe dar a impulsão às iniciativas dos demais órgãos do governo.[304]

Se considerarmos que os partidos neste período descendiam da mesma liderança, torna-se difícil sustentar uma diferenciação profunda nas concepções de política pública. Ainda operando no âmbito de uma cultura marcadamente patrimonialista, referendada pela presença

---

[301] PAIM, 2000, op. cit., p. 244. Este novo Estado estava pautado em três prioridades: "estruturação de um sistema educacional de âmbito nacional, organização do sindicalismo sob a égide do Estado e proposta clara de intervenção do Estado na economia".

[302] Ibid., p. 238. Nos anos 30, o Estado retomou com intensidade o projeto de regulamentação e de atuação na ordem econômica nacional, de tal sorte que, segundo Antônio Paim, nos anos 80, já era possível estimar em 70 % a sua participação. Assim, ele afirma que : " O Estado detém diretamente a posse dos setores fundamentais da economia, como produção de energia e combustível, e toda a infra-estrutura de transportes e ferrovias e o sistema de comunicações. (...) Controla mais de 70% da extração de minerais metálicos".

[303] CAMPOS, 2001, op. cit., p. 60. Segundo Francisco Campos, ao explicar o espírito da Constituição de 1937, com as limitações que impõe ao sistema político brasileiro: "É bastante verificar a função por ela reconhecida ao sufrágio universal, a limitação do poder dos juízes de declarar a inconstitucionalidade das leis, e os capítulos relativos à ordem econômica e à educação e cultura. Por sua vez, conferindo o poder supremo ao Presidente da República, coloca-o em contato direto com o povo, não sendo possível ao presidente descarregar sobre outros órgãos do poder as graves responsabilidades que a Constituição lhe dá, em conseqüência dos poderes e prerrogativas que lhes são atribuídos".

[304] Ibid., p. 61.

do chefe carismático, a estrutura partidária brasileira neste período se dividia claramente entre os que controlavam determinados nichos de poder, sinônimo de força de atração de aliados, e os que lutavam para ocupar alguns espaços. De um lado, os interventores e os prefeitos nomeados criaram o PSD (Partido Social Democrático), enquanto o sindicalismo estatal, através de suas lideranças, formava o PTB (Partido Trabalhista Brasileiro). Para Simon Schwartzman:

> Em ambos os partidos, o poder eleitoral derivava do acesso a posições governamentais e centros de decisão. Geralmente os temas ideológicos ou de princípio eram secundários, e os interesses defendidos pelas lideranças se relacionavam com a distribuição de posições, sinecuras ou facilidades e privilégios de tipo político. Eram partidos que dependiam do poder, e que se desagregaram tão logo perderam o controle do Estado.[305]

O Decreto-Lei n. 37, de 2 de dezembro de 1937, extinguiu os partidos políticos, os já registrados, e aqueles que aguardavam a aprovação do seu registro. Algumas semanas anteriores à promulgação do decreto, prenunciando as suas atitudes, o Presidente Getúlio Vargas afirmou:

> Tantos os velhos partidos, como os novos em que os velhos se transformaram sob novos rótulos, nada exprimiam ideologicamente, metendo-se à sombra de ambições pessoais ou de predomínios localistas, a serviço de grupos empenhados na partilha dos despojos e nas combinações oportunistas de objetivos subalternos.[306]

Getúlio escolhera um adversário fraco para medir forças, porque os partidos políticos naquele momento não eram representativos de um sentimento nacional, e a sua estrutura descentralizada gerava um conjunto de pensamentos fragmentados, distantes de um projeto de conquista do país. Apoiando-se no estamento formado pelas forças civis e militares, viabilizou-se naturalmente o golpe, que vinha mais uma vez para proteger as instituições democráticas de todos os extremismos, de esquerda e de direita.

Francisco Campos, um dos principais interlocutores do Presidente da República, demonstrava um total desencanto com o funcionamento do sistema político nacional. O Movimento de 1930 e o Estado Novo seriam a única força capaz de privilegiar em todos os seus atos o inte-

---

[305] SCHWARTZMAN, 1988, op. cit., p. 136. Importante a leitura de: CAMPOS, 2001, op. cit., p. 69. Esse autor faz a apologia do poder centralizado, explicando, de certa forma, todo o desenvolvimento do sistema político nacional, ditado do início ao fim pelas convicções de Vargas e pelos seus mais diretos conselheiros: "O poder, na Constituição de 10 de novembro, tem unidade. Há vários poderes e um só poder; onde há vários poderes e não existe um só poder, não há governo, porque governo é um só pensamento e uma só ação".

[306] CHACON, 1985, ob. cit., p. 135.

resse nacional.[307] Na verdade, existia um pensamento no novo governo que se implantava: minar o sistema representativo, para, talvez, nada colocar no lugar. A falta de consistência dos partidos e a existência de uma lei eleitoral que estimule, inclusive, a fragilização da unidade nacional pedem uma substituição do modelo. Tanto problema, segundo Francisco Campos:

> É, aliás, resultado infalível das democracias de partidos, que nada mais são virtualmente do que a guerra civil organizada e codificada. Não pode existir disciplina e trabalho construtivo num sistema que, na escala dos valores políticos, subordina os superiores aos inferiores e o interesse do Estado às competições de grupos.[308]

O Estado Novo viveu sem os partidos, pois sequer era admitida a existência de um partido de situação. Assim, os contatos políticos de Vargas à formação do seu Ministério e o posterior preenchimento das centenas de novos cargos criados na Administração far-se-iam no âmbito das relações pessoais ou, no máximo, com representantes de pequenos grupos, porém significativos da elite nacional. A estratégia adotada era a da cooptação, até mesmo, de setores da sociedade civil organizada, especialmente os sindicatos.[309]

Este sistema deveria dar lugar a uma nova organização social, que não estivesse contaminada pela representação dos interessados em apropriar-se de todos os novos espaços ocupados pelo Estado Brasileiro, agora capacitado para realizar intervenções na economia, o que o recolocava no centro do jogo político-econômico. A farta produção legislativa do período alimentou as vontades de intervenção, legitimando-se, sob o ponto de vista jurídico, o que já estava consolidado no âmbito político.

---

[307] CAMPOS, 2001, op. cit., p. 42. Declara o autor que: "A ausência de substância política e de expressão ideológicos nas instituições, que correspondia, nos partidos, à completa privação de conteúdos programáticos, o que os transformava em simples massas de manobra e instrumentos mecânicos de manipulação eleitoral". Mais tarde, Franciso Campos agudiza as suas críticas: "Entre esses quadros partidários e o sentimento e a opinião do país não existia a menor correspondência. Eles se haviam transformado, com efeito, ou em meros instrumentos das decisões populares, ou em simples cobertura para ação pessoal de chefes locais, ambiciosos de influência no governo da Nação, mormente quando posta em foco a questão da sucessão".

[308] CAMPOS, 2001, op. cit., p. 43.

[309] SKIDMORE, 1992, op. cit., p. 62-63. Para o autor: "(...) a nova estrutura sindical era orientada sob controle cerrado do Ministério do Trabalho, fornecendo dessa forma ao governo uma importante fonte de influência na economia urbana, bem como um grande instrumento de empreguismo para converter adversários em potencial em clientes políticos. (...) A burocratização da estrutura sindical recebeu mais de uma base institucional com a implantação da taxa compulsória de filiação dos sindicatos (...), no montante de um dia de salário por ano, deduzidos da folha de pagamento do trabalhador. Os fundos eram então distribuídos entre os sindicatos reconhecidos pelo governo através do Ministério do Trabalho. Essa organização paternalista era imposta ao setor operário por Vargas, era parte de uma estrutura econômica corporativista global, que o governo do Estado Novo armou para toda a sociedade urbana".

A ascensão ao poder, neste contexto, significava muito. O discurso não deixava dúvida em relação à impertinência do sistema de partidos:

Se a democracia de partidos já não comportava a luta política própria da época democrática e liberal, as novas formas de antagonismo político, peculiares ao nosso tempo, agravaram, de modo impressionante, os perigos que a democracia de partidos representa para a ordem e a paz pública.[310]

Sem o apoio popular, que não se comoveu com a ameaça comunista revelada pela descoberta do Plano Cohen, Getúlio Vargas assume praticamente sozinho a tarefa de costurar alianças para sustentar o seu novo projeto político, rompendo com certos elementos de descentralização, ao incorporar competências anteriormente exercidas nas esferas estaduais e municipais. Esta ênfase na ampliação dos papéis constitucionais da União refletiu-se em uma atividade crescente de intervenção na economia, a partir da criação de diversos órgãos com funções consultivas e deliberativas (em menor grau) em relação aos diferentes setores da economia nacional.

As demais unidades da Federação, paulatinamente, descobriam que todos os caminhos levavam ao Presidente ou, pelo menos, às repartições públicas federais. Neste contexto, no ano de 1938, surge o DASP (Departamento Administrativo do Serviço Público), com atribuições para propiciar meios de controle sobre o funcionamento da Administração Pública Federal.[311] Em suma, estavam criadas as condições ideais para o Presidente da República construir em torno de si um leque de alianças a fim de viabilizar o exercício de todos os poderes que o regime recém implantado poderia oferecer. Thomas Skidmore ressalta que:

O Executivo Federal ganhou enormes possibilidades de empreguismo, tanto no sentido de controle das nomeações pela Federação, quanto no sentido do favoritismo ou da discriminação inerentes ao exercício dos crescentes poderes administrativos. Incluía, por exemplo, o controle sobre empréstimos a juros baixos do Banco do Brasil, projetos de obras públicas, taxas múltiplas de câmbio e controles de importação.[312]

O foco da estratégia presidencial era estabelecer uma conformação de forças, com relativa diversidade de origens, para, ao mesmo tempo, enfraquecer as lideranças locais e não criar um clima de insegurança no interior de sua estrutura de governo. Como contar com nomes im-

---

[310] CAMPOS, 2001, op. cit., p. 45.

[311] DINES, 2000, op. cit., p. 165. Para Miguel Reale: "Costumo dizer que o coração do Estado Novo foi o DASP, essa grande estrutura administrativa que punha ordem na administração geral do país, através de ordens que vinham de cima para baixo".

[312] SKIDMORE, 1992, op. cit., p. 57.

O Estado Brasileiro e seus Partidos Políticos

portantes em nível nacional e, ao mesmo tempo, conseguir manter o comando pleno sobre os atos de governo? A resposta é clara: através do clientelismo, dos favores federais, que poderiam propiciar uma alteração no quadro político de cada região. No ano de 1943, por não ter conseguido atrair ao governo todas as forças sociais, e ao reconhecer que, sem a legitimidade emprestada pelas urnas, a fragilidade dos vínculos políticos que sustentava o seu governo ficava latente, Vargas dá os primeiros sinais em concordar com o reflorescimento de um sistema de partidos. Ao preparar a transição ao período democrático, antes da sua deposição, estimula o surgimento do Partido Trabalhista Brasileiro, vê o nascimento do PSD (Partido Social Democrático), assume a candidatura de um Ministro do Governo, o General Dutra; com o apoio da Presidência, retira o PCB (Partido Comunista Brasileiro) da ilegalidade.

A Lei Constitucional n. 9/45 alterou o texto original da Constituição de 1937, que passou a determinar eleições livres para Presidente e para Governador do Estado. Em 28 de maio, foi publicado o Decreto, que fixou a data da eleição: 2 de dezembro de 1945. Diga-se que, no Estado Novo, apenas o PCB conseguiu manter uma rotina de encontros acompanhados de manifestações públicas sob o manto da Comissão Nacional de Organização Provisória (CNOP), origem de seu posterior crescimento a partir de 1945.[313] Em 1943, revelava-se também o embrião da UDN, com o Manifesto dos Mineiros, enquanto o PCB tentava retomar espaços perdidos durante a fase de maior repressão do regime estado-novista. Aliás, daqui se deriva um paradoxo interessante, visto que a esperada redemocratização, logo após a queda do Estado Novo, produziu como um de seus primeiros atos o fechamento do PCB, por ato do Presidente Dutra, que identificava no partido a sua mais forte oposição.

É difícil não olhar com certa simpatia algumas características de um desses partidos que marcaram os momentos imediatamente posteriores ao Estado Novo, qual seja, o Partido Trabalhista Brasileiro (PTB). De inegável origem estamental, porque nasce dentro do Estado e é composto por líderes já incorporados pela burocracia, apresenta um viés que facilita a interlocução com as camadas mais pobres da sociedade brasileira. Com bandeiras que lembram os movimentos que redundaram na Constituição Mexicana de 1917, por vezes, ocupou um espaço que os sindicatos jamais conseguiram ocupar. Repete a fórmula dos partidos de origem estamental ao congregar lentamente determinados grupos conscientes da necessidade de se buscar uma faixa própria de atuação política.

---

[313] CHACON, 1985, op. cit., p. 138-139.

O discurso nasce posteriormente, de uma tentativa de encontrar na população o respaldo para um projeto de permanência ou de retomada de espaços perdidos no Estado. Sem este embrião estamental, sem a composição com lideranças descontentes com a sua situação presente, praticamente se inviabiliza qualquer novo partido.

O Partido Trabalhista Brasileiro, diga-se de passagem, nasce com Getúlio Vargas, mas, após a sua morte, vive uma curva de crescimento que contrasta com o desgaste dos partidos conservadores mais importantes daquele período: o PSD e a UDN. O PTB foi gestado por estado-novistas, porém a sua história enriqueceu-se com dilemas propostos pelo pensamento de esquerda, como, por exemplo, o imperialismo e a luta de classes. A extensão do sufrágio universal e o acelerado processo de urbanização vivido pelo país na décadas de 50 e no início dos anos 60 representaram o combustível que lhe permitiu uma densidade eleitoral apreciável.[314] Neste sentido, o poder estava estruturado para proteger os grupos dominantes e, ao mesmo tempo, amalgamar setores relativamente organizados da sociedade. Surge uma espécie de dominação pelo compromisso,[315] o que gera, ao Estado, um feixe de obrigações capaz de amparar e, ato contínuo, de conquistar as classes que, com o seu silêncio, ou com o seu eventual apoio, sustentarão a nova conformação de forças que pretende permanecer no poder.

A legislação trabalhista é menos uma vitória do movimento sindical, mais ainda um preço a ser pago pelo Governo para exercer a hegemonia. Antecipa, deste modo, problemas futuros, assumindo desde já o controle sobre os sindicatos.

A dificuldade de se administrar este processo, que, no início, acena com ganhos na área social e, mais tarde, repete uma política de acumulação desequilibrada de capital, criou condições ao estabelecimento de uma nova aliança entre burguesia – capital internacional – Estado Patrimonial.

No livro *Bases do autoritarismo brasileiro*, de Simon Schwartzman, os vícios do sistema partidário brasileiro a partir de 1945 apenas retratam a lógica dos movimentos de ascensão e de queda dos partidos políticos na História nacional, qual seja, a inversão da constante democrática que reconhece o papel da sociedade na origem destes agru-

---

[314] LEITÃO, 1989, op. cit., p. 145.

[315] BRITO, Vera Lúcia Alves de. Relações Estado/Sociedade no período populista. *Revista Brasileira de Estudos Políticos*, 1980, p. 187. A professora classifica o populismo como "produto do processo de transformação gerada pela industrialização e pela urbanização", o que desencadeia "uma forma de dominação dos setores populares, que assume a forma de um compromisso. Este compromisso, firmado a partir de um instável equilíbrio entre os grupos dominantes, tem como tarefa inicial a ruptura da dominação oligárquica".

pamentos que almejam a conquista do poder através do voto. O autor resume, desta maneira, o quadro:

> Terminado o Estado Novo, os interventores nos estados e seus prefeitos nomeados se reuniram para dar forma ao Partido Social Democrático, enquanto os burocratas do sindicalismo e do sistema previdenciário oficiais formaram o Partido Trabalhista Brasileiro.[316]

O autor citado observa que tais agremiações não tinham consistência para subsistir no espaço de uma oposição de combate, pois "eram partidos que dependiam essencialmente, para subsistir, da companhia do poder, e que se desagregaram tão logo perderam o controle do Estado".[317]

Este início oblíquo representou a morte prematura do PSD e a incapacidade do PTB, até hoje, de firmar a sua identidade, perdida entre líderes e ideólogos do passado e inquilinos do presente.

Se levarmos em consideração que os partidos mais fortes neste período descendiam da mesma liderança, torna-se difícil sustentar uma diferenciação profunda nas concepções de política pública. Ainda operando no âmbito de uma cultura marcadamente patrimonialista, referendada pela presença do chefe carismático, a estrutura partidária brasileira nesta época se dividia claramente entre os que controlavam determinados nichos de poder, sinônimo de força de atração de aliados, e os que lutavam para ocupar alguns espaços. Esta luta por ocupação de espaços organizou aos poucos a estrutura política nacional, sustentada em diversos partidos, incapazes de demonstrar a sua imparidade.[318] Se existia uma oposição de aparência liberal, também é ver-

---

[316] SCHWARTZMAN, 1988, op. cit., p. 136.

[317] Ibid., p. 136.

[318] CHACON, 1985, op. cit., p. 148. Assusta-nos o autor, listando os diferentes partidos políticos que tentavam afirmar-se neste aparente vácuo de poder, mais precisamente, aqueles que concorreram na Eleição Constituinte de 1945: "Partido Republicano, relíquia do Partido Republicano Mineiro ainda sob a chefia do ex-Presidente Artur Bernardes; Partido Republicano Democrático e Partido Republicano Progressista, ressuscitando o discurso pseudo-avançado socialmente e ironizado por Osório Borba já na Constituinte de 1933/34; Partido Popular Sindicalista, com um discurso populista, unindo nas suas fileiras o passado de pensador integralista de Miguel Reale e o futuro frustrado de Jânio Quadros; o Partido Libertador, também egresso dos confins da História, no caso gaúcha, através de Raul Pilla, federalista e libertador desde antes de 1930; e o Partido Agrário Nacional, que apresentaria um quarto candidato presidencial em 1945, Mário Rolim Teles, fragorosamente derrotado ao lado de Yeddo Fiuza apoiado pelos comunistas e do udenista Brigadeiro Eduardo Gomes, diante do vitorioso General Eurico Dutra. Também surgia timidamente o Partido Democrata Cristão. Os grandes Partido Trabalhista Brasileiro, União Democrática Nacional e Partido Social Democrático retomavam o lugar-comum das mais freqüentes siglas da Constituinte de 1933/34. Com a fusão dos Popular Sindicalista, Republicano Progressista e Agrário Nacional no Partido Social Progressista, liderado de São Paulo por Ademar de Barros, seu número baixou de onze para nove, logo aumentando para quatorze, em 1947, com o reaparecimento do Partido Socialista Brasileiro; o dos integralistas sob as roupagens do Partido

dade que algumas posturas eram consideradas comuns dentro do jogo político. Entre as regras de convivência e, talvez até de sobrevivência de alguns partidos, estava a estratégia de cooptação. O Estado gozava de real força centrípeta, sedutora, essencial para qualquer perspectiva de médio prazo em relação aos grupos políticos que almejavam criar raízes no mundo dos acontecimentos políticos nacionais. Admitindo--se algumas diferenças, ocasionais ou de estilo, o fato é que estes partidos:

> mantinham em comum o que estamos denominando, por falta de melhor termo, a política de cooptação: a busca do controle de agências governamentais como fonte para o exercício do clientelismo, tanto para os que já possuíam poder, como para a incorporação de novos grupos, e também para a expulsão dos antigos.[319]

Acentua-se o modelo de Estado controlador, capaz de evitar que os interesses de determinados setores da sociedade alcancem uma dimensão de projeto nacional, capaz de insinuar a necessidade de representação nas instâncias decisórias mais relevantes do Estado. Destacam-se nitidamente neste período da História o Partido Trabalhista Brasileiro, o Partido Social Democrático e, concorrendo em faixa própria, a União Democrática Nacional.

A verdade é que estes partidos não encontravam qualquer respaldo nas camadas mais populares, e todas as decisões fundamentais não decorriam de uma interlocução com a sociedade. Todas as informações circulavam na esfera estamental de poder, sempre preocupada em precaver-se de qualquer mudança repentina, calculando antecipadamente os próximos movimentos dentro do poder, e o melhor momento de mudar de discurso e de bandeira. As eventuais mudanças na conformação de forças não geram novas práticas políticas, porque todos aprovam a estrutura montada, e dela querem participar. Vargas, de seu lado, governou o estamento enquanto conseguiu sustentar um espírito de conciliação, contudo, quando agiu pelo rompimento, perdeu boa parte de sua sustentação política. É a força do estamento, silencioso, dependente, porém é a base sobre a qual se sustenta o Chefe, tradicional, carismático, ou *tradicional-carismático*. O povo espera a salvação, e não se pergunta por qual lado ela vai chegar, se pela esquerda ou pela direita.

O problema da coordenação das decisões do Estado, neste período, representou um desafio aos estudiosos do governo. O planejamento global da economia, na dimensão imaginada por Vargas, deveria

---

de Representação Popular (...) e mais três explorando a nova retórica social, travestida de Partido Trabalhista Nacional, Partido Orientador Trabalhista e Partido Proletário do Brasil".

[319] SCHWARTZMAN, 1988, op. cit., p. 136.

oferecer um grau de detalhamento que indicasse a segura condução dessas políticas.[320] A primeira empresa estatal que possui iniciativa de especialização administrativa, tendendo para uma estratégia de descentralização, foi o Instituto de Resseguros do Brasil (IRB), criado pelo Decreto-Lei n. 1.186/39, acompanhado pela Companhia Siderúrgica Nacional (CSN), Decreto-Lei n. 3002/41 e a Companhia Vale do Rio Doce, Decreto-Lei n. 4.532/42.

É importante ressaltar que a atividade regulatória do Estado era exercida até o limite possível, o suficiente apenas para não obstaculizar o desenvolvimento da economia nacional, mas sim, demonstrando, a todo o momento, que o controle deveria sempre ser exercido pelo Estado. Esta produção legislativa, diga-se, ficava fora das atribuições do Legislativo. A Constituição de 1937 trouxe, no artigo 61, a figura do Conselho da Economia Nacional, órgão consultivo, entre outras coisas, de questões de ordem econômica. A relação era direta com o Presidente da República, o único capaz de produzir legislação sobre o assunto.[321] Em 1938 fortalece-se o Conselho Federal de Comércio Exterior (CFCE – criado em 1934), surgindo logo após a Coordenação de Mobilização Econômica (CME – criada em 1942), o Conselho Nacional de Política Industrial e Comercial (CNPIC – criado em 1943) e a Comissão de Planejamento Econômico (CPE – criada em 1944), todos são órgãos que tentaram representar a agência central de planejamento do governo.[322]

Neste período, os partidos só poderiam influir diretamente nos destinos da política econômica do país se fizessem parte desses órgãos, porque tudo ocorria à revelia do Poder Legislativo. A existência consequente de qualquer projeto de modelo econômico dependia da proximidade com o poder para produzir qualquer efeito. Também

---

[320] VENÂNCIO FILHO, 1998, op. cit., p. 35. Para o autor: "A partir da década dos anos 30, acentua-se o mecanismo de intervenção do Estado no domínio econômico, com a criação de autarquias econômicas para a defesa de produtos da agricultura e da indústria extrativa. (...) a complexidade das tarefas administrativas impõe a organização dos Conselhos Técnicos, capazes de fornecer ao Estado os conhecimentos especializados para a tomada de decisões. Surge, igualmente, a necessidade de uma racionalização da máquina administrativa do Estado, aparecendo, em conseqüência, o Departamento Administrativo do Serviço Público. No período do Estado Novo, acentua-se essa tendência intervencionista, por força do regime autoritário, sendo o período fértil em Decretos-leis, mediante os quais se regulam aspectos mais variados da política nacional (...)".

[321] SKIDMORE, 1992, op. cit., p. 67. Para o autor: "Os empresários particulares eram estimulados a prosseguir com os seus próprios esforços, enquanto o governo federal ampliava a sua autoridade para dirigir a economia por dois modos principais: 'a manipulação de incentivos', tais como os impostos, controles de câmbio, cotas de importação, controles de crédito e exigências salariais; e a intervenção direta, através de investimentos públicos, em setores como ferrovias, navegação, serviços públicos e indústrias básicas, como o petróleo e o aço".

[322] CODATO, Adriano Nervo. *Sistema estatal e política econômica no Brasil pós-64* – economia e planejamento. São Paulo: Hucitec; Curitiba: Editora da UFPR, 1997, p. 26.

é importante frisar que o patrimonialismo só permite o diálogo com membros do próprio grupo, sob pena de desfigurar a sua dominação.

Também neste período se deu continuidade à política de regulação minuciosa do cultivo, da distribuição e do comércio do açúcar. A Constituição de 1937 motivou o surgimento do Decreto-Lei n. 3.855/41, que positivava o Estatuto da Lavoura Canavieira, na verdade, uma intromissão nos assuntos de uma classe específica, a saber, os fornecedores e os lavradores de cana. Caso não houvesse conciliação nas disputas entre fornecedores e recebedores, seria acionada a Turma de Julgamento da Comissão Executiva do Instituto do Açúcar e do Álcool, formada, conforme a tradição do Estado Novo, por representantes dos fornecedores e dos usineiros. Havia assim uma estatização de problemas de ordem privada. O Decreto-Lei n. 4.189/42 conferiu ao Instituto do Açúcar e do Álcool o direito de fixar o preço do produto, ou seja, uma interferência direta no mercado do produto.[323] O trigo, de seu lado, também foi alvo da política de intervenção na economia intensificada no Estado Novo, em relação aos anos anteriores. Mais tarde ainda, destaca-se o Decreto-Lei n. 6.170/44; com ele, e com todos os anteriores, o Poder Executivo forma uma colcha legislativa capaz de cobrir todos os desdobramentos da atividade realizada no setor.

Grandes investimentos são feitos, muitos deles para fortalecer a posição do Estado na ordem econômica nacional.[324] Como regra, o detalhamento das ações do governo na área econômica demonstra uma necessidade de monopolização das competências de direção dos negócios privados, fornecendo o balizamento às condutas dos agentes desses mercados, e ao mesmo tempo, estabelece alianças que comprometem o Estado com subsídios ao setor, com a devida contrapartida da sustentação do projeto defendido pelo Presidente da República.

Os grupos privados reconhecem que todas as principais medidas econômicas recebem o selo do Estado e, admitindo a cooptação, passam a operar nas instâncias que lhe são oferecidas; tornam-se, pois, parte da máquina, parte do governo, uma barreira protetora entre o Estado e a sociedade. Como exemplo dessa dinâmica de cooptação, pode-se explicitar a previsão do artigo 57 da Constituição Federal de 1937:

---

[323] VENÂNCIO FILHO, 1998, op. cit., p. 110-111.

[324] SKIDMORE, 1996, op. cit., p. 67. Os investimentos públicos eram direcionados para as áreas que, devidamente instaladas, poderiam estimular o crescimento da economia nacional e, ao mesmo tempo, controlar os preços de alguns setores. Assim se fez: "A Comissão do Plano Siderúrgico Nacional foi criada em 1940 e a Companhia Siderúrgica Nacional, fundada oficialmente em 1941. Auxiliada por empréstimos do Export-Import Bank, construiu uma imensa usina em Volta Redonda. Outras companhias mistas foram criadas antes de 1945, nos setores de minérios de ferro, processamento de álcalis, produção de motores para caminhões e aviões e o desenvolvimento do Vale do São Francisco".

Art. 57. O Conselho de Economia Nacional compõe-se de representantes dos vários ramos da produção nacional designados, dentre pessoas qualificadas pela sua competência especial, pelas associações profissionais ou sindicatos reconhecidos em lei, garantida a igualdade de representação entre empregadores e empregados.
Parágrafo único. O Conselho da Economia Nacional se dividirá em cinco seções:
a) seção da indústria e do artesanato;
b) seção da agricultura;
c) seção do comércio;
d) seção dos transportes;
e) seção do crédito.[325]

O Conselho de Economia Nacional aparece referido também no artigo 38 da Constituição Federal de 1937, quando se revela a sua função, em tese, acessória ao trabalho do Poder Legislativo:

Art. 38. O Poder Legislativo é exercido pelo Parlamento Nacional, com a colaboração do Conselho da Economia Nacional e do Presidente da República, daquele mediante parecer nas matérias de sua competência consultiva, e deste pela iniciativa e sanção dos projetos de lei e promulgação dos decretos-lei autorizados nesta Constituição.[326]

A Constituição, por seus artigos, revela um Parlamento premido no artigo que lhe confere a competência legislativa, entre a difusa presença de um Conselho da Economia Nacional, braço do Executivo, e as atribuições legiferantes do Presidente da República. Fica evidente o verdadeiro papel desse Conselho, limitado nas suas funções, porém fundamental como representação simbólica de um envolvimento de setores da sociedade com a definição de uma política econômica para o país. Mais do que nunca, todos são dependentes das manifestações do Chefe do Estado e do Executivo, o verdadeiro comandante do processo político nacional. Os membros do estamento, fiéis aos seus postos, contentam-se em fazer o jogo da representação aparente, legitimam as decisões de Vargas e, em momentos de crise, barganham posições e benefícios ao seu grupo, uma parte ínfima da sociedade, que, na prática, está excluída da cena nacional. Tratava-se, pois, de previsão legal a necessidade de promover a criação de indústrias denominadas básicas, como a siderurgia (Decreto-Lei n. 1.058/1939).

O Estado Novo, através do Departamento Administrativo de Serviço Público (DASP), assumiu a coordenação de toda espécie de prestação de serviço público e exercício do poder de polícia pelos seus mais diversos órgãos. Rompeu com a tradicional descentralização da produção legislativa do Direito Processual e criou a Magistratura Federal. Atuou na ordem econômica com intensidade a partir da elaboração do Código de Minas e Águas, operando uma estratégia de reafirmação do

---

[325] CUNHA, 2001, op. cit., p. 173.

[326] Ibid., p. 170.

Estado Nacional.[327] Em 1943, com o Decreto-Lei n. 6.144/1943 e o Decreto-Lei n. 6.145/43, inaugura-se o Plano de Obras e Equipamentos, que indica futuras realizações concretas no âmbito do aparelhamento estatal, ao propiciar condições relevantes para posteriores atos de controle da ordem econômica.

3.4. A democracia e a crise do populismo (a estrutura partidária e econômica ainda depende das decisões de governo)

O Estado Novo pereceu em 29 de outubro de 1945, e a sua superação serviu de combustível ao surgimento e ao fortalecimento de um novo Partido: a União Democrática Nacional. Esse herda um quadro nacional de preocupação com o destino da classe média, e, com mais força ainda, catalisa a mágoa de um imenso grupo de deserdados do modelo varguista de Estado.[328] Apresenta a bandeira do liberalismo, concretizada em duas frentes fundamentais: liberalismo político e econômico. Possui, também, um programa de mudanças na prática política nacional, estando no centro desta tese o aprimoramento das instituições democráticas pela afirmação da liberdade de expressão e por eleições livres. Contudo, Carlos Lacerda, um dos principais líderes desse movimento[329] ou partido, tinha como rotina o uso dos seus canais na imprensa para contestar a lisura dos processos políticos em que saía derrotado, muitas vezes, insinuando a necessidade de intervenção militar.[330]

---

[327] PAIM, 2000, op. cit., p. 211-218.

[328] DINES, 2000, op. cit., p. 39. Vereadora do Distrito Federal (Rio de Janeiro) pela UDN, Sandra Cavalcanti lembra muito bem que: "Quando a UDN foi fundada, (...), ela acolheu várias das mais contraditórias correntes políticas do país. Tinha desde gente de direita até gente de esquerda, radical, meio, centro, (...) Tinha de tudo". Sua presença será sentida mais tarde, na preparação do Golpe Militar de 1964, conforme abordado no próximo item desta dissertação.

[329] CHACON, 1985, op. cit., p. 150. Segundo o autor: "(...) o discurso do programa udenista de 1945 era sobretudo liberal, adquirindo maior conotação social no de 1957, acompanhando a crise da Quarta República(...). Ao mesmo tempo em que crescia, pouco a pouco, uma terceira corrente, a defensora de uma maior tecnificação da política econômica, na linha de certas tendências tenentistas e com elas desembocando na doutrina da Escola Superior de Guerra". Ver também em: FRANCO, 1980, op. cit., p. 89. Esse autor sempre destacou que o maior dilema da UDN era "(...) conseguir maior homogeneidade, transformar-se tanto quanto possível num verdadeiro partido de classe média, o que até agora não alcançou".

[330] DINES, 2000, op. cit., p. 63. O vigor do depoimento de Maria Victoria Benevides fortalece este argumento: "A UDN inventava, então, uma série de artifícios para impedir, para contestar a posse dos eleitos. Inclusive, e é um dado muito interessante do seu liberalismo entre aspas, com recurso ao poder militar. Muitos udenistas eram conhecidos como *as vivandeiras dos quartéis*, que viviam às suas voltas para exigir uma intervenção mais forte, mais vigorosa, na política".

O Estado Brasileiro e seus Partidos Políticos

O pensamento liberal dos udenistas sempre foi temperado por amistosas relações com parte do Exército, especialmente àqueles que alimentavam devaneios golpistas. Armando de Salles Oliveira, representando os constitucionalistas liberais, conclamou muitas vezes os militares a exercitarem o seu papel tradicional de árbitro das desavenças políticas de âmbito nacional, especialmente nos momentos em que Vargas demonstrou impaciência com as críticas recebidas pela própria UDN. Essa perde a paternidade na deposição de Vargas, incumbência exercida pelos militares em 1945 (29 de outubro). Ofereceu-se ao pleito o Brigadeiro Eduardo Gomes, baseado em uma plataforma que, em síntese, recomendava:

> (...) uma volta aos princípios do liberalismo, tanto em política quanto em economia (o liberalismo econômico na acepção de Manchester)", ou melhor, "a sua fórmula era desmantelar o aparelhamento de controle do tempo de guerra, abolir as barreiras que obstruíam o livre curso de homens e de capitais e por esta forma permitir o funcionamento das forças econômicas espontâneas.[331]

Aqui, há uma curiosidade, pois a UDN que pautou a sua conduta inicial, contrastando a ditadura no Estado Novo, porém, duas décadas mais tarde, viabilizou a sua ascensão pelo Golpe de 1964. Não parece precipitado dizer que estes movimentos caracterizam uma mobilização pelo poder, inibindo qualquer esforço de leitura ideológica destas entradas e saídas do centro dos acontecimentos no âmbito do estamento. Cláudia Leitão enumera quatro questões que revelam a verdadeira face deste movimento ou partido, considerando tratar-se de uma agremiação que ambiciona o poder e minimamente apresenta um projeto nacional: o seu liberalismo restrito, o elitismo, o bacharelismo e o moralismo.

Se levarmos em consideração a história do pensamento liberal no Brasil, não pode causar estranhamento a visão de que somente a ditadura pode ensejar a liberdade. Neste sentido, a referida autora descreve o fenômeno:

> Com a firme convicção de que os intelectuais devem guiar as massas e com o absoluto desprezo pelo voto das camadas populares, a UDN aceita o golpismo como defensora inabalável da democracia e acata o autoritarismo como estágio transitório mas fundamental para se atingir os ideais democráticos. São certamente as crenças na presciên-

---

[331] SKIDMORE, 1992, op. cit., p. 86-114. A UDN sempre tentou ser o partido da classe média, no entanto Getúlio Vargas soube cooptar uma parte desse eleitorado, pois, de fato: "(...) as novas posições burocráticas, criadas desde a década de 30, davam empregos aos elementos da classe média. Assim, o monopólio natural sobre a classe média, de que parecia gozar a UDN no fim do Estado Novo, era objeto de rápida erosão, à medida que a questão do desenvolvimento econômico começava a ocupar o lugar central da política brasileira".

cia das elites, no sentimento anárquico do povo o qual precisa ser tutelado, que levarão à intervenção militar e à ditadura esclarecida de 1964.[332]

A eleição de 2 de dezembro de 1945 tinha como candidatos o General Eurico Gaspar Dutra (PSD), propondo uma continuidade para o projeto de Vargas, Eduardo Gomes (UDN), a oposição liberal, e Iedo Fiúza (PCB). A estrutura administrativa do período Vargas mostrou-se imbatível, pois os clientes do Estado estavam em todos os lugares para assegurar a permanência dos mesmos atores nos postos principais do estamento. A vitória de Dutra e o percentual de cadeiras no Congresso Nacional obtido pelo PSD (42 %) e pelo PTB (10%) asseguravam, inclusive, um provável retorno de Getúlio Vargas, o que logo ocorreu.

O fim do Estado Novo não representou um esgotamento do ciclo de Vargas no poder, visto que a estrutura pensada para perenizar os seguidores desta liderança carismática já se organizava para desdobrar-se em dois partidos políticos, ainda em condições de encontrar sustentação na burocracia. O Partido Social Democrático, por exemplo, é descendente direto de costuras políticas dos interventores estaduais, com predominância no Nordeste brasileiro. Sustentado pela densidade eleitoral dos seus líderes locais, o PSD articulou-se nacionalmente, sem discutir programa de governo com os seus aliados, contudo garantia sempre um espaço relevante no governo.[333] A vocação governista do PSD decorre diretamente do sucesso de suas alianças, que lhe permitiu, dividindo sempre o desgaste do comando do processo político, permanecer no poder em diferentes cenários. Assim descreve Cláudia Leitão:

> Se no governo Dutra a frágil aliança PSD-PTB garante 11 ministérios para o PSD, no Governo Vargas esta aliança se firma com absoluta hegemonia do PSD, e com Juscelino, a sigla PSD-PTB se torna responsável pela vitória deste candidato, já que reúne duas características básicas do sistema partidário brasileiro: a manutenção do coronelismo, por um lado, e o predomínio do Executivo (populismo) por outro.[334]

Os anos seguintes testemunhariam o mimetismo do PSD, que se aproximou bastante da UDN. O retorno de Getúlio Vargas também é rico em detalhes à elucidação da fragilidade e das imposturas que marcaram a história dos partidos políticos no Brasil. O tempo em que ficou afastado do poder (1945-1950) lhe permitiu ser senador pelo PSD e, o que lhe exigiu muita explicação, fomentar o crescimento do PTB. Para

---

[332] LEITÃO, 1989, op. cit., p. 140.

[333] Ibid., p. 145. Revelando esta característica do Partido Social Democrático, Cláudia Leitão refere que: "O percurso político do PSD, se está vinculado em nível local ao mandonismo coronelista, no nível nacional se caracteriza, portanto, pela história de suas alianças".

[334] LEITÃO, 1989, op. cit., p. 45.

O Estado Brasileiro e seus Partidos Políticos

Skidmore, Vargas era claro em sua estratégia de "(...) manter a lealdade dos tradicionais caciques políticos do interior, através do PSD, ao mesmo tempo em que conseguia a força eleitoral nas cidades, por meio do PTB".[335]

Como sustentar a consistência ideológica ou, pelo menos, programática, de partidos que vivem das costuras do mesmo Chefe? Atualizando as políticas sociais empregadas no Estado Novo, o cerne do trabalhismo, elaborou-se o discurso do PTB. O PSD, na eleição de 1950, em função dos melindres do Presidente Dutra, apresentou candidato próprio. Cristiano Machado, o candidato, dependia do apoio dos maiores líderes do seu partido para ter condições reais de vitória, porém a maioria deles era formada por interventores nomeados por Getúlio Vargas durante o Estado Novo. Sendo assim, o PSD concorreu com dois candidatos: Cristiano Machado e Getúlio Vargas.

O leque de alianças em torno de Getúlio Vargas ampliava-se à medida que sua vitória surgia como algo inevitável. Velhos e novos, os "de dentro" e os "de fora", todos, de alguma forma, intuíam a possibilidade concreta do retorno ou da permanência ao poder. Dentro do PSD, desde logo, ficou evidente que a candidatura própria era mera provocação ao eterno líder, e que, mais tarde, poderia ter como única consequência provocar a sua exclusão do estamento. O candidato Cristiano Machado, em muitos Estados, não recebeu o apoio do seu partido, já comprometido que estava com a eleição de Vargas. Thomas Skidmore, ao analisar o PSD, partido de inegável importância na História nacional, emite um julgamento definitivo. Para ele, do PSD pode-se dizer que se trata de um partido "para quem a política era menos uma questão de diretrizes e princípios que de poder e empreguismo".[336]

O historiador ainda aprofunda essas observações: "Encaravam a vida pública como um processo para satisfazer os seus 'clientes', geralmente os proprietários da estrutura social rural".[337]

O PTB, o PSP (de Ademar de Barros, partido paulista), parte significativa do PSD e da UDN apoiaram Getúlio Vargas. Pernambuco foi um exemplo da concretização desse mosaico de apoios.[338] A vitória, inevitável, quando se concretizou, propôs um dilema repetido: como

---

[335] SKIDMORE, 1982, op. cit., p. 103.

[336] Ibid., p. 106.

[337] Ibid., loc. cit.

[338] Ibid., p. 107. O autor observa que "Em um Estado, Pernambuco, Vargas encontrou o PSD teimosamente comprometido com Cristiano Machado, e foi forçado a se aliar à UDN, o partido cuja *raison d'être* era a oposição ao getulismo. Não se pode encontrar maior prova do caráter não-doutrinário dos partidos nos Estados economicamente atrasados!".

governar com forças tão díspares, capazes de apoiar todas as ideias nas quais estejam de alguma forma inseridos. Como dividir o poder do Estado em partes iguais, propiciando a coesão desses partidos, quiçá o seu crescimento, e, ainda por cima, assegurar a governabilidade?[339] Em 1951, Vargas não estava vinculado a nenhum projeto preconcebido de desenvolvimento econômico, porém era evidente que prosseguiria, acentuando as estratégias dirigistas. As discussões ocorridas na CE-PAL (Comissão Econômica para a América Latina) em 1949 sustentavam a tese do desenvolvimentismo-nacionalista, assumida em parte pelo PSD, pelo PTB, com versões mais radicais, que agradavam ao PCB e a alguns membros do PTB. Getúlio Vargas adotou uma linha bastante moderada, que, inicialmente, não contrastava com parte do ideário udenista, entretanto contentava os partidos que faziam parte da sua rede de apoio: o PSD e o PTB. Em 1952, contudo, começou a voltar--se ao nacionalismo econômico,[340] o que o afastou definitivamente da UDN. É necessário ressaltar que essas tentativas de aproximação com "os de fora" do estamento causavam desavenças internas, o que revela a força das regras de aceitação da comunidade estamental, baseada em uma tradição fundada pelos "de dentro". Nem mesmo o líder maior, em certas ocasiões, consegue provocar alterações nesse cordão sanitário.

Assim, prosseguindo em uma espécie de oposição de resultados, por vezes contraditória, a União Democrática Nacional (UDN) foi, entre outras coisas, o berço de um jovem político maranhense: José Sarney. Era membro da "banda de música" (formada por Carlos Lacerda, Afonso Arinos) e surgiu a seguir como liderança da ala "bossa nova", que, entre outras coisas, fazia oposição ao Presidente Juscelino Kubitschek. A bandeira do referido Partido era a admissão do desenvolvimentismo, com justiça social, com pensamentos que os aproximavam

---

[339] SKIDMORE, 1982, op. cit., p. 110-111. Ficou impossível definir a linha ideológica do novo período de Vargas. Na verdade, "Vargas escolheu um ministério que refletia as diversas alianças de sua campanha eleitoral. O PSD saiu ganhando na disputa aos ministérios. Recebeu os ministérios da Fazenda, Relações Exteriores, Justiça, Educação e Saúde. O PTB ficou com um ministério apenas, o do Trabalho, entregue a Danton Coelho. Danton Coelho fora incansável como organizador do poder, arquiteto da campanha para recolocar Vargas no poder. Entregar a um líder do PTB a vasta aparelhagem do Ministério do Trabalho fortaleceria o partido para ganhar o controle dos sindicatos operários patrocinados pelo governo. O PSP de Ademar de Barros recebeu o Ministério da Viação e Obras Públicas (com seu enorme poder de empreguismo) e Ademar influiu na escolha do novo presidente do Banco do Brasil (...)"

[340] SKIDMORE, 1992, op. cit., p. 118-129, 135. Como já tinha se comportado em outras ocasiões, Vargas, uma vez no poder, tentou trazer seus inimigos para dentro do governo, para dentro do estamento, porém: "(...) como poderia persuadir a UDN e renunciar a sua *raison d'être* – o anti-getulismo? Durante todo o ano de 1951 e a primeira metade de 1952, ele animou um grupo de 'coordenadores' em suas abordagens destinadas a trazer a UDN para o governo". Pouco avançou a esse respeito.

dos ideais da esquerda, mesmo não admitindo o componente religioso, ou seja, o ateísmo. Na verdade, se fosse possível identificar uma característica essencial do grupo político que compôs a União Democrática Nacional e pautou as suas posições, seria o profundo descontentamento com qualquer projeto nacional de desenvolvimento que entregasse ao Estado o comando do processo de crescimento econômico. Neste sentido, a não aceitação da intervenção do Estado na economia representava a espinha dorsal do seu discurso, o que, sem dúvida, permitiu--lhe uma faixa própria de atuação. Querendo ser um partido de classe média, ao alcançar, desta forma, um número relevante de alfabetizados (os eleitores), muitas vezes a UDN deparou-se com a simpatia de parte desta classe, beneficiária do aumento significativo de cargos na esfera pública, resultado das políticas intervencionistas de Getúlio Vargas.[341] É necessário observar que o surto de desenvolvimento vivido neste governo produziu aliados em setores outrora propensos a aceitar o ideário udenista.

É fato que a estrutura partidária da UDN, em nenhum momento, foi rígida, mas não há como negar que existia uma preocupação de aprimoramento das relações do país com os atores internacionais, situação que seria facilitada por uma política mais flexível, por exemplo, na relação com o capital interno e externo.[342] A proximidade com o PSD pode ser flagrada em determinados momentos da História, como, por exemplo, durante os anos do Governo Juscelino Kubitschek. O nacionalismo desenvolvimentista desse Presidente pareceu, em um determinado momento, capaz de congregar diferentes forças políticas.

A aliança responsável pela sustentação do seu projeto não contava com o apoio popular, mas, principalmente, com a harmonização dos diversos setores da política nacional. Ao criar uma postura de repressão aos extremismos, ao manter o seu vice-presidente sob controle, e, ao mesmo tempo, ao não contemporizar com os exageros de Carlos Lacerda, Juscelino emprestou estabilidade ao quadro político nacional, ao costurar uma base de apoio pelo centro, inclusive, diga-se, ao arregimentar forças na UDN. Na verdade, mais uma vez, o Presidente da República decidiu governar, ao provocar a todo o momento uma espécie de entrecruzamento entre os diferentes partidos, fato que impedia uma

---

[341] DINES, 2000, op. cit., p. 284. Para José Sarney, ao comentar a última passagem de Vargas pelo Executivo: "(...) ele calcou-se na *Carta del Lavoro*, (...) O Brasil ficou como ficou até o fim do século, como uma sociedade profundamente elitista, o povo sem participar exatamente das decisões nacionais. (...) fundou-se uma República sem povo".

[342] Ibid., p. 63. Ilustram esta constatação as observações de Maria Victoria Benevides: "Em todo o seu tempo de vida, de 45 a 64, a UDN, como um partido parlamentar, não teve sequer uma vez o cuidado de exigir questão fechada de seus parlamentares".

148

Aloísio Zimmer Júnior

visualização de suas diferenças. A ideia era administrar a máquina sem o comprometimento com um planejamento estratégico que decorresse de qualquer ideologia ou mesmo de um partido em especial. Para Skidmore: "Na realidade, os partidos continuavam fracamente organizados, como instrumentos passivos, agindo raramente em relação a problemas políticos importantes".[343]

Para o referido autor, Kubitschek reforçara a natureza *ad hoc* do próprio sistema, sem fornecer nenhuma continuidade institucional para o futuro".[344]

Na época, com 31 anos, o Deputado Antônio Carlos Magalhães, udenista, funcionava como confidente e defensor da política de Juscelino, o que garantia votos importantes para aos projetos de interesse do Executivo. Em pouco tempo, Antônio Carlos Magalhães construiu um grupo de apoio dentro da UDN para sustentar o Presidente Kubitschek (PSD)[345] e, logo a seguir, colaborou no enfraquecimento de Jânio Quadros (UDN). Apoiou o Golpe de 1964 e depois se aliou a Tancredo Neves para vencer Paulo Maluf, o candidato preferencial dos militares.

Repetindo a tradição nacional de descomprometimento com um perfil ideológico, ou mesmo com a classe social que a impulsionou nos primeiros momentos, a UDN percorreu uma trajetória sinuosa, que a aproximou do populismo, para viabilizar um dos seus objetivos: a chegada ao cargo máximo do Poder Executivo Federal. Esteve no governo de Vargas, no início dos anos 50, e, por decisão de cúpula, assumiu uma posição neopopulista com Jânio Quadros.[346] Pelos mesmos cami-

---

[343] SKIDMORE, 1992 , op. cit., p. 226. Ver também em: DINES, 2000, op. cit., p. 287. José Sarney, no seu depoimento, parece confirmar a existência de condições políticas que, quando somadas, podem produzir, por exemplo, sua insólita assunção ao posto mais alto do Executivo Federal: "O Brasil não tem partido. (...) Mas o Brasil nunca teve tradição de partido nacional. (...) E como não há um ideal que possa uni-los, não tem programa, não tem nada. Fica então o Congresso a agir por meio de barganhas, trocas, votar matérias por matérias, sem unidade, sem programa de governo, (...). Acho que se hoje tivesse a oportunidade de governar o Brasil, a primeira coisa que faria seria ordenar o sistema político brasileiro, fazer essa coisa heróica. (...)".

[344] SKIDMORE, loc. cit.

[345] DINES, 2000, op. cit., p. 21. O jovem Deputado Antônio Carlos Magalhães, desde cedo, mostrou que as diferenças partidárias não estavam permeadas pelos rigores de qualquer ideologia, e as relações pessoais, se devidamente cultivadas, abririam canais importantes à definição de algumas áreas de influência. Embora Deputado da UDN, Antônio Carlos tornou-se um conselheiro de Juscelino (PSD), confiança obtida por uma amizade que nasceu sólida. Em depoimento prestado ao organizador da obra citada, disse o senador: "(...) havia uma grande inveja do PSD. Um jovem que tinha 31 anos (nessa época eu tinha essa idade), que chegava na Câmara Federal e o Presidente caía de encantos por ele (...). E nós tivemos um relacionamento muito afetuoso, muito carinhoso e íntimo. O Presidente mandava me pegar cedo para conversar com ele, e ficava até altas horas da noite".

[346] Ibid., p. 96. Em testemunho de Plínio Arruda Sampaio nesse livro, que é depositário de diversas entrevistas com pessoas que acompanharam os últimos anos da História recente, observa-se

O Estado Brasileiro e seus Partidos Políticos

nhos, esse Presidente passa a ser o artífice de uma fase de consolidação do Partido no âmbito nacional. A perda de identidade foi o preço pago à ascensão ao poder,[347] sendo que o maior desgaste em termos de tentativa de construção de uma identidade ainda estava por vir.

As desventuras de Jânio Quadros, a entrada de Jango e a sua saída com o Golpe de 1964 representaram um período em que a UDN observou um aumento dos seus quadros políticos. Frequentando os cargos da burocracia estatal durante o Governo Jânio Quadros, a UDN perdeu alguns espaços, pois, entre o retorno de Jango ao Brasil, a implantação do Parlamentarismo, e a posterior assunção do mesmo ao cargo de Presidente, com todos os poderes decorrentes da função, deu-se uma troca de posições nos postos relevantes do Estado.

O Golpe de 1964, ocorrido com o apoio incontestável da UDN, agora aceitando participar de um projeto de governo que não previa a garantia das liberdades públicas, confirma uma das teses desse mesmo Partido: "o poder corrompe". Na verdade, o Partido, que tentou caracterizar-se como antipopulista e defensor da liberdade, era apenas antivarguista, o que torna aceitáveis as experiências posteriores com Jânio Quadros e a convivência com a ditadura militar.[348] Na verdade, a

---

em Jânio uma faceta conhecida no Presidente Getúlio Vargas, ou seja, a compreensão de que os partidos podem funcionar como mero instrumento de um projeto de permanência no poder. Este traço comum revela-se na seguinte observação de Arruda Sampaio: "O Jânio Quadros queria ser Presidente da República. Era uma vocação messiânica. Para ele, partido não existia. Até porque, ele no poder, criava o partido. No governo dele, o partido mais forte de São Paulo chamava-se PTN, que nunca existiu, que era o Emílio Carlos. Mas tinha uma bancada imensa, porque o governo bafejava a legenda que o apoiasse. Depois, ele passava para outro. De modo que a estrutura partidária aqui tem um partido muito forte que se chama elite dominante. E que se divide em vários condomínios eleitorais".

[347] DINES, 2000, op. cit., p. 65. A escolha de Jânio Quadros à UDN representou uma guinada na jovem história do Partido, pois, segundo Maria Victoria Bernardes: "(...) ao apoiar Jânio, em quem eles não confiavam, (...), antes mesmo de apoiá-lo, eles tiveram claramente a percepção de que só ganhariam se houvesse essa penetração popular, se usassem os recursos também do populismo, se subissem em favela, se andassem em caminhão do povo, se fizessem grandes comícios, se fizessem uma campanha para a população mais pobre e mais carente, se entrassem no movimento sindical – tudo aquilo que Jânio podia fazer". Evidenciam-se, deste modo, as contradições da UDN que se aproximava do poder comandada por um candidato que caminhava no sentido contrário das escolhas iniciais do Partido.

[348] Ibid., p. 66. As contradições da UDN já apareciam nos apelidos recebidos pelos diferentes grupos existentes dentro do Partido: a "banda de música" e a "bossa nova". De acordo com Maria Victoria Benevides: "A "banda de música" tinha esse nome porque se sentava no Congresso Nacional e era extremamente ruidosa. Pedia apartes a toda hora, fazia discursos violentíssimos, sempre contra o esquema dominante na política brasileira que era formado pela aliança vitoriosa, desde 45, do PSD – Partido Social Democrático – com o PTB – Partido Trabalhista Brasileiro –, que era o Partido de Getúlio, o Partido de João Goulart, o Partido de Brizola". Era o grupo que não admitia qualquer margem de negociação com o Executivo. Por sua vez, a "bossa nova" tinha esse nome porque surgiu justamente no início dos anos 60, era uma facção dentro da UDN que admitia se conciliar com o governo. Admitia propostas mais avançadas no campo da intervenção do Estado na economia, admitia aspectos do nacionalismo". Este grupo liderou um processo de distensão

grande diferença entre o PSD e a UDN era Vargas, ou seja, o conservadorismo, por manobra desse Presidente, atuava dividido.

A ausência de um órgão durante o período de 1946 até 1956 que representasse a fonte geradora das ideias econômicas do Estado e, mais do que isso, as colocasse em prática com o aval do Presidente da República derivou das dificuldades dos órgãos anteriores em resistir às pressões dos diferentes grupos que apoiavam o governo. Diferentes lideranças tentavam exercer o seu poder, auferindo, se possível, diversas vantagens para a sua base de sustentação. A Lei 1.102/50, acompanhando as regras constitucionais do texto de 1946, deu amparo jurídico ao denominado Plano Salte, com ênfase na área da saúde, da alimentação, do transporte e da energia.

Eficácia e racionalidade técnica justificavam a criação de autarquias, essas talvez pudessem ficar mais afastadas das disputas intra-estamento, sendo o Banco Nacional de Desenvolvimento Econômico (BNDE – criado em 1952) um bom exemplo disso.[349] Esta administração paralela não eliminava os riscos do clientelismo, até porque o governo continuou gestando outros órgãos que poderiam ainda funcionar como espaços de discussão e de formulação interna da política econômica defendida pelo Estado, no país e no exterior. Para Adriano Nervo Codato:

> (...) convivendo de forma aberta ou discreta com a "administração paralela", surgirão, a partir do governo Juscelino Kubitschek (1956-1960), agências de cúpula, centralizadoras, cuja função essencial será de elaborar, executar e acompanhar a implementação dos sucessivos "planos de desenvolvimento" adotados a partir de então.[350]

Em 1950, Brasil e Estados Unidos firmaram um acordo para promover a cooperação técnico-financeira e a execução de programas de desenvolvimento econômico do Brasil. A criação do BNDE em 1952 é uma das heranças desse acordo (depois BNDES). Mais tarde, Juscelino apresentou o seu Plano de Metas (1956-1960), que elencava entre suas prioridades a energia, os transportes, a alimentação, a indústria de base e a educação. Esta era sua plataforma de governo, uma resposta ao desenvolvimento gradativo do engajamento político dos cidadãos brasileiros, que timidamente exigiam um comprometimento dos homens públicos com o seu discurso. A resposta de Juscelino contemplou esse momento, eclipsado posteriormente pelo golpe militar, pois o sistema de 1945 resistiu até 1964, quando a crise do populismo, gerada pela in-

---

necessária que abriu o caminho da UDN rumo ao poder. O texto citado destaca José Sarney como um dos líderes desse movimento.

[349] CODATO, 1997, op. cit., p. 30.

[350] Ibid., loc. cit.

definição do modelo a ser seguido, e mesmo pelas pressões externas, precipitaram o projeto golpista.

O Conselho de Desenvolvimento (criado em 1956) assessorou diretamente a presidência durante o Governo de Juscelino Kubitschek e centralizou por um certo período o processo de formulação da política econômica. Mais tarde surge a Comissão de Planejamento Nacional (Coplan – criada em 1961) e, sem excluí-la, a Coordenação do Planejamento Econômico (CPE – criada em 1963), todas extintas em 1964. Entre os anos de 1964 e 1974 não surgiu nenhum novo aparelho para comandar a política econômica nacional. O Estado torna-se mais complexo, visto que se acelera o processo de descentralização funcional e administrativa, não propriamente política. Criam-se novas autarquias, sociedades de economia mista e empresas públicas, além de alguns órgãos de caráter técnico. Completa-se a transição ao Federalismo Cooperativo, com reforço da União, especialmente no que concerne à distribuição de receitas derivadas (os tributos).[351]

Em 1946 acentua-se ainda mais a intervenção estatal no setor do café, do açúcar e do trigo. Com relação ao café, primeiramente, foi criado o Instituto Brasileiro do Café (Lei 1.779/52). O açúcar, por sua vez, volta a ser objeto de discussão, já que a legislação que antecedia a Constituição de 1946 precisou enfrentar um exame de compatibilidade material com o novo texto. A vontade política, neste setor, foi constranger a concorrência a partir de uma rígida regulação dos atos negociais que compõem a sua cadeia.[352] O trigo, por fim, não fugiu à regra, o que pode ser constatado pelo surgimento do Decreto n. 29.229/51, e do Decreto n. 35.769, ambos tratando do escoamento da safra de trigo. O Decreto n. 47.491/59, por exemplo, com a alteração do Decreto n. 50.123/61, regra a industrialização, o comércio e a importação do produto, o que também foi alvo de questionamentos no Poder Judiciário.[353] O artigo 146 da Constituição de 1946 legitimava essa produção legislativa com características de intervenção:

---

[351] VENÂNCIO FILHO, 1998, op. cit., p. 36-37.

[352] Ibid., p. 114-115. No Agravo de Petição n. 23.774/RJ, o Tribunal Federal de Recursos considerou em vigor os dispositivos do Estatuto da Lavoura Canavieira, nos seguintes termos: "A Constituição, em seu artigo 146, autoriza a lei a intervir no domínio econômico, e com suporte nesse preceito que é de reconhecer a compatibilidade, com certas ressalvas (...)".

[353] Ibid., p. 122-124. A colisão de atribuições entre o Ministério e os seus órgãos gerou o parecer n. 072-H, redigido por Adroaldo Mesquita da Costa, na época Consultor-Geral da República: "(...) tive o desprazer de observar quão infeliz é essa Nação, sujeita a uma burocratização nociva, e a inúmeras autoridades incumbidas do mesmo assunto, cada qual tentando romper os limites de suas atribuições para se arrogarem o direito de decidir". No parecer, procura estabelecer as diferenças entre a COFAP (atual SUNAB), a CACEX, o Ministério da Agricultura e a Supervisão.

Art. 146. A União poderá, mediante lei especial, intervir no domínio econômico e monopolizar determinada indústria ou atividade. A intervenção terá por base o interêsse público e por limite os direitos fundamentais assegurados nesta Constituição.[354]

Em 1945, pelo Decreto-Lei n. 7.774/45, e em 1946, pelo Decreto-Lei n. 9.879/46, estabelece-se uma política de preços mínimos para os produtos agrícolas, posteriormente alterada pela Lei 1.506/51 e pela Lei delegada n. 2/62. Antes de 1964, o Executivo dirige as suas atenções às propriedades rurais, criando a Comissão Nacional de Política Agrária (Decreto n. 29.803/61). Na verdade, atende ao previsto na própria Constituição, que sinaliza a necessidade da concretização de uma política efetiva de distribuição de terras no seu artigo 147:

Art. 147. O uso da propriedade será condicionado ao bem-estar social. A lei poderá, com observância do disposto no art.141, § 16, promover a justa distribuição da propriedade, com igual oportunidade para todos.

O Plano Trienal de Desenvolvimento (1963-1965) elaborado pelo economista Celso Furtado projetava uma aceleração do desenvolvimento econômico nacional, entretanto os custos de sua implantação sacrificavam justamente os grupos que apenas toleravam a figura e as convicções do Presidente João Goulart. É necessário ressaltar, aqui, que a ideia da planificação não calculou a força reativa do estamento, que pressentiu uma força traidora em relação aos compromissos que havia realizado com setores importantes da economia nacional. Goulart tentou quebrar a barreira existente entre o Poder Executivo e a sociedade, estabelecendo laços diretos. Meses depois, foi deposto.

3.5. O Estado Militar – o bipartidarismo consentido (os partidos possíveis em um contexto de forte intervenção estatal na economia)

Foi com o Ato Institucional n. 2 que surgiu, em outubro de 1965, o bipartidarismo. Na verdade, o Congresso Nacional já conhecia esta dinâmica, sendo tradicional a existência de dois blocos, situação e oposição, que costumeiramente se articulavam para fazer prevalecer as suas teses. Desde 1959 a Frente Parlamentar Nacionalista (FDP) e a Ação Democrática Parlamentar enfrentavam-se para viabilizar ou não a implantação das chamadas Reformas de Base. A Frente Parlamentar Nacionalista apoiava abertamente o projeto de governo, merecendo todas

---

[354] CUNHA, 2001, op. cit., p. 246.

as críticas dos membros da UDN[355] e do PSD. Este confronto sobreviveu à quarta legislatura (1959-1962) e alcançou a quinta (1963-1964), agora em torno de nova polêmica: o Governo Castelo Branco. Mais do que nunca, o AI-2 institucionalizou esses grupos.

Em 1965, surge a Aliança Renovadora Nacional (ARENA) e o Movimento Democrático Brasileiro (MDB). O primeiro partido, a ARENA, ficou com 90% dos eleitos pela UDN, 64% do PSD e 30% do PTB.[356] Os restantes migraram para o MDB. Os partidos menores dividiram-se da seguinte maneira:

> (...) a grande maioria dos adeptos do PSP foi para a ARENA, (...) PDC e PST foram a maioria para a ARENA; os adeptos do PTN e do PRT se dividiram entre os dois novos partidos; os do PR, PL e PRP foram na sua totalidade para a ARENA; enquanto 2/3 dos pessebistas foram para o MDB.[357]

A experiência vivida pelo Brasil, nas mãos dos governos militares, foi estimulada por uma parte da sociedade civil. Um partido, a UDN, empenhou-se várias vezes para que essa situação ocorresse. O que pode parecer contraditório representa um contigente significativo do pensamento liberal no Brasil, que, por definição de Wanderley Guilherme dos Santos, admitia a funcionalidade do estabelecimento de um processo autoritário na Nação. Neste sentido, o autoritarismo justifica-se como transição acelerada à posterior afirmação de uma sociedade liberal. Segundo o mesmo autor:

> Acredito que se possa descobrir sinais de autoritarismo instrumental desde o início da história independente do Brasil. A idéia de que cabia ao Estado fixar as metas pelas quais a sociedade deveria lutar, porque a própria sociedade não seria capaz de fixá-las, tendo em vista a maximização do progresso nacional, é a base tanto do credo quanto da ação política da elite do Brasil do século XIX, até mesmo dos próprios liberais.[358]

Oliveira Viana também trabalhou com essa tese, pois, para ele, somente um Estado suficientemente forte poderia quebrar a dominação exercida pelas oligarquias. Bernardo de Vasconcelos, um dos líderes do movimento regressista, é exemplo de autocrítica para alguns liberais. Se antes o obstáculo era o excesso de poder, tornou-se, agora, com a descentralização, a manutenção da unidade nacional. Desta maneira, o caminho centralizador defende, para o momento, a organização do país frente a um mal maior. Não se fala em evolução, mas sim em defesa da sobrevivência. A descentralização, neste contexto de atraso,

---

[355] Seria interessante retomar o item 3.4 desta dissertação.

[356] FLEISCHER, David V. A evolução do bipartidarismo brasileiro. *Revista Brasileira de Estudos Políticos*, p. 157.

[357] Ibid., p. 162.

[358] SANTOS, 1998, op. cit., p. 45-46. Ver o mesmo tema em: PAIM, 1998, op. cit., p. 210.

poderia perverter ainda mais o projeto liberal.[359] Veja-se que esse argumento permeou a tradição liberal no país e aproximou-a, em momentos importantes da História nacional, com segmentos contrários aos seus mais conhecidos e modernos ideais.

Pode-se identificar como fator de poder, que colaborou na condição de base da sustentação silenciosa do golpe militar e de seus governos, uma parte da elite nacional, imbuída em desenvolver um parque industrial no país.

Diferentemente de períodos anteriores da História nacional, a política econômica não era cogitada por um único aparelho, com poderes de decisão e de execução. Em um primeiro momento, destacou-se o Ministério do Planejamento e Coordenação Geral (Miniplan, que operou com vigor nos anos de 1965 e 1966). A novidade nas décadas de 60 e 70 foi o surgimento dos órgãos colegiados de Ministros, que entre si dividiam responsabilidades e executavam tarefas que representavam a implantação de um novo modelo econômico. Mesmo assim, gradativamente, o Conselho Monetário Nacional (CMN – criado em 1964) passou a dirigir o processo de gestão da política econômica pensada para o Brasil. Conselho Monetário Nacional, Plenário de Ministros, Ministérios e agências executivas, nessa ordem de importância, administravam toda a economia nacional. Ocupar qualquer um desses assentos era alcançar o mais nobre espaço de barganha política. Adriano Nervo Codato enumera as intervenções do Conselho, no ano de 1972, nas seguintes áreas da economia nacional:

> (...) este órgão decidiu e deliberou sobre política industrial, política agrícola, café, política monetária, política cambial e certas políticas institucionais do tipo Proterra, PIS, Provale, e também a política de habitação.[360]

O Conselho Monetário Nacional tornou-se um espaço de grande tensão política, porque responsável por uma série de medidas que não tinham necessariamente um elo de coerência. Essa insegurança estimulava o exercício de uma constante pressão sobre os seus membros, que, de certa forma, tentavam intermediar os interesses sociais com as estratégias pensadas pelo grupo. É importante destacar que as dificuldades de administração dos conflitos políticos e técnicos, com o tempo, desgastaram a própria figura do Conselho. Para sucedê-lo, tentando minimizar os desgastes sofridos pela Instituição anterior, nasce o Conselho de Desenvolvimento Econômico (CDE – criado em 1974). Este é encarregado de fixar as diretrizes básicas da política econômica, cabendo aos

---

[359] VIANA, 1974, op. cit., p. 503.

[360] CODATO, 1997, op. cit., p. 35.

demais órgãos do governo, inclusive Ministérios, a sua fiel execução. Tentando reduzir a fragmentação do governo, era o local adequado à circulação e à reflexão dos temas atinentes a todas as demais áreas, desde a aplicação dos recursos de incentivos fiscais até as manobras de *dumping*, constituindo-se em uma fonte geradora de políticas coerentes com a visão do Presidente da República.[361] Assim estava previsto na Lei 6.036/74, art. 3º, com relação à competência do Conselho, "assessorar o Presidente da República na formulação da política econômica, e, em especial, na coordenação dos Ministérios interessados".

O Estado Brasileiro seguiu em um caminho crescente de aprofundamento de suas estruturas burocráticas, ao especializar os seus níveis de competência, e, naturalmente, ao estimular os conflitos intraestamento. A Administração Pública Federal ainda insistia na exagerada concentração de competência em alguns órgãos. Serviços essenciais, presentes em todo o território nacional, dependiam diretamente de atos administrativos praticados no núcleo do poder da Federação. As atividades-fim, a efetiva prestação do serviço público e o exercício do poder de polícia não eram prioritários, considerando todas as solenidades (instâncias de consulta e de deliberação) das atividades-meio. Em 1967 surgiu o Decreto-Lei n. 200/67, alterado, posteriormente, pelo Decreto-Lei n. 900/69, entre outros documentos que se sucederam para conformar essa ideia de Administração Pública.

Os níveis de direção e de execução passaram a ser claramente distintos, o que determinou o nascimento da Administração Pública Indireta (autarquias, empresas públicas e sociedades de economia mista). Simultaneamente, atos de desconcentração (com o surgimento de novos órgãos públicos) e de descentralização administrativa (novas pessoas jurídicas) tentam viabilizar uma agilidade nas rotinas administrativas.

Em um determinado momento, começam a conviver no mesmo espaço o funcionário burocrático e o funcionário patrimonial. Por vezes, o primeiro tinha voz ativa em conselhos importantes, porém demonstrava dificuldade de visualizar o jogo político dos bastidores. As contradições internas do aparelho estatal começam a aparecer quando

---

[361] CODATO, 1997, op. cit., p. 170-174. No ano de 1974, por exemplo, as principais decisões do CDE foram: " – Instituição de mecanismos para o fortalecimento da empresa privada nacional (...); – Apoio à indústria nacional de bens de capital; (...); Normas relativas à implementação do Plano Siderúrgico Nacional; (...) – Definições para a expansão da indústria petroquímica". Em 1977, por sua vez: " – Diretrizes e prioridades para a ação econômica de 1977; – Programa de Uso Racional dos Combustíveis; (...) – Programa de Apoio à Empresa Privada Nacional; Medidas em favor da indústria do cimento; – Limites globais de valor para importações; – Medidas de apoio à pequena e média empresa; (...) Diretrizes e prioridades para a ação do governo relativas ao projeto de desconcentração industrial".

o governo nitidamente tentou assumir o controle das políticas públicas, imaginando que elas não podiam nascer divididas e contraditórias, porque partiam de Ministérios compostos por colegiados que representavam as diferentes opiniões dentro do estamento.

O Conselho de Desenvolvimento Econômico, desde a sua constituição, tentou retomar o poder sobre as decisões próprias de Estado, devolvendo-as à cúpula do Executivo Federal. Não havia estabilidade no processo decisório porque o Governo, na época, havia perdido o controle das instâncias, que, a seu modo, e por diferentes pactos intra-estamento dialogavam com alguns setores, que exercitavam uma vida privada, contudo essa dependia do amparo público. Aos poucos, os presidentes militares reconheceram que a sua Administração estava se consumindo nessas disputas.[362] Por vezes, objetivos importantes (ajuste fiscal e subsídios agrícolas), em regra contraditórios, eram assumidos e acordados por diferentes setores da Administração.

Na verdade, racionalidade econômica e interesses privados protegidos pelo público buscavam afirmação concomitantemente, e o Estado, neste particular, não tinha um posicionamento homogêneo.

A impossibilidade de renovação dos quadros estatais, com exceção de algumas crises intestinais que podem encerrar na exclusão de um determinado grupo – muito mais por questões de ordem pessoal, do que propriamente por diferenças ideológicas – torna bastante previsíveis as escolhas fundamentais do Estado. Sem alternância, a pressão resume-se aos grupos realmente articulados, normalmente de maior poderio econômico, e que, no passado, podem ter sido decisivos na concretização do Golpe ou, em menor escala, na escolha deste ou daquele membro do aparelho burocrático. Qualificado ou não, o funcionário não consegue romper esses vínculos. Como então chegar ao poder? Para Adriano Nervo Codato:

> A suspensão do princípio eleitoral para o preenchimento de postos estratégicos do Executivo e a ausência característica de luta partidária na cena política conduzem a modificações decisivas no modo de representação e de organização de classe. A presença de diferentes frações do bloco no poder no seio dos aparelhos do Estado faz-se então pela "cooptação" ou por "indicação" superior (...).[363]

---

[362] CODATO, 1997, op. cit., p. 199. Para o autor: "Além das disputas mais localizadas e circunscritas a polêmicas intersetoriais como a oposição entre os ministros Ueki e Simonsen a propósito do racionamento dos derivados de petróleo ou da definição da política de preços dos combustíveis (...), é certo que a existência de dois centros de poder com "visões" tão diferentes (isto é, que repercutiam, de forma refratada, estratégias diversas do capital para superar a crise internacional e para definir o perfil do capitalismo nacional) funcionou, nessa conjuntura, como um elemento potencialmente desestabilizador do sistema decisório".

[363] Ibid., p. 239.

O Estado Brasileiro e seus Partidos Políticos

Ainda no Governo Geisel, rompe-se a paz precária do estamento, em decorrência da tensão crescente entre os tecnocratas e a alta cúpula da burguesia nacional, todos convivendo no mesmo espaço de luta política, o próprio Estado, em seus nichos de decisão. De um momento para outro, os industriais brasileiros começaram a temer os rumos tomados pelo Governo Geisel, que, em certas ações, parecia entusiasmado com a ideia de fortalecer o papel do Estado na condição de ator no cenário da economia nacional. De lá para cá, o enfraquecimento do Estado tem sido uma constante, em linha semelhante às diretrizes explicitadas no Consenso de Washington. Em nenhuma circunstância, a população aparece como um vetor importante para determinar os movimentos de sístole e diástole do Estado, que varia na medida exata dos interesses privados em jogo. Nunca houve um diálogo direto com a sociedade, que, na ocasião, pouco era chamada para legitimar a perenidade de certos grupos no poder.

O momento político não era propício para as discussões de programa de governo. Reconheciam-se nitidamente dois blocos: situação e oposição. Ideologicamente havia a identificação entre os membros de um e de outro lado. Aliás, a prova maior dessa inconsistência ideológica é a fundação do PP, partido liderado por Tancredo Neves e que congregou desertores de ambos os lados. Esperava-se que esse novo Partido costuraria a transição. As maiores diferenças estavam entre aqueles que não só ficaram excluídos do gerenciamento do Estado, mas também sofreram restrições na sua atividade política (o núcleo oposicionista) e os civis, que tiveram atuação efetiva na definição de políticas públicas e de segurança nacional – temas preferenciais nos anos da ditadura, este, o núcleo civil situacionista. Entre eles, estava Paulo Maluf, aparentemente o candidato dos militares para inaugurar a redemocratização. Este mito, diga-se de passagem, é contestado por Jarbas Passarinho, quando refere que "Paulo Maluf nunca foi candidato da linha dura. O que a linha dura queria era o que ela acabou conseguindo: a prorrogação do tempo do autoritarismo".[364]

O contexto político nacional não ofereceu condições ao prolongamento da ditadura, que encontrou em Golbery um teórico da transição sem rupturas. Assim recorda Jarbas Passarinho:

> (...) se ele trouxesse os exilados: Miguel Arraes, Prestes, Brizola, todos eles, dentro do bipartidarismo, eles iam todos para o MDB. Então, certamente, eles iam engrossar o MDB (...). E a idéia era trazê-los com o bipartidarismo rompido.[365]

---

[364] DINES, 2000, op. cit., p. 342.

[365] Ibid., p. 343.

Por iniciativa do General Golbery, alterou-se completamente o equilíbrio de forças no quadro político nacional. Ao proibir a utilização dos nomes ARENA e MDB, e, ao mesmo tempo, ao impedir as coligações, o PMDB e alguns descontentes da antiga ARENA, além do PP, de Tancredo Neves, agruparam-se sob o mesmo partido, muito embora possuíssem um passado recente de tantas diferenças. A contaminação do PMDB, que ainda alegava certa pureza, senão ideológica, pelo menos em um ideal comum de luta pela democracia, por membros identificados com a ARENA, representou, ao mesmo tempo, o céu e o inferno.

A eleição de Tancredo não foi suficiente para manter a coesão partidária e os conflitos daí resultante implicaram em uma transição que não trouxe grandes mudanças na forma de condução das políticas públicas. Mais uma vez, a orientação da máquina estatal, definida pelos ocupantes de postos-chaves no primeiro e no segundo escalão do Governo, não se modificou, porque, de fato, nem mesmo esses nomes se alteraram. As articulações estabelecidas no Colégio Eleitoral viabilizaram a eleição de Tancredo Neves, contudo atribuíram-lhe uma herança que o seu vice-presidente soube administrar, visto que parte importante da antiga ARENA permaneceu no poder. Era uma aliança intraestamento, sem a necessidade do apoio da sociedade, essa completamente alijada do processo político naquele momento.

A pressão pelas eleições diretas, na verdade, legitimou a apresentação da candidatura de Tancredo Neves,[366] porém, insiste-se, sem o aceno de transformações nas práticas de gestão do Estado. A oposição chega ao poder sob as regras do regime anterior, o que, inclusive, gerou-lhe uma série de dissensões, antes mesmo de o governo começar – nasce o PSDB.

Deu-se uma transição sem mágoas à situação, porque conseguiu manter parte considerável dos cargos, e, ao mesmo tempo, constrangeu a oposição ao apresentar um discurso bastante genérico, pois o anúncio de novos tempos sempre era sintetizado em uma única palavra: democracia – leia-se esse conceito apenas como uma ideia, sem o comprometimento com a viabilização de condições favoráveis à participação do cidadão neste processo.

---

[366] DINES, 2000, op. cit., p. 175. Apresentando um relato dos momentos que antecederam a escolha de Tancredo Neves como candidato oposicionista, Gasparian recorda o seguinte diálogo, travado com Ulysses Guimarães: "Aí o Ulysses começou a conversar comigo dizendo o seguinte: '– Bom, agora eu vou voltar para o Brasil, e vou fazer força para fazer uma campanha pelas diretas, porque se a eleição for direta, eu vou ser o candidato, e o Tancredo vai me apoiar. E se a eleição for indireta, ele vai ser o candidato e eu vou apoiá-lo'. Eu falei: – Professor, vocês já combinaram isso? Ele falou assim: '– Não, esse negócio de PSD não combina nada. A coisa acontece assim, mais ou menos, mas tenho certeza de que vai acontecer isso'. E foi o que aconteceu mesmo".

Tudo resolveu-se nos Gabinetes.

O PDS sempre teve a maioria no Colégio Eleitoral, no entanto os caminhos que levaram o Partido até a candidatura de Paulo Maluf foram tortuosos e conspiraram para uma vitória que parecia certa. O grupo que mais tarde deixaria o PDS revelou algum descontentamento quando formou o grupo denominado Participação, esse tão somente para contrastar com as lideranças nacionais do Partido.

A derrota do movimento pelas Diretas-Já foi seguida da Convenção do PDS que escolheu Maluf. Aureliano Chaves (PDS, ex-UDN) realiza surpreendente acordo político com Tancredo Neves (PMDB, ex-PSD). Mais tarde, José Sarney, Marco Maciel, Jorge Bornhausen e Guilherme Palmeira formaram a Frente Liberal. Tancredo Neves vence a prévia, falece e assume a Presidência no seu lugar o ex-líder do PDS, José Sarney, filiado ao PMDB por exigência da legislação eleitoral, o que, na prática, pouco lhe vinculava. Daqueles dias incríveis restou o depoimento do ex-Presidente José Sarney, revelador da seriedade dos acordos políticos que conceberam a Nova República:

> Às 2 horas da manhã, alguém diz: "Você vai assumir a Presidência da República". Você não sabe quais eram os programas, os compromissos do Tancredo, nada disso, e você tem então que pegar aquelas forças heterogêneas, organizá-las para que elas não extravasassem e para que pudessem levar o país à transição democrática. E isso ocorreu.[367]

A patronagem, sistema de incentivos que distribui verbas e empregos públicos a partir de critérios que atendam a interesses meramente pessoais, permeou este aparente sufoco do espaço privado, proporcionado pela hipertrofia do público.

O Estado está presente em todos os lugares, contudo em nenhum deles prevalece o seu interesse, porque o exercício desta dominação, do qual o Estado é instrumento, não é permeado pela síntese da von-

---

[367] DINES, 2000, op. cit., p. 289. Ver também em: MAINWARING, Scott P. *Sistemas partidários em novas democracias*: o caso Brasil. Trad. Vera Pereira. Porto Alegre: Mercador Aberto; Rio de Janeiro: Fundação Getúlio Vargas, 2001, p. 223-224. A síntese da passagem do Presidente José Sarney pelo Palácio do Planalto pode ser feita, lembrando-se de duas realizações: o Plano Cruzado e a Ferrovia Norte-Sul. Na época, três órgãos federais, com atribuições técnicas para deliberar sobre o assunto, vetaram o projeto (que ligava o Maranhão ao centro-oeste do país). O processo licitatório, como se confirmou mais tarde, foi fraudado, mas o Senado não chegou a essa conclusão em comissão organizada para investigar o caso. Para Scott P. Mainwaring: "Sem uma atenção especial à patronagem e ao clientelismo, não se pode traçar um quadro completo dos partidos brasileiros. O uso político de recursos públicos atende a três propósitos no Brasil. Primeiro, os políticos se utilizam da patronagem para controlar seus partidos. Manobrando cargos e verbas públicas para criar uma rede de clientela, alcançam o controle de suas organizações partidárias. Segundo, (...) se valem de verbas públicas e práticas clientelistas para atrair votos. (...) Terceiro, os líderes governistas lançam mão do clientelismo e da patronagem para organizar a base de apoio do governo. (...) o clientelismo transformou programas sociais destinados a beneficiar os pobres em sinecuras patrimonialistas dos políticos".

tade da maioria. A patronagem forma o grupo, que, posteriormente, procura conquistar uma clientela, através do exaurimento dos poderes disponíveis nas suas esferas de atuação. Acima dessas condutas, está o patrimonialismo, que permeia a cultura política nacional, marcada pelo despojamento das possibilidades públicas para o consequente fortalecimento dos entes privados. Para Scott P. Mainwaring, com relação aos partidos políticos brasileiros, sabe-se que:

> Vários deles foram criados por líderes governistas por meio da patronagem e das redes de clientela, e sua sobrevivência depende em larga medida da continuidade dessas práticas. (...) *Apesar de dependentes da patronagem estatal, esses partidos nem sempre se declaram estatizantes.*[368] (grifo nosso)

Houve um Estado forte que conduziu o processo de desenvolvimento econômico, e que, diga-se de passagem, fez investimentos em diversos setores, substituindo e até desestimulando a formação de uma classe.[369]

Nos anos 30, apoiou diretamente o sistema produtivo, mais tarde, nos anos 50, foi incentivador e realizador, produtor e empresário. As décadas seguintes observam o crescimento dessa intervenção, e todas as discussões setoriais, próprias de pequenos grupos privados, porque assuntos específicos, eram incorporadas pelas instâncias decisórias do Estado. Todas as políticas eram definidas pelo Estado, que se manifestava por sua burocracia, em tese, atenta a todos os reclamos da sociedade.

O grau de especialização dessa burocracia não pode ser confundido com um processo seletivo realmente rigoroso dos quadros que compunham essa estrutura. Desde 1931, quando foi criado o Conselho Regulatório do Café, até os anos sessenta, quando surgiu o Conselho Nacional de Desenvolvimento da Pecuária (1967), o Conselho de Não Ferrosos e Siderurgia (1968), o Conselho de Desenvolvimento Industrial e o Conselho de Desenvolvimento Comercial (1969) entre outros, o

---

[368] MAINWARING, 2001, op. cit., p. 226-227. Os cargos burocráticos podem ter acesso direto aos eleitores, e as lideranças do estamento procuram dividir entre si essas nomeações para alcançar diretamente a população. Como dado concreto: "Em 1987, José Lourenço, líder do PFL na Câmara dos Deputados, ameaçou retirar seu apoio ao Governo Sarney se não pudesse nomear uma pessoa para um cargo subalterno na agência do Funrural de município remoto do Estado da Bahia".

[369] PAIM, 2000, op. cit., p. 250-251. Para o autor: " O país passou a dispor de uma rede moderna de centrais hidrelétricas e de um sistema integrado de telecomunicações. Em matéria de transporte, optou-se por expandir as estradas de rodagem, permanecendo estagnadas as ferrovias. Os portos são equipados, embora não se tivessem modernizado as relações de trabalho. Além de ocupar-se da infra-estrutura econômica, o Estado decidiu também tornar-se grande produtor de aço, chegando a oferta nacional a ultrapassar 25 milhões de toneladas. (...) Também a química de base implantou-se sob a égide do Estado. (...) Além de estatizar a economia, os governos militares, sob o pretexto de atender à economia nacional, criaram proteções excessivas a certas indústrias, deixando-as inteiramente imunes à concorrência".

O Estado Brasileiro e seus Partidos Políticos

interesse privado primeiramente circulava por esses diferentes órgãos, para, mais tarde, tornar-se uma questão de interesse e de premência pública. Observa-se, aqui, a máscara do Estado como inibidor da liberdade dos privados, porque ele estatiza os interesses desse setor quando se deixa influenciar pelas pressões que ocorrem de fora para dentro e, com maior intensidade, dentro do próprio governo, no seio do estamento.[370]

O Estado é manipulado, quando aparenta controlar a política nacional. Cumpre, pois, objetivo predeterminado, quando simula restrições e parece ditar os rumos da economia nacional.[371]

A intervenção militar determinou o recrudescimento de uma política de intervenção na economia. O Programa de Ação Econômica do Governo (PAEG), na prática, representou o início de um ciclo de incorporação estatal de várias atividades adequadas ao espaço privado. De 1968 até 1970 produziu efeitos o Plano Estratégico de Desenvolvimento – PED –, que obrigava a concretização de projetos de fortalecimento das empresas privadas, por exemplo, a partir do oferecimento de ampla infraestrutura. A escolha dos locais, das obras, os valores investidos, os postos de trabalho que daí decorreram, públicos ou privados, todos eram pontos de disputa política, porque sedutores produtos ao convencimento da clientela eleitoral.

O Estado propõe-se a fazer, entretanto este agir é transformado em vício pelos interesses privados que se apropriaram dos espaços políticos de definição dessas prioridades. A burocracia técnica esconde, de fato, uma aristocracia hegemônica, que, ocupando cargos de relevância política, delibera em detrimento das técnicas de Administração. Administração aristocrática, burocrática ou gerencial, qualquer modelo, não é determinante à mudança de uma tradição consolidada. Os conceitos são palavras que se harmonizam, transmitem uma mensagem, no entanto podem não acontecer na vida real.

---

[370] CODATO, 1997, op. cit., p. 244. Destaca o autor que: "Esse processo de inscrição dos interesses econômicos das frações dominantes na 'ossatura material do Estado' foi agravado em um contexto de relativa inoperância de instituições de representação política (partidos, Parlamento e organizações de classe). Sob os regimes autoritários, mas não exclusivamente, as agências burocráticas tenderam a funcionar como elo de ligação 'natural' entre setores sociais privilegiados e os centros decisórios. Através da mediação destas agências, determinados interesses particulares (de grupos, setores ou fração) foram transformados em políticas públicas".

[371] MAINWARING, 2001, op. cit., p. 233. Segundo o autor: "O intervencionismo estatal ajudou a alimentar o clientelismo: havia mais recompensas a distribuir e mais benefícios a extrair da patronagem. Por causa da importância do Estado como produtor, comprador, provedor de serviços, licenciador e regulador, um grande número de atores depende do Estado. (...) Um grande contingente de pessoas – estimado em 4.395.000 em 1985 – depende de um Estado burocrático-patrimonial para sobreviver".

Infelizmente, em muitos aspectos, nada foi tão diferente depois, pois mesmo com a universalização, e a verticalização, de determinadas políticas públicas, as grandes passeatas populares ocorridas no primeiro semestre do ano de 2013, com suas múltiplas bandeiras, palavras de ordem, e matizes, refletem um estado de espírito de negação – que é mais do que descontentamento – ao sistema político vigente. O trabalho, no seu percurso histórico, terminou ainda no século XX, no período inicial da Redemocratização mas, ao que parece, no seu conteúdo crítico, não se consegue notar esse salto no tempo.

Conclusão

Não são artificiais os ataques constantes sofridos pela Constituição de 1988, nem os movimentos populares que marcaram o ano de 2013. A cada gesto, a cada voto, após cada alteração do texto original, estabelecem-se novos paradigmas e atesta-se a presença de uma ação exterior. A ontologia desta imbricada relação é dependente do passado, e o olhar histórico ilumina e revela as possibilidades mais inesperadas. Tenta-se ultrapassar a superfície, nega-se o aparente, quando o objetivo, quase irrealizável, é o enfrentamento das vicissitudes desse ser, e suas raízes, que descendem, e não desdenham, dessa constante interpenetração: Estado – Partidos Políticos – Sociedade. Sem todos os pormenores, é claro, porque neste caso não se pode ter a ilusão de apropriar-se de todas as histórias, de todos os lugares, de todos os tempos, visto que esses instantes foram vividos por diferentes grupos sociais, em variações incalculáveis.

Como transcender, reconhecer as consciências e absorver a prática política nos livros, como senti-la sem conviver com todos os seus olores? Se há Estado, ou se houve o seu fim; se os partidos já se sabem sem sentido, e assim se sentem. A sociedade seria então mera espectadora, incapaz de imiscuir-se nos espaços de decisão desse Estado, cindido, entre diferentes partidos, que, somados, não dão o todo, porque dela – sociedade – não decorrem.

Realmente funcionam os partidos como centro de gravidade da política nacional, com alto grau de institucionalização e com capacidade de defesa do sistema democrático? São formuladores de políticas sociais, atuando em um espaço não ocupado pelo Executivo? Dialogam com a sociedade (a intermediação), investem na pré-compreensão, conseguem diferenciar-se pelas próprias ideias e por suas experiências? São capazes de viabilizar o consenso? Para todas as perguntas, só resta o não. Escravizados pelos seus, pelas circunstâncias, pelos interesses menores, pessoais, setoriais, ficava apenas o caminho da burocracia para o exercício de algum poder. O Estado age, o partido deixa-se agir. Grupos de interesses, prevalecentes, organizados, formam díspares agremiações, porém sem os sinais vitais de uma efetiva institucionalização. Aos poucos se ampliou o sufrágio, contudo sem a correspondente mobilização social.

Temos partidos majoritários, sempre protegidos pelo Estado ou muito próximos dele. Quando incorporados, silentes em suas obrigações, não demonstravam força institucional para reverter processos e procedimentos repetidos na burocracia. Coalizões estáveis protegiam esse funcionamento, que não era contrastado, senão nos ciclos pré-eleitorais.

A situação de baixa correlação entre o partido e a classe e a frágil institucionalização do sistema partidário produzem o clientelismo, mecanismo capaz de apaziguar conflitos e que não são sequer minimizados pela desconfiança existente nos partidos políticos. É necessário observar que o pseudopartidarismo não permite sequer práticas democráticas mitigadas, mas autêntico autoritarismo. Neste sentido, o Estado fundou os partidos políticos, que jamais conseguiram representar os anseios populares, o que impediu a sua libertação ou mesmo uma sobrevida fora do espectro do Estado. Esse Estado, herança do período de dominação exercido pelo colonizador, surge como fator determinante da confirmação de uma hipótese: os partidos políticos brasileiros não alcançaram um padrão imaginado de evolução em face das condicionantes impostas pelo Estado Brasileiro.

Na verdade, apenas agiram, contemporizando os diferentes fluxos de energia circulantes pelo sistema político, geradores de demandas e, em parte, provocadores de determinadas decisões políticas. Desta forma, os partidos políticos atuavam para desembaraçar o Estado de todas as tensões, perenizando a sua base de dominação.

De fato, antes mesmo da descoberta, o Brasil já havia começado em Portugal. Esse país viajante soube desde sempre administrar uma série de práticas de mercancia que apontavam à existência de um capitalismo orientado ou de Estado. Existiu uma supremacia do aparato estatal que foi determinante aos desdobramentos da práxis política brasileira, de Avis até a redemocratização, invadindo os últimos anos da década de 90.

Confundindo o público e o privado, as políticas do Estado exerceram uma espécie de domínio nas várias dimensões econômicas prevalecentes no momento: o patrimonialismo. Estrutura persistente, acomodada na tradição, admitiu a centralidade do papel do chefe no comércio e na guerra, competências originais de uma época de consolidação do território. Aumentam gradativamente as responsabilidades, e a estrutura do Estado adquire porte e complexidade. Surge o estamento, composto de forças políticas que, através de uma ação concertada, construíram uma hegemonia, que jamais é pacífica, porque dependente de movimentações internas (relações horizontais) e controle de sedições externas (relações verticais). O Estado surgiu primeiro, um personagem que contou a História do país, antes mesmo da sociedade, o que pode ter determinado o seu enraizamento em bases estáveis.[372] Para Raymundo Faoro:

> Sobre a sociedade, acima das classes, o aparelhamento político – uma camada social, comunitária embora nem sempre articulada, amorfa muitas vezes – impera, reage e governa, em nome próprio, num círculo impermeável de comando.[373]

O modelo de Estado, centralizado, estamental e patrimonial, que perpassou a nossa História pós-descobrimento, não criou condições favoráveis à institucionalização dos partidos políticos nacionais. A consequência imediata é a não representação dos interesses populares. E, de fato, a observação dessa dinâmica demonstra um processo ciclado de absorção dos movimentos sociais organizados, embriões dos partidos políticos, que não se alterou, mesmo quando essas organizações atingiram um padrão de desenvolvimento e de complexidade de dimensões nacionais. Mais do que representantes dos diferentes setores da sociedade brasileira, nos seus desejos mediatos e imediatos, essas agremiações conheceram desde sempre as possibilidades de uma atuação à margem dos reclamos nacionais.

A atrofia dos canais de diálogo com a população só não rareou os acordos de clientela, especialmente nos períodos pré-eleitorais, repetidos e sazonais. O tempo restante era dedicado ao exercício do poder, entregue em parte ao estamento. Esse foi o árbitro da Nação e senhor dos desempenhos da economia nacional, seja pela atuação pública, seja pelos negócios privados por ele devidamente assistidos.

Atualmente, os partidos funcionam como instância protetora entre o presidente e o povo, e não como instrumento de mediação. A fraca institucionalização do sistema partidário, flagrada em diferentes momentos da História nacional, ao mesmo tempo em que fortalece o Executivo, repele as formas de manifestação da sociedade civil organizada, excluída dos concertos políticos que começam nos financiamentos de

---

[372] AXT, Gunter. Revisitando Os donos do poder de Raymundo Faoro. *Revista da Ajuris*, Porto Alegre, v. 81, 2001. Para o autor: "De um Brasil Colônia como patrimônio do rei, dirigido pelo seu estamento, burocrático, onde o povo não contou nunca, tendo sido sempre uma ficção, precipita--se a Independência com a vinda de Dom João para o país, que traz consigo todo o conjunto administrativo do Reino, em atenção às demandas parasitárias pelo preenchimento de sinecuras".

[373] FAORO, 1996, op. cit., p. 738.

O Estado Brasileiro e seus Partidos Políticos

determinadas campanhas e terminam no loteamento de cargos públicos por setores diretamente interessados nas deliberações deste ou daquele órgão público, aparentemente embalado por convicções técnicas para prover certos pedidos.

No Império, este estamento não tinha muitas diferenças internas, porque a burocracia técnica era restrita. O Partido Conservador soube exercer uma hegemonia precária, sempre contrastada pelo Partido Liberal, que lutava pela diminuição dos nichos de poder estatal exclusivo, atacava, a todo o momento, a centralização, em nome de um Federalismo, influenciado, todavia, pelos interesses agrários – sempre centrífugos, nunca libertários. Organizações, secretas na origem, partidos políticos desde 1837, só permitiram o surgimento do seu primeiro programa partidário (Partido Progressista) em 1864.

O Partido Conservador, até onde se saiba, não apresentou qualquer programa, o que conferia às lideranças e à tradição oral a propagação das ideias centrais desses grupos. No início, tudo se resumia à discussão da afirmação da Independência e às tendências de centralização (tese sustentada pela burocracia e por lideranças do setor agrário--exportador) ou de descentralização. Eram discussões pontuais que não previam a participação popular ou mesmo a captação e a realização dos seus anseios. Os homens do Estado, proprietários rurais e comerciantes, alguns representando mais de um desses grupos, formaram a trincheira que propositalmente garantiu distância entre a sociedade e os centros de decisão do Estado. Os desejos de maior participação provinham das lideranças políticas de províncias fracas economicamente, o que lhes retirava qualquer poder de barganha. Na verdade, os partidos imperiais tinham diferenças que resultavam muito mais dos conflitos intraelite do que das convicções valorativas. O Manifesto Republicano é uma nova tentativa de reafirmar os ideais liberais, que não chegaram efetivamente ao poder, mesmo com a ascensão do Partido Liberal. Por outro lado, as suas ideias não conseguiam agregar os republicanos paulistas, muitos deles, proprietários rurais.

A Constituição de 1891, favorável ao Federalismo, estimulou o surgimento de partidos regionais, o que pouco colaborou para o aprimoramento do sistema político nacional, servindo muito mais como um elogio ao coronelismo e à sua capacidade de acaudilhar os membros de sua circunscrição eleitoral. Durante essa transição, enquanto as forças se reacomodavam, os militares exercitavam o papel de árbitros dos conflitos nacionais, atividade que souberam desempenhar outras vezes, mesmo quando não chamados para isso. No dissenso, fortalecem-se, porque eventualmente representam a única instituição com dimensão nacional. Neste sentido, o Federalismo das primeiras décadas precisou ser defendido pelos militares que, de fato, asseguraram a integridade do território nacional e mantiveram uma estrutura administrativa independente das dinâmicas regionais.

Com constituições próprias (cada Estado-Membro tinha a sua constituição), força militar e a possibilidade de obter empréstimos no estrangeiro sem o veto do poder central, não parecia viável qualquer projeto nacional, e os partidos políticos foram os primeiros a naufragar nesse contexto.[374] As alianças até tinham desdobramentos nacionais, porém a dominação era regional, restando aos militares o papel de guardiões de um projeto para o país. O Partido Democrático Paulista (PD) marca uma tentativa de quebrar esse quadro de estamentos regionais. Essa autêntica feudalização, porque capaz, em alguns momentos, de desestabilizar a unidade nacional, recebeu o contraponto da Revolução de 30.

Em 1930 ocorre uma pequena cisão no estamento e daí para frente se vivencia a centralização, tão exacerbada, a ponto de se prescindir dos partidos políticos. A Ação Integralista Brasileira (AIB) e a Aliança Nacional Libertadora (ANL) conseguiram neste momento da História nacional uma relativa mobilização do eleitorado e, embora ocupando pólos opostos, convergiam no discurso antiliberal e na sua capacidade de agregar amplos espectros da política nacional. Eram verdadeiras frentes de pequenos partidos imaginários, com um projeto de ampliação dos papéis do Estado. Desta maneira, o recrudescimento das práticas de intervenção estatal balizou o desenvolvimento precário desses partidos, implicando, para alguns, o seu desaparecimento.

O sistema partidário nacional renasce a partir de 1945, vinculado a todos os condicionamentos do modelo estatal anterior, que, entre outras coisas, organizou espaços de atuação à sua base social, que, por ser contraditória, não poderia estar no mesmo lugar. Se a União Democrática Nacional (UDN) nasceu para ser o Estado, o Partido Social Democrático (PSD) e o Partido Trabalhista Brasileiro (PTB) imaginavam nele permanecer.

No Brasil do estamento, de tradição patrimonial, a sustentação de um governo só pode ser eficaz se construída internamente, porque, em

---

[374] MOTTA, 1999, op. cit, p. 52. Segundo o autor: "Dessa forma, acabou por se consolidar uma estrutura partidária absolutamente regional, cada Estado da Federação tendo o seu PR (Partido Republicano) próprio. Porém, o regionalismo extremado não foi a única característica negativa dos partidos republicanos, nem a pior. Eles se transformaram em verdadeiras oligarquias, dominando o poder sem deixar qualquer espaço para outras forças. Surgiu assim um sistema de partido único em cada Estado, caracterizado pela ausência quase absoluta de competição partidária. (...) A competição real ocorria no interior dos PRs, entre facções, disputando o controle da máquina partidária".

situações de crise, o povo nada pode fazer – o Chefe governa com o estamento ou é afastado por ele. Os grandes partidos políticos no Brasil das décadas seguintes continuaram aliados ao Estado que combatia as crises econômicas e tentava manter uma base de sustentação, por vezes precária, sempre disforme, porém pronta para dividir as responsabilidades do comando da política econômica. Jânio Quadros, mesmo com as suas ambivalências, não conseguiu governar sem o estamento; já Juscelino tinha fortes aliados em outros partidos. Retomar o crescimento econômico e, ao mesmo tempo, administrar o consenso, para João Goulart, foi impossível, mesmo tendo raízes históricas nos principais partidos da época: o PTB e o PSD. Em mais de uma ocasião, os militares ressurgiam como árbitros dos conflitos da Nação, compondo, de forma marcante, postos nesse novo estamento. Da elite civil, permaneceria apenas a União Democrática Nacional (UDN), que imaginava herdar o comando do país, após a intervenção militar. Daí para frente, ter-se-iam alguns anos de paciente espera. Para Oliveira Viana, "(...) em nosso país, os partidos políticos não são ainda associações de fins coletivos – e sim de fins egoísticos".[375]

A supremacia do Estado na vida brasileira, ao impor-se à sociedade civil, ao determinar as bases do nosso capitalismo, é exercitada pelos braços do estamento. Ao conduzir a economia, os partidos, os órgãos da estatalidade e alguns setores da sociedade civil compõem um aparato de poder que descende das escolhas políticas dos cidadãos, mas, inequivocamente, não os representa. Há, aqui, um nítido falseamento das consequências esperadas de um processo democrático: escolha e representação. Tem-se a escolha e, depois, o distanciamento. O estamento, uma verdadeira cunha, separou o Estado da sociedade, reduziu todos os espaços para um agir político propositivo, pressupondo uma participação na implementação das políticas públicas. Mais do que nunca, a estrutura do Estado está refletida no nosso sistema partidário. Não sozinhos, é verdade, os partidos terminaram absorvidos pelo estamento, uma zona neutra que estabelece relações verticais (estamento-Estado) e relações horizontais (estamento-estamento), sempre isolando o Estado da sociedade. O processo político no Brasil foi condicionado pelo Estado, por sua força de organização e de cooptação, fonte inibidora do amadurecimento dos canais de comunicação da sociedade com as instâncias decisórias do Estado. Comprova-se, deste modo, o acerto do pensamento de Raymundo Faoro e, até os anos 80, a atualidade de sua obra.

---

[375] VIANA, 1974, op. cit., p. 488.

Se é verdade que no Brasil o Estado chegou antes da sociedade, hoje não parece reversível o sistema de vícios e de desassossegos suportados pelo sistema representativo no país. Simon Schwartzman, apropriando-se de Weber, constrói um neologismo que nos revela a estrutura deste Estado Brasileiro que até hoje busca alcançar o grau de desenvolvimento institucional dos principais países do mundo: neopatrimonialismo, essa é a palavra. Este conceito pode ser caracterizado por traços de paternalismo e pelo culto da personalidade, caminho equívoco em relação às influências absorvidas dos movimentos de independência e de revolução experimentados pelos americanos e pelos franceses. O modelo da casa-grande invadiu o espaço urbano, não admitindo a afirmação de um ideal de mudança.[376] Não chegamos a presenciar uma burguesia urbana independente, e todos os cargos da burocracia, no início, eram ocupados por elementos vinculados à visão senhorial do engenho. A confiança e o laço familiar determinavam a escolha do funcionário, em detrimento das melhores capacidades. As forças sociais mais organizadas desenvolviam relações parasitárias com o poder público que possibilitaram longa vida ao patrimonialismo e, em todo o tempo de nossa História, desenvolveu-se um confronto entre os que almejavam ocupar espaços na estrutura do Estado e os que lá já estavam.

A perfeição retórica dos programas e as suas semelhanças já são destacadas como vício de um processo que não estimula o debate profundo dos dilemas vividos pelo Estado na escolha de suas prioridades, a partir da ponderação dos seus limites orçamentários e das suas necessidades mais imediatas. O debate político, ainda nos dias atuais, tem dificuldade de conviver com a discussão de propostas concretas, indicativas da existência de um projeto de governo sustentado em um planejamento estratégico. Com relativa força de convencimento, personalismos, teses genéricas e críticas fáceis compõem a estratégia durante o período pré-eleitoral. Nem mesmo o pragmatismo apreendido no eleitor consegue dissipar a cortina de fumaça que esconde a fragilidade dos argumentos e o amadorismo de determinadas propostas. A complexa vida em sociedade cobra dos homens do Estado um conjunto de decisões que apontem às soluções esperadas pela sociedade.

Toda aglomeração humana exige uma determinada ação estatal, sendo este leque composto de atuações de amparo, de repressão e de

---

[376] HOLANDA, 1995, op. cit., p. 87. Segundo o autor: "Um dos efeitos da improvisação quase forçada de uma espécie de burguesia urbana no Brasil está em que certas atitudes peculiares, até então, ao patriciado rural logo se tornaram comuns a todas as classes como norma ideal de conduta. Estereotipada por longos anos de vida rural, a mentalidade de casa-grande invadiu assim as cidades e conquistou todas as profissões, sem exclusão das mais humildes".

estímulo – em uma única expressão – programas de ação. O esperado, todavia, é que esses programas sejam vários, no entanto a capacidade de impulsioná-los, de realizá-los, de estar em um patamar além dos limites do próprio Estado. Neste momento, quando é preciso eleger prioridades, o sistema político entra em funcionamento. Celso Lafer denomina *política-domínio* esta fase marcada por escolhas necessárias em face da impossibilidade de um enfrentamento simultâneo de todas as demandas sociais.[377] Se existe uma política-domínio que visualiza a participação da comunidade em momentos cruciais de definição do programa a ser implantado, por que não reconhecemos as suas virtudes? A escolha feita na eleição, uma primeira seleção de teses de programas de ação, não pode esgotar o máximo ideal da democracia.

A escolha de um partido e de seu programa de ação, inverossímil muitas vezes, ocorre em um clima de exacerbamento, de tensão pré-eleitoral. Por sua vez, o momento seguinte desencadeia um sentimento de frustração, porque a máquina estatal, com os novos dirigentes, precisa ser compreendida no seu funcionamento.

A fase de conhecimento do potencial de realização da máquina agudiza a dúvida sobre a determinação do elenco de prioridades realizáveis em detrimento das anteriormente oferecidas. Os focos principais da campanha, na prática, surgem como bandeiras gerais, capazes de não excluir nenhum segmento da sociedade; após a eleição, precisam transformar-se em saneamento, escola ou asfalto. Parece razoável que a sociedade possa intervir nesta escolha, renovando a reflexão política – aquela compromete-se, pois com essas escolhas.

Se considerarmos que os partidos políticos no Brasil, até os primeiros anos da redemocratização, não haviam contemplado os anseios da população, sequer a representavam, se é fundamental contar-se com eles, sob novo formato, não é exagero imaginar-se outros mecanismos de exercício da soberania popular. O mais lamentável, porém, é que a perspectiva de qualificação do jogo democrático encontre um Estado esvaziado de poder. Gradativamente ele perde a sua força de atuação e de atração, em decorrência de uma redução de sua autonomia para propor e para realizar políticas públicas.

A administração burocrática, uma aparente evolução em relação à administração aristocrática, começa a ser questionada, visto que, entre outras coisas, não logrou abolir muitos traços do modelo anterior. O patrimonialismo, palco de práticas clientelistas, jamais desapareceu. Com a adoção do modelo de Estado Gerencial, privatizam-se as defi-

---

[377] LAFER, Celso. *O sistema político brasileiro:* estrutura e processo. 2. ed. São Paulo: Perspectiva, 1978, p. 22-23.

nições em torno de um reordenamento da ordem econômica nacional, e o Estado deixa de ser um ator relevante na ambiência econômica nacional e internacional. O seu enfraquecimento diminui a importância do voto, pois o administrador público aos poucos vê reduzir os mecanismos propícios à reversão de determinados processos econômicos. Desta maneira, a privatização cria um poder paralelo, responsável por setores estratégicos da economia nacional. Neste contexto, o Estado nitidamente perde poder, e o patrimonialismo poderá desaparecer por inanição em um contexto em que não exercerá mais um papel relevante. O estamento desaparece, a representação até se realiza, entretanto com poucas consequências. As escolhas do eleitor não se realizam materialmente.

Para Göran Therborn, o aparato estatal, como ambiente adequado à construção de uma aliança de forças imbuídas em perenizar alguma forma de dominação via Estado, vive na atualidade um certo arrefecimento, uma perda gradativa de interesse, pois, para o autor:

> (...) vivemos um processo de mercantilização do Estado; processos de desburocratização e também de destecnocratização que deixam lugar a novos mecanismos de gerência derivados de dinâmicas de mercado. Vivemos um período de nova modernização do aparato estatal capitalista.[378]

Presencia-se o amadurecimento das instituições políticas, na mesma medida em que elas perdem importância no âmbito das decisões econômicas. Gera-se uma grande desilusão, porque o modelo escolhido pela sociedade tem poucas chances de determinar novas prioridades na condução das políticas públicas. O rompimento com o patrimonialismo ibérico está acontecendo, porque o Estado já não é mais necessário. Instrumento dos quereres privados no passado, ele agora é descartado, pois as disputas relevantes dar-se-ão fora de sua órbita. Os paradigmas estabelecidos por Raymundo Faoro, para os anos que se seguem ao processo de redemocratização no Brasil, devem ser repensados.

Funda-se uma nova *paideia*, indutora da deserção social.

E, como contrapartida apaziguadora, surge o compromisso de radicalização da democracia, que torna menos relevante o sistema representativo, e busca horizontalizar e verticalizar a participação direta – a democracia direta. Discutir o sistema eleitoral, as coligações partidárias e o financiamento de campanha eleitoral, apenas para exemplificar, se tornaram, mais do que nunca, temas que exigem a elaboração, e a implementação, de novas sistemáticas. A democracia representativa,

---

[378] BORÓN, Atilio; FENTILI, Pablo; SADER, Enir (orgs.). *Pós-neoliberalismo II*: Que Estado para que democracia? Petrópolis: Vozes, 1999, p. 83. Ver também em: BIONDI, Aloysio. *O Brasil privatizado*. São Paulo: Editora Fundação Perseu Abramo, 2001.

O Estado Brasileiro e seus Partidos Políticos

e a democracia participativa, em uma situação ideal, dividindo proporcionalmente os seus espaços, porque uma metodologia não pode ter um espaço tão maior do que a outra.

Aqui, todavia, iniciam-se novas preocupações.

Referências

ALBUQUERQUE, Manoel Maurício. *Pequena história da formação social brasileira*. 3. ed. Rio de Janeiro: Edições Graal, 1984.

ALENCAR, José de. *Systema representativo*. Edição fac-similar. Brasília: Senado Federal, 1997. (Memória Brasileira).

AMADO, Gilberto. *Eleição e representação*. Brasília: Senado Federal, 1999. (Biblioteca Básica Brasileira).

AQUINO, Rubim Santos Leão de *et alii*. *Sociedade brasileira:* uma história através dos movimentos sociais. 3. ed. Rio de Janeiro: Record, 2000.

AXT, Gunter. Revisitando Os donos do poder de Raymundo Faoro. *Revista da Ajuris*, Porto Alegre, v. 81, 2001.

AZEVEDO, Fernando de. *A cultura brasileira* – introdução ao estudo da cultura no Brasil. 6. ed. Rio de Janeiro: Editora da UFRJ; Brasília: Editora da UNB, 1996.

BARACHO, José Alfredo de Oliveira. Legitimidade do poder. *Revista de Informação Legislativa*, Brasília, n. 86, 1985.

——.Teoria geral dos partidos políticos. *Revista Brasileira de Estudos Políticos*, Belo Horizonte, n. 50, 1980.

BARRETO, Vicente *et alii*. *Curso de introdução ao pensamento político brasileiro*. Primórdios do liberalismo – o liberalismo e a representação política: o período imperial. v. 1-2. Brasília: Editora da UNB, 1982.

BEHRING, Elaine Rossetti. *Política social no capitalismo tardio*. São Paulo: Cortez, 1998.

BIONDI, Aloysio. *O Brasil privatizado*. São Paulo: Editora Fundação Perseu Abramo, 2001.

BOBBIO, Norberto *et alii*. *Dicionário de Política*. Trad. Carmem C. Varriale. 7. ed. Brasília: Editora da UNB, 1995.

BONAVIDES, Paulo. *A crise política brasileira*. Rio de Janeiro; São Paulo: Forense, 1969.

——. *Curso de Direito Constitucional*. 6. ed. São Paulo: Malheiros, 1996.

——.*Do Estado Liberal ao Estado Social*. Rio de Janeiro: Forense, 1980.

BORÓN, Atilio; GENTIL, Pablo; SADER, Emir (orgs.). *Pós-neoliberalismo II* – Que Estado para que democracia? Petrópolis: Vozes, 1999.

BOSI, Alfredo. *Dialética da colonização*. 3. ed. São Paulo: Companhia das Letras, 1995.

BRAGA, Hilda Soares. *Sistemas eleitorais do Brasil* (1821 – 1988). Brasília: Senado Federal, 1990.

BRITO, Vera Lúcia Alves de. Relações Estado/Sociedade no período populista. *Revista Brasileira de Estudos Políticos*, 1980.

BRUM, Argemiro J. *Desenvolvimento econômico brasileiro*. 20. ed. Petrópolis: Vozes; Ijuí: Unijuí, 1999.

CAMPOS, Francisco. *O Estado Nacional*. Brasília: Senado Federal, 2001. (Biblioteca Básica Brasileira).

CARDOSO, Fernando Henrique. *Política e desenvolvimento em sociedades dependentes* – ideologias do empresariado industrial argentino e brasileiro. Rio de Janeiro: Jorge Zahar Editor, 1971.

CASTRO, Therezinha de. *História da civilização brasileira* – do descobrimento à Proclamação da República. v.1. Rio de Janeiro; São Paulo: Record, 1969.

CHACON, Vamireh. *História dos partidos políticos brasileiros:* discurso de práxis dos seus programas. 2. ed. Brasília: Editora da UNB, 1985. (Temas Brasileiros).

CODATO, Adriano Nervo. *Sistema estatal e política econômica no Brasil pós-64* – economia e planejamento. São Paulo: Hucitec; Curitiba: Editora da UFPR, 1997.

COSTA, Edgard. *A legislação eleitoral brasileira* (histórico, comentários e sugestões). Rio de Janeiro: Departamento de Imprensa Nacional, 1964.

COTARELO, Ramón García. *Los partidos politicos*. Madrid: Editorial Sistema, 1996. (Politeia)

COUTO, Jorge. *A construção do Brasil* – ameríndios, portugueses e africanos, do início do povoamento a finais de quinhentos. Lisboa: Cosmos, 1998.

CUNHA, Alexandre Sanches. *Todas as constituições brasileiras*. Campinas: Bookseller, 2001.

DELFA, Norberto Q. Martinez. *Génesis del Derecho Constitucional:* desarrollo histórico de los derechos humanos. 2. ed. Argentina: Editorial Júris, 1995.

DINES, Alberto (org.). *Histórias do poder:* 100 anos de política no Brasil. v. 3. São Paulo: Editora 34, 2000. (Visões do Executivo).

DUARTE, Nestor. *A ordem privada e a organização política nacional:* contribuição à sociologia política brasileira. Brasília: Ministério da Justiça, 1997.

DUVERGER, Maurice *et alii. Curso de introdução ao pensamento político brasileiro* – partidos políticos e sistemas eleitorais no Brasil. Brasília: Editora da UNB, 1982.

——. *Os partidos políticos*. 2. ed. Trad. Cristiano Monterio Oiticica. Brasília: Editora da UNB, 1980.

FAUSTO, Boris. O Brasil republicano – sociedade e instituições, (1889-1930). In: —— (org.). *História geral da civilização brasileira.* t. 3. v. 2. 2. ed. Rio de Janeiro; São Paulo: Difel, 1978.

——. *História do Brasil.* 4. ed. São Paulo: USP, Fundação para o Desenvolvimento da Educação, 1996.

FAORO, Raymundo. *Os donos do poder:* formação do patronato político brasileiro. 10. ed. v. 1-2. São Paulo: Globo, 1996.

FERNANDES, Florestan. *A revolução burguesa no Brasil* – ensaio de interpretação sociológica. 2. ed. Rio de Janeiro: Jorge Zahar Editor, 1976.

FERREIRA, Gabriela Nunes. *Centralização e descentralização no Império* – o debate entre Tavares Bastos e Visconde de Uruguai. São Paulo: Editora 34, 1999.

FERREIRA, Silvestre Pinheiro. *Ensaios filosóficos*. Rio de Janeiro: Editora Documentário, 1979. (Textos Didáticos do Pensamento Brasileiro).

——. *Idéias políticas.* v. 7. Rio de Janeiro: Editora Documentário, 1976. (Textos Didáticos do Pensamento Brasileiro).

——.*Manual do cidadão em um governo representativo.* v. 2, t. 3. Brasília: Senado Federal, 1998. (Memória Brasileira).

FLEISCHER, David V. A evolução do bipartidarismo brasileiro. *Revista Brasileira de Estudos Políticos*, 1980.

FRANCO, Afonso Arinos de Melo. *História e teoria dos partidos políticos brasileiros.* 3. ed. São Paulo: Editora Alfa-Ômega, 1980.

——. *et alii. Seminário sobre modelos alternativos de representação política no Brasil.* Brasília: Editora da UNB, 1981.

FREIRE, Gilberto. *Casa-grande e senzala.* São Paulo: José Olympio, 1933.

176   *Aloísio Zimmer Júnior*

FURTADO, João Pinto. *O manto de Penélope*: história, mito e memória da Inconfidência Mineira de 1788-9. São Paulo: Companhia das Letras, 2002.

GRAHAM, Richard. *Clientelismo e política no Brasil do século XIX*. Rio de Janeiro: Editora da UFRJ, 1997.

HABERMAS, Jürgen. *Direito e Democracia*: entre facticidade e validade. v. 1. Trad. Flávio Beno Siebeneichler. Rio de Janeiro: Tempo Brasileiro, 1997.

———. *Mudança estrutural da esfera pública*: investigações quanto a uma categoria da sociedade burguesa. Trad. Flávio R. Kothe. Rio de Janeiro: Tempo Brasileiro, 1984.

———. *Teoría de la acción comunicativa*. Racionalidad de la acción y racionalización social. Tomo I. Versión castellana de Manuel Jiménez Redondo. Spain: Taurus, 1988.

———. *Teoría de la acción comunicativa*. Crítica de la razón funcionalista. Tomo II. Versión castellana de Manuel Jiménez Redondo. Spain: Taurus, 1988.

HERCULANO, Alexandre. *História de Portugal* – desde o começo da Monarchia até o fim do Reinado de Afonso III. t. 2. 8. ed. Lisboa: Bertrand, s. d.

HOLANDA, Sérgio Buarque de. *Raízes do Brasil*. 26. ed. São Paulo: Companhia das Letras, 1995.

———. A época colonial – administração, economia e sociedade. In: ——— (org.). *História geral da civilização brasileira*. 7. ed. Tomo I. Rio de Janeiro: Editora Bertrand, 1993.

JOBIM, Nelson; PORTO, Walter Costa. *Legislação eleitoral no Brasil* – do século XVI aos nossos dias. v. 1. Brasília: Senado Federal, 1996.

KELSEN, Hans. *Teoria general del Derecho y del Estado*. Trad. Eduardo García Máynez. México: Universidad Nacional Autónoma de México, 1988.

KINZO, Maria D'Alva Gil. *Representação política e sistema eleitoral no Brasil*. São Paulo: Símbolo, 1980.

LAFER, Celso. *O sistema político brasileiro*: estrutura e processo. 2. ed. São Paulo: Perspectiva, 1978.

LALANDE, André. *Vocabulário técnico e crítico da Filosofia*. 2. ed. Trad. Fátima Sá Correia *et alii*. São Paulo: Martins Fontes, 1996.

LASSALE, Ferdinand. *A essência da Constituição*. 3. ed. Rio de Janeiro: Liber Juris, 1988.

LEAL, Victor Nunes. *Coronelismo, enxada e voto* – o município e o regime representativo no Brasil. 2. ed. São Paulo: Editora Alfa-Ômega, 1975.

LEITÃO, Cláudia. *A crise dos partidos políticos brasileiros* – os dilemas da representação política no Estado Intervencionista. Fortaleza: Tiprogresso, 1989.

LIMA, Oliveira. *Dom João VI no Brasil*. 3. ed. Rio de Janeiro: Topbooks, 1996.

LOPES, Adalberto Burlamaqui. *As leis eleitorais brasileiras* – comentários e transcrições (1821-1965). Porto Alegre: Gráfica do Tribunal Regional Eleitoral do Rio Grande do Sul, 1975.

MACINTYRE, Alasdair. La privatización del bien. *The review of politics*, v. 52, n. 3, 1990.

MAESTRI, Mário. *Uma História do Brasil*: Império. São Paulo: Contexto, 1997.

MAINWARING, Scott P. *Sistemas partidários em novas democracias*: o caso Brasil. Trad. Vera Pereira. Porto Alegre: Mercado Aberto; Rio de Janeiro: FGV, 2001.

MARTINS, Heloisa Helena Teixeira de Souza. *O Estado e a burocratização do sindicato no Brasil*. São Paulo: Hucitec, 1979.

MAXWELL, Kenneth. *A devassa da devassa* – a Inconfidência Mineira: Brasil e Portugal (1750-1808). 3. ed. v. 22. Trad. João Maia. São Paulo: Paz e Terra, 1995. (Estudos Brasileiros).

MONTENEGRO, João Alfredo de Souza *et alii*. *As idéias políticas no Brasil*. São Paulo: Convívio, 1979.

MOTA, Carlos Guilherme *et alii*. *Brasil em perspectiva*. 21 ed. Rio de Janeiro: Bertrand Brasil, 2001.

MOTTA, Rodrigo Patto Sá. *Introdução à história dos partidos políticos brasileiros*. Belo Horizonte: Editora da UFMG, 1999.

NEVES, Lúcia Maria Bastos Pereira das; MACHADO, Humberto Fernandes. *O império do Brasil*. Rio de Janeiro: Nova Fronteira, 1999.

NOVAIS, Fernando A. Condições da vida privada na colônia. In: SOUZA, Laura de Mello e. *História da Vida Privada no Brasil* – cotidiano e vida privada na América Portuguesa. São Paulo: Companhia das Letras, 1997.

PAIM, Antonio. *A querela do estatismo*. Brasília: Senado Federal, 1998a. (Biblioteca Básica Brasileira).

———. *História do liberalismo brasileiro*. Instituto Tancredo Neves. São Paulo: Mandarim, 1998b.

———. *Momentos decisivos da História do Brasil*. São Paulo: Martins Fontes, 2000. (Temas Brasileiros).

PAULA, Sérgio Goes de (org.). *Hipólito José da Costa*. São Paulo: Editora 34, 2001.

PORTO, Walter Costa. *O voto no Brasil* – da Colônia à 6ª República. 2. ed. Rio de Janeiro: Toopbooks, 2002. p. 20.

PRADO JÚNIOR, Caio. *Evolução política do Brasil e outros estudos*. 9. ed. São Paulo: Brasiliense, 1975.

———. *História econômica do Brasil*. 2. ed. São Paulo: Brasiliense, 1962.

SALDANHA, Nelson Nogueira. *História das idéias políticas no Brasil*. Brasília: Senado Federal, 2001. (Biblioteca Básica Brasileira).

———. *Evolução política do Brasil*. 9. ed. São Paulo: Editora Brasiliense: 1975.

SANTOS, Wanderley Guilherme dos. *Décadas de espanto e uma apologia democrática*. Rio de Janeiro: Rocco, 1998.

SARTORI, Giovanni. *Partidos e sistemas partidários*. Trad. Waltensir Dutra. Rio de Janeiro: Jorge Zahar Editor; Brasília: Editora da UNB, 1982.

SCHWARTZMAN, Simon. *Bases do autoritarismo brasileiro*. 3. ed. Rio de Janeiro: Campus: 1988.

SEILER, Daniel-Louis. *Os partidos políticos*. Trad. Renata Maria Parreira Cordeiro. Brasília: Editora da UNB; São Paulo: Imprensa Oficial do Estado, 2000.

HOLANDA, Sérgio Buarque de. A época colonial – administração, economia e sociedade. In:——— (org.). *História geral da civilização brasileira*. 7. ed. Rio de Janeiro: Editora Bertrand, 1993.

SILVA, Hélio. *O poder civil*. Porto Alegre: L&PM, 1985.

SKIDMORE, Thomas. *Brasil*: de Getúlio Vargas a Castelo Branco (1930-1964). 9. ed. Trad. Ismênia Tunes Dantas *et alii*. Rio de Janeiro: Paz e Terra, 1992.

———. *Brasil*: de Castelo Branco a Tancredo Neves (1964-1985). 4. ed. Trad. Mário Salviano Silva. Rio de Janeiro: Paz e Terra, 1988.

SODRÉ, Nelson W. *A ideologia do colonialismo* – seus reflexos no pensamento brasileiro. 3. ed. Petrópolis: Vozes, 1984.

———. *Síntese de história da cultura brasileira*. 9. ed. Rio de Janeiro: Civilização Brasileira, 1981.

SOUZA JÚNIOR, Cézar Saldanha. *A crise da democracia no Brasil* (aspectos políticos). Rio de Janeiro: Forense, 1978.

———. *O consensus no constitucionalismo ocidental*. São Paulo: Editora da USP, 1984. Tese de Doutorado (não-publicada)

SOUZA, Laura de Mello e. *História da vida privada no Brasil* – cotidiano e vida privada na América Portuguesa. 3. reim. São Paulo: Companhia das Letras, 1997.

SOUZA, Maria do Carmo Campello de. *Estado e partidos políticos no Brasil* (1930-1964). 3. ed. São Paulo: Editora Alfa-Ômega, 1990.

SOUZA, Paulino José Soares de. *Ensaio sobre o Direito Administrativo*. Brasília: Ministério da Justiça, 1997.

SYLVIA, Maria; SAES, Macchione. *A racionalidade econômica da regulamentação no mercado brasileiro de café*. São Paulo: ANNABLUME, 1997.

TAVARES, Luís Henrique Dias. *História da sedição intentada na Bahia em 1798*. São Paulo: Pioneira Editora, 1975.

TOPIK, Steven. *A presença do Estado na economia política do Brasil* (de 1889 a 1930). Trad. Gunter Altmann. Rio de Janeiro: Record, 1987.

TORRES, Ricardo Lobo. *A idéia de liberdade no Estado Patrimonial e no Estado Fiscal*. Rio de Janeiro: Renovar, 1991.

VARNHAGEN, Francisco Adolfo de. *História geral do Brasil*. 9. ed. v. 2. t. 3-4. São Paulo: Melhoramentos, 1975.

VENÂNCIO FILHO, Alberto. *A intervenção do Estado no domínio econômico* – o Direito Público Econômico no Brasil. Edição fac-similar, 1968; Rio de Janeiro: Renovar, 1998.

VIANA, Luiz Werneck. *Weber e a interpretação do Brasil*. Disponível em: <http://www.artnet.com.br/gramsci/arquiv35htm>

VIANA, Oliveira. *Instituições políticas brasileiras* – fundamentos sociais do Estado. 3. ed. v. 1. Rio de Janeiro; São Paulo: Record, 1974. (Biblioteca Básica Brasileira).

VIZENTINI, Paulo Gilberto Fagundes. *Os liberais e a crise da República Velha*. São Paulo: Brasiliense, 1983.

WEBER, Max. *Economia y sociedad* – esbozo de Sociología compreensiva. 10. ed. México: Fondo de Cultura Económica, 1996.

——. *Ensaios de Sociologia*. 5. ed. Trad. Waltensir Dutra. Rio de Janeiro: Jorge Zahar Editor, 1982.

——. *Fundamentos da Sociologia*. 2. ed. Trad. Mário R. Monteiro. Portugal: Rés-Editora, 1983.

WEFFORT, Francisco. *O populismo na política brasileira*. 4. ed. Rio de Janeiro: Paz e Terra, 1980.

Impressão:
Evangraf
Rua Waldomiro Schapke, 77 - POA/RS
Fone: (51) 3336.2466 - (51) 3336.0422
E-mail: evangraf.adm@terra.com.br